Aktienrechtliche Rechnungslegung

Karl-Werner Schulte

Aktienrechtliche Rechnungslegung im Spiegel der Geschäftsberichte

Springer-Verlag Wien GmbH
1984

CIP-Kurztitelaufnahme der Deutschen Bibliothek

Schulte, Karl-Werner:
Aktienrechtliche Rechnungslegung im Spiegel der Geschäftsberichte / Karl-Werner Schulte. - Würzburg; Wien: Physica-Verlag, 1984.

ISBN 978-3-7908-0303-7 ISBN 978-3-662-41498-9 (eBook)
DOI 10.1007/978-3-662-41498-9

Ursprünglich erschienen bei Physica-Verlag, Rudolf Liebing GmbH + Co., Würzburg 1984

Druck: repro-druck „Journalfranz" Arnulf Liebing GmbH + Co., Würzburg

Für Gisela und Frank-Michael

Inhaltsverzeichnis

1. Einleitung

1.1 Anlaß und Ziel der Untersuchung

Nach § 149 Abs. 1 Satz 2 AktG[1] muß der Jahresabschluß „im Rahmen der Bewertungsvorschriften einen möglichst sicheren Einblick in die Vermögens- und Ertragslage der Gesellschaft geben". Jahresbilanz sowie Gewinn- und Verlustrechnung werden ergänzt durch den Geschäftsbericht (§ 148); dieser hat nach § 160 Abs. 4 „den Grundsätzen einer gewissenhaften und getreuen Rechenschaft zu entsprechen". Da der Gesetzgeber von 1965 den bilanzierenden Unternehmen eine Vielzahl von Ermessensspielräumen gewährt, sind die Aktiengesellschaften nach § 160 Abs. 2 verpflichtet, den „Jahresabschluß zu erläutern" (Satz 1) und die bei der Bilanzpolitik verfolgte Tendenz im Rahmen der Einzelvorschriften (Satz 2 bis 5) offenzulegen[2].

Nun sind einerseits die gesetzlichen Formulierungen in bezug auf die Informationsinhalte überwiegend unpräzise, woraus durch den damit verbundenen breiten Auslegungsspielraum „ein relatives großes Gefälle in der Interpretierbarkeit bzw. Aussagefähigkeit der veröffentlichten Erläuterungen"[3] folgt, andererseits stellt der Geschäftsbericht vor allem für die (Klein-)Aktionäre, aber auch für die Öffentlichkeit, das wichtigste Informationsinstrument über die wirtschaftliche Lage von Unternehmen dar.

Schlagzeilen der Wirtschaftspresse wie:[4]

„Ein schönes Mädchen muß nicht alle Reize zeigen",

durch die bilanzpolitische Maßnahmen verniedlicht und zugleich gerechtfertigt werden, weckten das Interesse, ob und inwieweit der Geschäftsbericht diese verborgenen, aber offenbar reizvollen Tatsachen enthüllt.

Bei einer (wissenschaftlichen) Untersuchung[5] dieses Phänomens stellten sich drei Fragen:

1. Welche Anforderungen stellt § 160 Abs. 2 an den Inhalt des Geschäftsberichts, d.h. über was und wie müssen deutsche Aktiengesellschaften berichten?
2. Inwieweit erfüllen die Geschäftsberichte der deutschen Aktiengesellschaften tatsächlich die gesetzlichen Anforderungen und welche Aufschlüsse geben sie über die Bilanzpolitik?

---

[1] Wenn im folgenden Paragraphen angegeben werden, so ist – falls kein Zusatz erfolgt – stets das Aktiengesetz von 1965 gemeint.

[2] Auch Kommanditgesellschaften auf Aktien müssen diese Vorschrift gemäß § 278 Abs. 3 i.V.m. § 283 Nr. 9 beachten. Die Ausdrücke „Gesellschaften" und „Unternehmen" werden im folgenden synonym gebraucht.

[3] *Coenenberg* et al., S. 498.

[4] FAZ vom 21. 5. 1981, S. 15.

[5] Das literarische Interesse am Geschäftsbericht erwachte schon weit vor dem Inkrafttreten des geltenden Aktienrechts. Die wichtigsten Veröffentlichungen stammen von *Blohm* (1962), *Fettel, Flohr, Heilbrunn, Le Coutre, Rätsch, Schmaltz, Strumm, Walb, Weste.*

3. Welche Rechtsfolgen lösen Mängel der Berichterstattung aus?

Die erste und die letzte Frage lassen sich anhand der Literatur klären; zur Beantwortung der zweiten Frage wurde eine empirische Untersuchung von Geschäftsberichten durchgeführt.

1.2 Stand der empirischen Forschung zum Geschäftsbericht

Seit Mitte der sechziger Jahre hat die empirische Bilanzforschung in Deutschland zunehmend an Bedeutung gewonnen[6]. So sind in den letzten 15 Jahren zahlreiche Untersuchungen zur Praxis der Unternehmensberichterstattung veröffentlicht worden[7]. Das Spektrum reicht von der Analyse der gesetzlich vorgeschriebenen Erläuterungen des Jahresabschlusses[8] bis zur freiwilligen Publizität (Spartenerfolge[9], gesellschaftsbezogene Daten[10], Prognosen[11]). Darüberhinaus befassen sich einige Arbeiten speziell mit der Praxis der Konzernrechnungslegung[12].

Die bereits vorliegenden Veröffentlichungen zum Geschäftsbericht differieren vor allem hinsichtlich der betrachteten Erläuterungstatbestände sowie der Rechtsformen der untersuchten Gesellschaften.

Diese Untersuchung rechtfertigt sich letztlich aus den Unterschieden zu den bereits vorliegenden neun Arbeiten zum Erläuterungsbericht (vgl. dazu Tab. 1 und 2):

1. Zwei der aufgeführten Untersuchungen beschäftigen sich ausschließlich mit Nicht-Aktiengesellschaften, eine speziell mit Universalaktienbanken. Von den restlichen sechs Veröffentlichungen analysieren drei Arbeiten lediglich ein Drittel der in Tab. 2 aufgeführten Erläuterungstatbestände, ein Aufsatz beschränkt sich auf ein Merkmal.
2. Bislang existieren also erst zwei Arbeiten[13] mit annähernd vergleichbarem Untersuchungsumfang und -gegenstand; die neueste Veröffentlichung liegt zwölf Jahre zurück[14], so daß die empirischen Ergebnisse nicht mehr aktuell sind.

---

[6] Vgl. dazu die Bestandsaufnahmen von *Coenenberg* et al. sowie von *Berndsen*.

[7] Vgl. in zeitlicher Reihenfolge *Busse von Colbe*; *Castan*, 1969; *Seemann*; *Katz*; *von Wysocki* et al.; *Wirtz*; *Haase*; *Brockhoff*; *Frings*; *Haas*; *Kupsch*; *Adler*; *Jäger*; *Müller*; *Schulte/Krüger*; *Sprißler*; *Castan*, 1977; *Damm/Halbinger/Kellinghusen*; *Bauchowitz*; *Schmidt*; *Halbinger*. Bei den Arbeiten von *Halbinger* und *Schmidt* steht die Untersuchung des bilanzpolitischen Verhaltens im Vordergrund.

[8] Mit diesem Bereich haben sich die in Tab. 1 genannten Autoren beschäftigt.

[9] Vgl. u.a. *Haase* und *Schulte/Krüger*.

[10] Vgl. u.a. *Heigl* und *Brockhoff*.

[11] Vgl. u.a. *Bechtel/Köster/Steenken*, *Busse von Colbe*, *Pfeiffer*, *Schmalz* und *Wasser*.

[12] Vgl. *von Wysocki*, 1969; *Jäger/Vogelsang*; *Küting*.

[13] Gemeint sind *Castan*, 1969, und *von Wysocki* et al.

[14] In der Untersuchung von *von Wysocki* et al., die im folgenden (aus naheliegenden sprachlichen Gründen) auch als „Münchener Untersuchung" bezeichnet wird, wurde Verweisen auf frühere Geschäftsberichte nicht nachgegangen; auch hierin liegt ein Unterschied zu der vorliegenden Arbeit. Außerdem wurden in der Münchener Untersuchung Bewertungsunstetigkeiten nur im Hinblick auf Satz 5, nicht aber Satz 4 des § 160 Abs. 2 analysiert.

3. Die bisher vorliegenden Arbeiten verwenden die Gesetzesauslegung als Beurteilungsmaßstab für die in den Geschäftsberichten angetroffenen Erläuterungen des Jahresabschlusses; seit dem Erscheinen der Münchener Untersuchung (1971) haben sich jedoch die Anforderungen an die Berichterstattung - nicht zuletzt aufgrund zahlreicher Veröffentlichungen zum Geschäftsbericht - verändert, so daß 1983 wohl ein strengerer „Sollmaßstab" anzulegen ist.

Tab. 1: Untersuchungsumfang und -zeitraum der empirischen Untersuchungen zum Erläuterungsbericht

Untersuchung	Untersuchungsumfang	Untersuchungszeitraum
Castan 1969	bewußte Auswahl großer börsennotierter Aktiengesellschaften	1967
Seemann 1970	Zufallstichprobe aller Aktiengesellschaften ohne Banken und Versicherungen	1966 bzw. 1966/67 und 1967 bzw. 1967/68
von Wysocki et al. 1971	Zufallstichprobe aller Aktiengesellschaften und Kommanditgesellschaften auf Aktien	1967/68 bzw. 1968
Kupsch 1975	bewußte Auswahl großer börsennotierter Aktiengesellschaften	1969 bzw. 1969/70 bis 1971 bzw. 1971/72
Adler 1976	Grundgesamtheit der nach dem PublG verpflichteten privatrechtlichen Körperschaften und öffentlich rechtlichen Unternehmen	1971 bzw. 1971/72
Jäger 1976	Grundgesamtheit der Universalaktienbanken	1968 - 1971
Sprißler 1976	Grundgesamtheit der nach dem PublG verpflichteten Einzelkaufleute und Personenhandelsgesellschaften	1971 bzw. 1971/72
Castan 1977	bewußte Auswahl von Aktiengesellschaften und Grundgesamtheit der nach dem PublG verpflichteten Gesellschaften	1973
Damm / Halbinger / Kellinghusen 1977	bewußte Auswahl großer börsennotierter Aktiengesellschaften	1974 bzw. 1974/75
Schulte 1983	bewußte Auswahl großer börsennotierter Aktiengesellschaften	1979/80 bzw. 1980

Tab. 2: Erhebungsmerkmale der empirischen Untersuchungen zum Erläuterungsbericht

Erhebungsmerkmale	Castan 1969	Seemann 1970	v. Wysocki et al. 1971	Kupsch 1975	Adler 1976	Jäger 1976	Sprißler 1976	Castan 1977	Damm et al. 1977	Schulte 1983
Herstellungskosten selbsterstellter Anlagen										x
planmäßige Abschreibungen	x	x	x		x	x	x	x		x
außerplanmäßige Abschreibungen bei Anlagen	x	x	x			x		x		x
Festwerte im Anlagevermögen										x
Geringwertige Anlage-(Wirtschafts-)güter	x		x			x		x		x
Abschreibungen auf Anlagezugänge	x		x			x				x
Immaterielle Anlagewerte										x
Beteiligungen/Wertpapiere des Anlagevermögens						x				x
Roh-, Hilfs- und Betriebsstoffe	x		x		x		x			x
Fertige und unfertige Erzeugnisse	x		x		x		x	x		x
Forderungen						x				x
Pensionsrückstellungen	x	x	x	x	x	x	x	x	x	x
Andere Rückstellungen		x		x						x
Verbindlichkeitsdisagio										x
A. o. Posten/Steueraufwand		x								

Nachdem die Untersuchungen von *Castan* und *von Wysocki* die Geschäftsberichtspublizität in der Anfangsphase der Rechnungslegung nach der Aktienrechtsform 1965 zum Gegenstand hatten, erscheint es angesichts des sich nun vollziehenden Übergangs zu einem - durch die 4. EG-Richtlinie initiierten - neuen Bilanzrecht [15] nun an der Zeit, eine kritische „Schlußbilanz" im Hinblick auf die Qualität der Berichterstattung nach dem geltenden Aktienrecht aufzustellen.

1.3 Erläuterung des empirischen Feldes dieser Untersuchung

In die empirische Untersuchung einbezogen wurden die Geschäftsberichte von 94 deutschen Aktiengesellschaften für das Geschäftsjahr 1980 bzw. 1979/80. Dabei handelt es sich um „die großen Aktien der Börse mit breitem Markt"[16], die am letzten Börsentag des Jahres 1980 (30. 12.) an der Frankfurter Wertpapierbörse, dem größten deutschen Börsenplatz[17], für den fortlaufenden Verkehr zugelassen waren[18].

Die 94 Gesellschaften wurden im Sommer 1981 angeschrieben und um Übersendung der Geschäftsberichte für 1979 und 1980 bzw. 1978/79 und 1979/80 gebeten. Falls sich darin ein Verweis auf in Vorjahren erschienene Geschäftsberichte befand, wurden diese erneut bei den betreffenden Unternehmen angefordert[19]. Sämtliche Gesellschaften kamen der Bitte um Übersendung der Geschäftsberichte (teilweise allerdings erst nach mehreren Anschreiben) nach, so daß die Auswertung[20] im Dezember 1981 beginnen konnte[21].

15) Vgl. dazu *Schruff* (1978) sowie den - zum Zeitpunkt des Abschlusses dieser Untersuchung aktuellen - Regierungsentwurf eines Bilanzrichtlinie-Gesetzes vom 3. 6. 1983.

16) *Eick*, S. 475.

17) Vgl. *Eick*, S. 467. Ende 1980 waren insgesamt 224 deutsche Aktien an der Frankfurter Wertpapierbörse zum amtlichen Handel zugelassen. Am 31. 12. 1978 bestanden in der Bundesrepublik Deutschland einschließlich Berlin (West) 1 716 Aktiengesellschaften und Kommanditgesellschaften auf Aktien (ohne Kreditinstitute und Versicherungsunternehmen), die zur Veröffentlichung ihrer Jahresabschlüsse verpflichtet waren. Vgl. Statistisches Bundesamt, S. 7.

18) Wertpapiere mit einem breiten Markt werden während der ganzen Börsenzeit gehandelt. Deshalb sind an jeder Börse 100 von insgesamt über 600 Papieren an den deutschen Börsen zusätzlich zur fortlaufenden Notierung zugelassen. In diesem Zusammenhang wird auch von „fortlaufenden" oder „variablen" Kursen gesprochen. Im variablen Handel können Kursschwankungen, die während der Börsenzeit auftreten, ausgenutzt werden. Vgl. *Eick*, S. 454.

19) Die „ältesten" hier ausgewerteten Geschäftsberichte betrafen die Geschäftsjahre 1976 bzw. 1975/76.

20) Ich selbst habe mehrmals sämtliche Geschäftsberichte durchgesehen, um interpersonelle Unterschiede hinsichtlich des Verständnisses und der Wertung von Geschäftsberichts-Informationen sowie weitgehend auch Fehler, die bei einem solchen Projekt wohl nicht ganz zu vermeiden sind, auszuschließen.

21) An der ersten Durchsicht der Geschäftsberichte und dem „Probelauf" des dazu entwickelten Erhebungsbogens haben sich die nachstehend genannten Teilnehmer meiner am Fachbereich Wirtschaftswissenschaften der Universität Münster gehaltenen Veranstaltung „Projekt-Arbeitsgemeinschaft zur Jahresabschlußanalyse" (WS 1981/82) beteiligt: Ute Beiler, Reinhard Dücker, Winfried Gaußelmann, Friedrich Hesse, Helmut Niederhammer, Walter Salewski, Monika Schmidt und Petra Sollböhmer. Ihnen möchte ich für ihre Mitarbeit ebenso herzlich danken wie Gerti Knebel für die engagierte und routinierte Erledigung der Schreibarbeiten.

Fortlaufende Notierungen	29.12.80	30.12.80	Kasse 29.12.80	Kasse 30.12.80
Adlerwerke ...7	—	—	305—G	305—G
AEG Telef. 0	72.50	74/6 50/5	73.70	76—
AGIV.........8.5	224	228/7/30/28G	215—	230—
Altana 8	215	215/13	215—	213—
Anzag 8	—	148.50	148.50	148.50
Badenwerk....6	103	104.50/11/109	103—	111—
BASF 8	122.80	123/4.30/3.20	123—	124 30
Bayer 7	108.50	108.50/8.20/8.40	108.20	108.40
BMW 10	152	153/7/2.50/5	152—	157—
Bewag.........5	74	74/8/6	71—	78—
Brem.Vulkan..0	76	77.50/7	78—	77—
BBC 8	250.80'	251/2/50G	250.80	251.90
*Buderus 12	—	—	389—	385—G
*Cassella.....14	301	—	302—G	315—
Ceag 0	—	71	74.50G	71—
*Chem.-Verw 13	229.50	232/30/28G	229.50	230—
Contigas 8.5	305	314.90	305.90	314.90
Conti Gummi..0	53	53/1.10/2	53—	51.10
Daimler.......10	285 50	285.10/3G	282—	284.50
Degussa 8.5	243	242G	244—	242.20
Dt.-Atl Tel. 6	—	167.80	166.50	167.80
Dt. Babcock ..8	175	175/7/173	173—	175—bB
dgl. VA 8.5	—	173/80/77	171.50	180—
*Dt. Eisenhdl..0	—	—	154—bG	154—G
Dierig Hold. ...0	64	62.80/4/3G	64—T	64—
DLW 9	217	219/21/19G	214—	221—
DU Schulth. ...4	170	172/5	170—	175—
El.Licht-u.Kr..0	65	65/4.30	65—T	64.30
Enka AG 5	—	71/70	71.80	70—
*Essl. Masch..9	—	—	495—	495—G
*Felten 5	157	158/6	159—G	156—
Gelsenwasser 6	—	—	170—T	171—T
Goldschmidt..4	—	92/1/4	90—	94—
GHH 6	192.50	193/3G	193—	193.20
dgl. VA 6	170	170/79/73	170—	179—
Hamborn......5	223	222/7/3	221—	227—
Harpener....7.5	184	188/95/80G	184.50	195—
Heidbg.Zem. 6.5	285	280/85	290—	285—
Hoechst.......7	112.30	112.10/12/2.70	112.20	113.30
Hoesch........0	22.10	22.30/22/2.20	22.20	22—
Holzmann 9	—	370bG	372—	370—bG
Horten.........4	149	149/8/9bG	149.50	148—bG
Hussel.........7	169	166/5/6G	166—bG	165—bG
*IG Farb.Liqu. 0	8.20	8 60/8.75/8.60	8.25	8.75
IWKA 0	68.10	68/6.10/8.50	68—	66 10
Kali u. Salz 7	208	207	207—	207—
Kali-Chemie..10	—	272/70	268—	270—
Karstadt.......6	201	197/8.50/7	199—	198.50
Kaufhof........6	179	175/81/79	178—	181—
KHD 7	177	176 20/80	176.50	179—
*Klöckner-W. ..0	41.80	43 80/1.80	41.50	41.80
*Krupp St.VA .0	51	51G	51—	51—G
Lahmeyer 10	278	282	278—bG	282—
Lech-Elektr..7.5	305	314G	305—	314—G
Linde 9	312	314.50/11G	310.50	312—
*Löwenbräu .16	—	—	1450—G	1480—G
*Main-Kraftw. 15	—	520G	520—G	520—G
Mannesmann5.5	125	125/7.50/8.20	125.50	127.50
M-Demag...5.5	138.50	—/138.50G	137—	138.70
MAN............7	173	175/3G	172—	174—
dgl. VA 7	170	168G	170—G	168—bG
Mercedes 10	228	226/5.50/7	220 50	225—
Metallges......4	—	310	311—	310—
Moenus 0	52.80	53/3.50	52.80	53.50
Neckermann..0	64.20	—	64.20	—
Pegulan 8	204	204/3	204—	203—
dgl. VA 9	203	203	203—	203—
Preussag....3.5	119.50	119/17.80	120.50	118—
PWA 2.5	84.20	84 50/4bG	84.20	84—bG
Rheinelektra .10	342	345/50	342—	345—
RWE 8	171	170 50/72.50/1.80	171—	172.50
dgl. VA 8	170.20	169 50/72/1.80	170.20	172—
Rheinmetall ...6	283	261/7/2	261—bG	267—
Rosenthal 8	285	285	—	285—
Rütgersw. 8	308	308/12	304—	312—
Salamander ...7	168	170	168—bG	170—bG
Schering 9	217.50	218 50/21	218—	221—
Siemens.......8	259.70	261/1.50/59.6/60.5	260.20	260 80
*St. P-S 8	248	248G	248—G	248—G
SEL 10.5	228	227/7.50/6G	224.50	226 90
Strabag........9	234	230/34G	234—	230—
Südzucker ..9.5	—	—	304—	300—bG
Thyssen AG...4	64.90	65 10/4 60/4.80	64.40	64 80
Thyss. Ind. ..2.4	53	50 50/51/50	53—	50—
Varta...........6	173	175/9/2	170—	178 50
Veba..........7.5	129.50	129 50/8,20	129.40	128 20
*VDM.......6.67	—	140G	141—	140—G
VEW 5.5	97.70	99/7	97.80	98—
VW............10	159.50	159 80/7.20/58.80	157.30	158.80
Banken, Verkehr				
Adca-Bank 0	85	85	85—	85—
*Bk.Brauind 12.5	—	—	335—G	330—bG
Bay. Hyp. Bk. .9	211exB	213/20/17G	211—exB	220—
Bay. Verbk. ...9	293	292/4	293—	294—
BHF-Bank.....9	185	185 50/7/6G	185—	188—
Commerzbk. 8.5	128.70	128/8.50/7.50	128.70	127 80
Dt Bank.......9	281.50	280/80 50/80	281.70	280 50
Dresd. Bank ..9	171	169 50/73.50/3	169 20	173 50
Verein-West ..9	—	280	278—G	280—
Lufthansa ...4.5	61.30	60 50	61.30	60 50
dgl. VA 4.5	59	60 50/58.50	59—	58 50

Tab. 3: In die empirische Untersuchung einbezogene Aktiengesellschaften

Die Jahresabschlüsse und Geschäftsberichte wurden von den in Tab. 5 aufgeführten Wirtschaftsprüfern bzw. Wirtschaftsprüfungsgesellschaften geprüft und ohne Ausnahme mit dem uneingeschränkten Bestätigungsvermerk versehen[23].

Die Branchenverteilung[22] geht aus Tab. 4 hervor.

Gruppe 1:	Gruppe 2:	Gruppe 3:
Banken und Versicherungen	Eisenverarbeitende Industrie	Elektroindustrie
ADCA-BANK	BUDERUS	AEG TELEF.+
BK. BRAUIND.	HOESCH+	BBC+
BAY. HYP. BK.+	KLÖCKNER-W.+	CEAG+
BAY. VERBK.+	KRUPP ST.	DT.-ATL. TEL.
BHF-BANK+	MANNESMANN+	FELTEN+
COMMERZBK.+	ST. P-S	RHEINELEKTRA
DT. BANK+	THYSSEN+	SEL
DRESDN. BK.+		SIEMENS+
VEREIN-WEST		VARTA+

[22] Die Brancheneinteilung entspricht der z.Zt. geltenden Systematik des FAZ-Aktienindexes. Vgl. FAZ vom 5. 1. 1982, S. 11, sowie Sonderdruck aus der Ausgabe vom 22. 7. 1970.

[23] Nur zwei Gesellschaften haben gegenüber dem Vorjahr den Abschlußprüfer gewechselt.

Gruppe 4:

Bau, Steine, Erden

DLW+
HEIDB. ZEM.+
HOLZMANN+
PEGULAN+
STRABAG

Gruppe 5:

Chemie und Kautschuk

ALTANA+
BASF+
BAYER+
CASSELLA
CHEM.-VERW.+
CONTI GUMMI+
DEGUSSA+
ENKA+
GOLDSCHMIDT+
HOECHST+
IG FARB. LIQU.
RÜTGERS+
SCHERING+

Gruppe 6:

Versorgungswerte

BADENWERK
BEWAG+
CONTIGAS+
EL. LICHT U. KR.
GELSENWASSER
LAHMEYER
LECH-ELEKTR.
MAIN-KRAFTW.
PREUSSAG+
RWE+
VEBA+
VEW+

Gruppe 7:

Fahrzeug- und Maschinenbau

ADLERWERKE
BMW+
BREMER VULKAN
DAIMLER+
DT. BABCOCK+
ESSL. MASCH.
GHH+
IWKA+
KHD+
LINDE
M.-DEMAG+
MAN+
MERCEDES
MOENUS
RHEINMETALL
THYSS. IND.+
VW+

Gruppe 8:

Grundstoffe

KALI U. SALZ+
KALI-CHEMIE+
METALLGES.+
PWA+
VDM+

Gruppe 9:

Ehemalige Bergbaubetriebe

HAMBORN+
HARPENER+

Gruppe 10:

Handel

ANZAG
DT. EISENHDL.
HORTEN+
HUSSEL
KARSTADT+
KAUFHOF+
NECKERMANN+

Gruppe 11:

Konsumgüter

DIERIG HOLD.+
DU-SCHULTH.+
LÖWENBRÄU+
ROSENTHAL
SALAMANDER+
SÜDZUCKER+

Gruppe 12:

Verkehr

AGIV+
LUFTHANSA+

Tab. 4: Branchenzugehörigkeit der in die empirische Untersuchung einbezogenen Aktiengesellschaften

Tab. 5: Wirtschaftsprüfer (-prüfungsgesellschaften) der in die empirische Untersuchung einbezogenen Aktiengesellschaften

Nr.	Gesellschaften	Häufigkeit
1	ALLGEMEINE TREUHAND GmbH	1
2	BAYR. TREUHAND	1
3	BEICHERT, DR.	1
4	BERG. MÄRK. TREUHAND	1
5	DT. INDUSTRIE-TREUHAND-GESELLSCHAFT	2
6	DT. TREUHAND-GESELLSCHAFT	29
7	DT. TREUHAND-GESELLSCHAFT / WARTH U. KLEIN	1
8	DT. WARENTREUHAND U. KONTINENTALE TREUHAND AG	7
9	GRÜNEWÄLDER U. PARTNER	1
10	INDUSTRIE-TREUHAND-GmbH	1
11	KAROLI U. PARTNER	1
12	KAROLI / TREUHAND-VEREINIGUNG AG	1
13	KAROLI / WESTDEUTSCHE INDUSTRIE- U. TREUHAND-GES.	1
14	KONTINENTALE TREUHAND	2
15	LANGE, DR. ROBERT	1
16	REVISIONS- U. BERATUNGS-AG / DT. TREUHAND-GES.	1
17	REVISIONS- U. TREUHAND GES. DR. RÄTSCH U. CO.	1
18	RHEINISCH-WESTFÄLISCHE WIRTSCHAFTSPRÜFUNG	2
19	RUNTE, DR. / MAGNUSSEN, DR.	1
20	SCHITAG SCHWÄB. TREUHAND AG	6
21	SRG SÜDREVISION	2
22	SÜDDT. TREUHAND GES.	2
23	SUSAT U. PARTNER	1
24	TREUARBEIT AG	9
25	TREUHAND KOMMANDIT GES.	1
26	TREUHAND-VEREINIGUNG AG	5
27	TREUVERKEHR	4
28	VONDERRECK, DR., U. SCHULTE WP-GES.	1
29	WARTH U. KLEIN GmbH	2
30	WESTDEUTSCHE INDUSTRIE-TREUHAND-GES.	1
31	WESTDEUTSCHLAND WPG	1
32	WP-GESELLSCHAFT FRANKFURT	1
33	WTG-RHEINLAND	1
34	WOLLERT, DR. - DR. ELMENDORFF KG	1
	Insgesamt	94

Bei nahezu 80 % der Gesellschaften stimmten Kalender- und Geschäftsjahr überein; die genaue Aufteilung zeigt Tab. 6.

Tab. 6: Übersicht über Beginn und Ende des Geschäftsjahres bei den in die empirische Untersuchung einbezogenen Aktiengesellschaften

Geschäftsjahr	abs.	%
1. 1. - 31. 12.	75	79,8
1. 3. - 28. 2.	1	1,1
1. 7. - 30. 6.	8	8,5
1. 10. - 30. 9.	10	10,6

Der Verzicht auf eine Repräsentativerhebung und die Entscheidung für eine Vollerhebung eines ausgewählten Kreises börsennotierter Aktiengesellschaften erfolgte aus zwei Gründen:

1. Bei dem einzelnen Anleger und in der Öffentlichkeit, für die der Geschäftsbericht als Informationsinstrument dient, stoßen zumeist nur die „großen Börsengesellschaften" auf Interesse. Bei diesen Unternehmen kommt der Qualität der Berichterstattung, vor allem den Erläuterungen des Jahresabschlusses, damit eine besondere Bedeutung zu. Verstöße gegen die Berichtspflichten nach § 160 Abs. 2 können Fehlentscheidungen der Anleger und Fehleinschätzungen der Öffentlichkeit auslösen[24]; demgegenüber erscheinen Mängel des Geschäftsberichts bei „kleinen Familien-Aktiengesellschaften" eher tolerierbar.
2. Der mit einer Repräsentativerhebung verbundene Arbeits- und Zeitaufwand wäre erheblich größer gewesen und hätte erst wesentlich später zu Ergebnissen geführt; damit wäre die Aktualität der empirischen Untersuchung verloren gegangen.

Die Bedeutung der hier analysierten Aktiengesellschaften für den Börsenhandel und die deutsche Volkswirtschaft mögen abschließend die folgenden Zahlen verdeutlichen:

---

24) Auf die Bedeutung der Jahresabschlußinformationen auf Kapitalmarktentscheidungen wird in der deutschsprachigen Literatur vor allem von *Albach* (1971), *Brandi*, *Coenenberg* und *Leffson* (1971) hingewiesen. Vgl. dazu auch *Kleine-Doepke*.

1. Die Aktien von 65 der 94 in die empirische Untersuchung einbezogenen Gesellschaften (69,1 %)[25] sind in dem z.Zt. geltenden 100 Werte umfassenden FAZ-Aktienindex enthalten[26].

2. Von den hier erfaßten Aktiengesellschaften gehörten[27] im Jahre 1980
   - 29 zu den 50 nach dem Umsatz größten deutschen Industrieunternehmen,
   - 28 zu den 50 nach der Wertschöpfung größten deutschen Industrieunternehmen,
   - fünf zu den zehn nach der Bilanzsumme größten deutschen Banken,
   - vier zu den zehn nach dem Umsatz größten deutschen Handelsunternehmen,
   - sieben zu den zehn nach der Zahl der Mitarbeiter größten deutschen Arbeitgebern.

Die empirische Untersuchung bezieht damit einen Großteil jener Unternehmen ein, deren Jahresabschlüsse und Geschäftsberichte auf öffentliches Interesse stoßen.

1.4 Gang der Untersuchung

Im folgenden Kapitel wird die Rolle des Geschäftsberichtes als Instrument aktienrechtlicher Rechnungslegung näher beschrieben. Anschließend erfolgt eine Erläuterung jener Kriterien, anhand derer die Qualität der Praxis der Berichterstattung beurteilt wird. Im 4. Kapitel werden einige grundlegende Fakten und Probleme der Interpretation des § 160 Abs. 2 angesprochen. Das 5. Kapitel bildet den Schwerpunkt der Arbeit: hier wird für einzelne Erläuterungstatbestände jeweils das praktische Publizitätsverhalten[28] den Anforderungen an die Berichterstattung gegenübergestellt und anschließend einer Wertung unterzogen. Die empirischen Ergebnisse werfen Fragen nach den Rechtsfolgen fehlender oder unzureichender Berichterstattung und nach der Verantwortlichkeit des Abschlußprüfers auf; hierauf geben die Kapitel 6 und 7 Antwort. Die sich abzeichnenden Regelungen im künftigen Recht zur Erläuterung des Jahresabschlusses werden abschließend im 8. Kapitel vorgestellt.

---

25) Im folgenden beziehen sich Prozentangaben, sofern keine anderweitige Bezugsbasis genannt wird, stets auf die Gesamtheit dieser 94 Unternehmen.

26) Die Namen dieser 65 Gesellschaften sind in Tab. 4 mit + gekennzeichnet.

27) Vgl. DIE ZEIT, Nr. 36 (28. 8. 1981), S. 16 f.

28) Eine Untersuchung der Bestimmungsgründe erfolgt hier nicht. Vgl. dazu u.a. *von Wysocki*, 1976. Auf die "Vermarktung" von gesetzlich vorgeschriebenen und freiwilligen Geschäftsbericht-Informationen wird nur am Rande eingegangen. Vgl. dazu u. a. *Blohm* (1970), *Damm*, *Kellinghusen/Irrgang* sowie o.V. (1983).

2. Der Geschäftsbericht als Instrument aktienrechtlicher Rechnungslegung

2.1 Definition und Aufgabe des Geschäftsberichts

Die Rechnungslegung bildet den „Kern der kaufmännischen Rechenschaft"[1]; Rechenschaft bedeutet Offenlegung der Verwendung anvertrauten Kapitals in dem Sinne, daß dem Informationsberechtigten ... ein so vollständiger, klarer und zutreffender Einblick in die Geschäftstätigkeit gegeben wird, daß dieser sich ein eigenes Urteil über das verwaltete Vermögen und die damit erzielten Erfolge bilden kann"[2].

Schon in der Begründung zum Regierungsentwurf wird dieser Gedanke betont: „Vorstand und Aufsichtsrat haben, da sie fremdes Vermögen verwalten, in regelmäßigen Abständen den Aktionären als den wirtschaftlichen Eigentümern Rechenschaft über ihre Geschäftsführung abzulegen"[3]. Im Aktiengesetz selbst wird das Rechenschaftsziel explizit in § 149 in Verbindung mit dem Jahresabschluß („möglichst sicherer Einblick in die Vermögens- und Ertragslage") und in § 160 in Verbindung mit dem Geschäftsbericht („gewissenhafte und getreue Rechenschaft") angesprochen. Damit bilden der Jahresabschluß und der Geschäftsbericht „gemeinsam die aktienrechtliche Rechnungslegung"[4].

Die Bedeutung des Geschäftsberichtes ist im wesentlichen darauf zurückzuführen, daß Jahresbilanz sowie Gewinn- und Verlustrechnung aufgrund ihrer „mathematisch abstrakten Natur" ohne Erläuterungen selbst dem geübten Bilanzleser nur selten die zur Beurteilung der Geschäftslage notwendigen Aufschlüsse geben[5]. *Walb* stellte schon 1939 fest, daß die Zahlen der Bilanz in „vielen Fällen ... erst richtigen Sinn [bekommen], wenn zu der zahlenmäßigen Bilanzdarstellung die wortmäßige Erklärung des Geschäftsberichts tritt"[6].

Unter „Geschäftsbericht" wird hier nur der Bericht nach § 160 verstanden. In der Praxis wird dieser Begriff weiter gefaßt; die als „Geschäftsbericht" deklarierten Unterlagen[7] bestehen zumeist - neben einer Vielzahl von statistischen Angaben, graphischen Darstellungen und Farbfotos des Unternehmens und seiner Erzeugnisse - aus dem Bericht des Aufsichtsrats, einem Sozialbericht, dem Jahresabschluß sowie dem eigentlichen „Geschäftsbericht" im Sinne von § 160.

---

1) *Leffson*, 1980a, S. 56.

2) *Leffson*, 1980a, S. 56 f.; vgl. dazu u.a. auch *Moxter.*

3) *Kropff*, Ausschußbericht, S. 216.

4) *Kropff*, Anm. 3 zu § 160; ähnlich *Adler/Düring/Schmaltz* [ADS], Tz. 5 zu § 160. Auch *Leffson* (1979, S. 216) weist darauf hin, daß der geforderte Einblick in die Vermögens- und Ertragslage nur in Verbindung mit dem Geschäftsbericht gegeben werden kann.

5) Vgl. *Ertner*, S. 24.

6) *Walb*, S. 13.

7) Die LINDE AG gehört zu jenen Unternehmen, die das Gesamtwerk nicht - wie sonst üblich - als „Geschäftsbericht", sondern als „Jahresbericht" bezeichnen. Dieses Vorgehen entspricht den Vorschlägen zur Aktienrechtsreform des Arbeitskreises Aktienrechtsreform im Institut der Wirtschaftsprüfer in Deutschland e.V. (1956, S. 31), denen der Gesetzgeber allerdings nicht gefolgt ist.

Im weitesten Sinne sind als Adressaten „all jene Personen anzusehen, deren finanzieller Zielerreichungsgrad direkt von den Entscheidungen des Vorstands betroffen ist"[8], also (aktuelle und potentielle) Aktionäre, Gläubiger, Arbeitnehmer, Kunden und Lieferanten der Gesellschaft sowie die Öffentlichkeit, der er unmittelbar durch Einsicht beim Handelsregister oder mittelbar, vor allem bei großen Gesellschaften, durch seine Auswertung in der Wirtschaftspresse bekannt wird.

Im engeren Sinne richtet sich der Geschäftsbericht an Aktionäre[9]; denn Jahresabschluß, Geschäftsbericht und Auskunftsrecht der Aktionäre (nach § 131) müssen die Hauptversammlung in den Stand versetzen, Beschlüsse über die Entlastung der Mitglieder des Vorstands und des Aufsichtsrats (nach § 119), die Gewinnverwendung (nach § 174) und gegebenenfalls auch über die Feststellung des Jahresabschlusses (nach § 173) zu fassen[10]. Weiter dient er nach Beendigung der Abschlußprüfung der Unterrichtung des Aufsichtsrates[11] (§ 170 Abs. 1), insbesondere als Informationsmittel für die von ihm zu treffende Entscheidung, ob er den Jahresabschluß billigen soll (§ 171).

Darüberhinaus liefert der Geschäftsbericht auch Informationen für den Vorstand („Rechenschaft des Kaufmanns vor sich selbst")[12].
Den Informationsinteressen der Berichtsadressaten[13] kommt bei der Konkretisierung des Geschäftsberichtsinhalts entscheidende Bedeutung zu. Die gesetzliche Grundlage dazu bildet § 160; danach setzt sich der Geschäftsbericht allgemein aus den folgenden Bestandteilen[14] zusammen:

1. „Lagebericht" (Abs. 1)
2. „Erläuterungsbericht"
   a) Abschlußerläuterungen (Abs. 2)
   b) Einzelangaben (Abs. 3)
3. Angabe der Vorstands- und Aufsichtsratsmitglieder (Abs. 5).

---

[8] *Sprenger*, S. 134. Nach *Beermann/Fülling/Sperl* (S. 196) hat sich der Geschäftsbericht vor allem an den Informationsinteressen der Kleinaktionäre, -gläubiger sowie der interessierten Öffentlichkeit zu orientieren. *Wicki* (S. 16) bezeichnet in diesem Zusammenhang den Geschäftsbericht als „Bindeglied".

[9] In der Begründung zum Regierungsentwurf (vgl. *Kropff*, S. 14 f., 184, 216 f., 262), im Ausschußbericht (vgl. ebenda. S. 239 f.) und bei der Parlamentsdebatte (vgl. Stenographische Protokolle über die Verhandlungen des Deutschen Bundestages, 4. Wahlperiode, 17. Sitzung, Bonn, Freitag, den 23. Februar 1962, S. 580, 583, 595 f.; sowie 184. Sitzung, Bonn, Mittwoch, den 19. Mai 1965, S. 9403 f.) wird die Adressatenkontrolle der Aktionäre explizit erwähnt.

[10] Vgl. ADS, Tz. 5 zu § 160.

[11] Bereits während des Geschäftsjahres muß der Aufsichtsrat durch den Vorstand über bestimmte Fakten informiert werden (§ 90).

[12] Vgl. *Leffson*, 1980a, S. 51 f.

[13] Vgl. vor allem *Sprenger*, S. 40 ff.

[14] Zum Erläuterungsbericht finden sich im Aktiengesetz an anderer Stelle noch weitere Vorschriften: die Erklärung am Ende des Vorstandberichts über Beziehungen zu verbundenen Unternehmen (Abhängigkeitsbericht) gemäß § 312 Abs. 3, Angaben zur Kapitalherabsetzung gemäß § 240 sowie Angaben aufgrund einer Sonderprüfung wegen unzulässiger Unterbewertung gemäß § 261 Abs. 1 und 2. Vgl. dazu u.a. WPH, S. 564 ff.

Da sich diese Arbeit auf die Abschlußerläuterungen beschränkt und dem Wortlaut von § 160 Abs. 2 für die Interpretation große Bedeutung zukommt, sei diese Vorschrift wörtlich zitiert:
„Im Geschäftsbericht ist ferner der Jahresabschluß zu erläutern. Dabei sind die Bewertungs- und Abschreibungsmethoden so vollständig anzugeben, wie es zur Vermittlung eines möglichst sicheren Einblicks in die Vermögens- und Ertragslage der Gesellschaft erforderlich ist; auf die Angabe dieser Methoden im Geschäftsbericht für ein früheres Geschäftsjahr, das nicht weiter zurückliegt als das dritte vorausgegangene Geschäftsjahr, kann Bezug genommen werden. In jedem Geschäftsbericht sind zu den einzelnen Posten des Anlagevermögens die Abschreibungen und Wertberichtigungen anzugeben, die auf Zugänge des Geschäftsjahrs gemacht worden sind. In jedem Geschäftsbericht sind ferner Abweichungen des Jahresabschlusses von dem letzten Jahresabschluß, die die Vergleichbarkeit mit dem letzten Jahresabschluß beeinträchtigen, namentlich wesentliche Änderungen der Bewertungs- und Abschreibungsmethoden einschließlich der Vornahme außerplanmäßiger Abschreibungen oder Wertberichtigungen zu erörtern; dabei brauchen Einzelheiten nicht angegeben zu werden. Wird infolge von Änderungen der Bewertungs- und Abschreibungsmethoden einschließlich der Vornahme außerplanmäßiger Abschreibungen oder Wertberichtigungen ein Jahresüberschuß oder Jahresfehlbetrag ausgewiesen, der um mehr als zehn vom Hundert unter oder über dem Betrag liegt, der ohne die Änderung auszuweisen wäre, so ist der Unterschiedsbetrag anzugeben, wenn er einhalb vom Hundert des Grundkapitals übersteigt."

Die Abschlußerläuterungen lassen sich damit wie folgt systematisieren:

Abb. 1: Spezifizierung der Berichterstattung nach § 160 Abs. 2

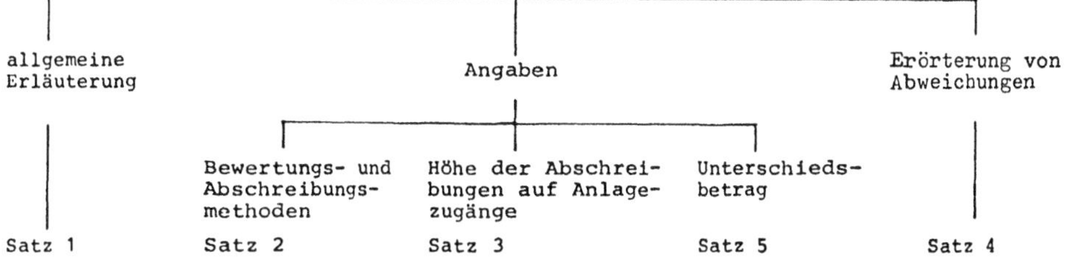

Nach dem Willen des Gesetzgebers sollen die Abschlußerläuterungen im Geschäftsbericht „eine wesentliche Ergänzung der von den Ausschüssen empfohlenen neuen Bewertungsvorschriften”[15] darstellen. *Forster* spricht in diesem Zusammenhang von dem „Schlüssel zum Verständnis des Jahresabschlusses”[16].

Als „Bewertungsvorschriften” sieht das Aktiengesetz die in den §§ 153 - 156 enthaltenen Regelungen an, worunter - neben den eigentlichen Bewertungsvorschriften (Bilanzierung der Höhe nach) - auch Bilanzansatzvorschriften (Bilanzierung dem Grunde nach) fallen[17]. Diese Vorschriften eröffnen dem Bilanzierenden weitgehende - vom Gesetzgeber gewollte[18] - Ermessensspielräume, die sich nach *Kropff*[19] wie folgt einteilen lassen:

Abb. 2: Einteilung aktienrechtlicher Wahlrechte

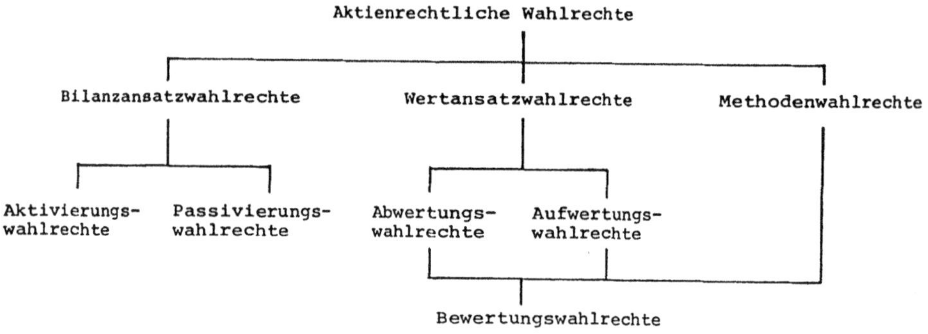

15) *Kropff*, Ausschußbericht, S. 259; ähnlich auch ADS, Tz. 14 zu § 160 sowie WPH, S. 538. Aus dem Ergänzungscharakter folgt, daß es nicht zulässig ist, im Jahresabschluß erforderliche Angaben statt im Jahresabschluß im Geschäftsbericht zu machen. Im Geschäftsbericht angabepflichtige Vorgänge können dagegen im Jahresabschluß vermerkt oder in Fußnoten angegeben werden, jedoch sollte dennoch ein Hinweis im Geschäftsbericht erfolgen. Vgl. ADS, Tz. 15 zu § 160; *Mellerowicz*, Anm. 2 zu § 160; WPH, S. 538; schärfer dagegen *Kropff* (Anm. 3 zu § 160), der diesen Hinweis für zwingend hält.

16) *Forster*, 1965, S. 595. Nach Kropff soll der Geschäftsbericht „gerade die Fragen beantworten, die der Jahresabschluß offenläßt” (Anm. 27 zu § 160).

17) Vgl. ADS, Tz. 9 ff. Vorbemerkung zu §§ 153 - 156, und die Vorbemerkungen zur Begründung des Regierungsentwurfs sowie des Ausschußberichts. Vgl. *Kropff*, S. 237 ff.

18) Vgl. *Kropff*, S. 237 ff.

19) Vgl. *Kropff*, 1964, S. 566.

Die wichtigsten aktienrechtlichen Wahlrechte sind in Tab. 7 skizziert[20].

Tab. 7: Präzisierung aktienrechtlicher Wahlrechte

Aktivierungs-wahlrechte	entgeltlich erworbene immaterielle Anlagewerte	§ 153 Abs. 3
	Kosten der Ingangsetzung des Geschäftsbetriebs	§ 153 Abs. 4
	derivativer Geschäfts- oder Firmenwert	§ 153 Abs. 5
	Disagio	§ 156 Abs. 3
	geringwertige Anlage-(Wirtschafts-)güter	§ 6 Abs. 2 EStG
Passivierungs-wahlrechte	freie Rücklagen	§ 58
	Sonderposten mit Rücklageanteil, insbesondere	
	- Übertragung stiller Reserven	§ 6 b EStG
	- Rücklage für Ersatzbeschaffung	Abschn. 35 EStR
	- Preissteigerungsrücklage	§ 74 EStDV
	Pauschalwertberichtigung zu Forderungen	§ 152 Abs. 6
	bestimmte Rückstellungsarten	§ 152 Abs. 7
	- für Instandhaltung und Abraumbeseitigung	
	- für Gewährleistungen ohne rechtliche Verpflichtung	
	- für Verpflichtungen aus Pensionszusagen (BGH-Urteil 1961)	
Abwertungs-wahlrechte	außerplanmäßige Abschreibungen auf Anlagegegenstände bei voraussichtlich vorübergehender Wertminderung ("beizulegender Wert")	§ 154 Abs. 2 Nr. 1
	außerplanmäßige Abschreibungen auf Gegenstände des Umlaufvermögens zur Berücksichtigung zukünftiger Wertschwankungen ("Zukunftstageswert")	§ 155 Abs. 3 Nr. 1
	außerplanmäßige Abschreibungen auf Gegenstände des Anlage- und Umlaufvermögens zur Inanspruchnahme steuerlicher Vergünstigungen ("steuerlicher Wert")	§ 154 Abs. 2 Nr. 2 § 155 Abs. 3 Nr. 2
Aufwertungs-wahlrechte	Wertaufholung bei Wegfall des Abwertungsgrundes bei Gegenständen des Anlage- und Umlaufvermögens	§ 154 Abs. 2 § 155 Abs. 4

20) Vgl. dazu auch *Baetge/Ballwieser*, *Freidank*, *Gräfer*, *Marettek*, *Sielaff* und *Vodrazka*.

Methoden-wahlrechte	Bemessung der planmäßigen Abschreibungen (Nutzungsdauer, Abschreibungsverfahren)	§ 154 Abs. 1
	Umfang der Anschaffungskosten	§ 153 Abs. 1 § 155 Abs. 1
	Umfang der Herstellungskosten	§ 153 Abs. 2
	Wahl der Verbrauchsfolge bei gleichartigen Gegenständen des Vorratsvermögens	§ 155 Abs. 1
	Konkretisierung des "beizulegenden Wertes" und des "Zukunftstageswertes" bei Gegenständen des Anlage- und Umlaufvermögens	§ 154 Abs. 2 § 155 Abs. 2 u. 3
	Bemessung der Pauschalwertberichtigung zu Forderungen	-
	Bemessung der Rückstellungen	§ 156 Abs. 4

Da die Ausnutzung erlaubter Wahlrechte für bilanzpolitische Zwecke das Ziel der Rechenschaft gefährden kann, legt das Aktiengesetz entscheidenden Wert darauf, daß die von der Unternehmung gewählten Abschreibungs- und Bewertungsmethoden im Geschäftsbericht angegeben und dadurch Art und Ausmaß der Inanspruchnahme kenntlich gemacht werden[21)].

Das „Hauptziel der ... Bewertungsvorschriften"[22)] sah der Gesetzgeber von 1965 in der Vergleichbarmachung aufeinanderfolgender Jahresabschlüsse. Eine Voraussetzung dafür bildet die unveränderte Anwendung von Grundsätzen und Methoden in formaler wie materieller Beziehung[23)]. Der Grundsatz der Stetigkeit ist jedoch nicht ausdrücklich im Aktiengesetz kodifiziert worden, sondern „lediglich" in dem Verweis auf die Grundsätze ordnungsmäßiger Buchführung (§ 149 Abs. 1 Satz 1) implizit aufgeführt. Da sich die Literatur- und Wirtschaftsprüfermehrheit nicht zu einer strengen Auslegung dieser Vorschrift durchringen konnte[24)], sind Durchbrechungen der Stetigkeit in der Praxis an der Tagesordnung[25)]; im Interesse der Informationsempfänger an der Vergleichbarkeit aufeinanderfolgender Jahresabschlüsse muß dann jedoch über Unstetigkeiten berichtet werden[26)].

---

21) Vgl. *Kropff*, Anm. 24 zu § 160, sowie *Baetge*, der betont: „Eine freie Wahl bestimmter Regeln oder Regelelemente bedingt, daß diese Wahl im Geschäftsbericht derart offengelegt wird, daß der Jahresabschluß eineindeutig ist" (1976, S. 30).

22) *Kropff*, Ausschußbericht, S. 240.

23) Vgl. *Leffson*, 1980a, S. 389.

24) In den angelsächsischen Ländern wird dagegen auf Stetigkeit größten Wert gelegt; auch im französischen Aktiengesetz ist dieser Grundsatz seit 1867 verankert. Vgl. dazu auch *Leffson*, 1980a, S. 391f.

25) Und zwar nicht nur, wenn die in der Literatur genannten strengen Voraussetzungen erfüllt sind. Vgl. dazu *Leffson*, 1980a, S. 394 sowie *Beermann/Fülling/Sperl*, S. 201 f.

26) Vgl. u.a. *Kropff*, Anm. 24 zu § 160.

Die herrschende Ansicht über die Bedeutung des Grundsatzes der Stetigkeit gibt das *Wirtschaftsprüfer-Handbuch* kurz und treffend wieder: „Nicht in der Jahresbilanz, sondern in den Berichtspflichten findet der Grundgedanke der Bewertungsstetigkeit - die Vergleichbarkeit - seinen Ausdruck[27].

Zusammenfassend läßt sich die Zielrichtung der Abschlußerläuterungen nach § 160 Abs. 2 dahingehend präzisieren, daß die „Gesamttendenz der bilanzpolitischen Maßnahmen"[28] erkennbar werden muß[29].

2.2 Allgemeine Anforderungen an die Berichterstattung

2.2.1 Gewissenhafte und getreue Rechenschaft

Bei der Aufstellung des Geschäftsberichts haben die Vorstandsmitglieder „die Sorgfalt eines ordentlichen und gewissenhaften Geschäftsleiters anzuwenden" (§ 93 Abs. 1). Der Geschäftsbericht selbst hat nach § 160 Abs. 4 Satz 1 „den Grundsätzen einer gewissenhaften und getreuen Rechenschaft zu entsprechen". Nahezu identische Formulierungen finden sich im Aktiengesetz auch hinsichtlich der Berichterstattung des Vorstandes an den Aufsichtsrat (§ 90 Abs. 4), der Auskünfte des Vorstandes gegenüber den Aktionären (§ 131 Abs. 2) sowie des Konzerngeschäftsberichts (§ 334 Abs. 4 Satz 1). Der Inhalt dieser Grundsätze muß aus dem Zweck des Geschäftsberichts[30] und damit letztlich aus dem Rechnungslegungsziel abgeleitet werden.
Die Kommentare zum Aktiengesetz enthalten nur sehr allgemein gehaltene Aussagen über die konkrete Ausfüllung der Generalklausel des § 160 Abs. 4 Satz 1; sie lassen sich letztlich auf die Auffassung des Reichsgerichts aus dem Jahre 1915 zurückführen, wonach es unzulässig ist, „Aufklärung im Geschäftsbericht zu unterlassen, deren Fehlen in wesentlichen Punkten zu einem falschen Urteil über die Verhältnisse der Gesellschaft führen muß"[31].
Im einzelnen gelten folgende Grundsätze:

---

27) S. 537 f.; ähnlich ADS, Tz. 2 zu § 160. Nach *Forster* „besteht .. an Stelle des Grundsatzes der Bewertungsstetigkeit das Gebot der Publizität von Unterbrechungen der Bewertungsstetigkeit" (1969, S. 1125). Nach Ansicht von *Litfin* hat der deutsche Gesetzgeber „den Weg gewählt, über eingehende Erläuterungen zu den im Einzelfall gewählten Methoden und vorgenommenen Methodenänderungen die Bewertungsstetigkeit wieder zu 'heilen', wo sie durchbrochen wird" (S. 23). Demgegenüber weist *Leffson* darauf hin, daß der Geschäftsbericht „nicht die Funktion [hat], mißverständliche oder falsche Darstellungen in Bilanz und GuV zu korrigieren" (1980a, S. 71). Ähnlich *Beermann/ Fülling/Sperl*: „Die Erläuterung von Unstetigkeiten ist nur in Ausnahmefällen eine Alternative zu der die Vergleichbarkeit sichernden Stetigkeit" (S. 202).

28) *Kropff*, Anm. 29 zu § 160.

29) *Mellerowicz* (Anm. 13 zu § 160) und *Claussen* (Tz. 16 zu § 160) erwähnen in diesem Zusammenhang die Bildung und Auflösung stiller Rücklagen.

30) Vgl. *Kropff*, Anm. 10 zu § 160.

31) RGSt Bd. 49, Entsch. v. 26. 2. 1915, S. 363.

Abb. 3: Komponenten „gewissenhafter und getreuer Rechenschaft"

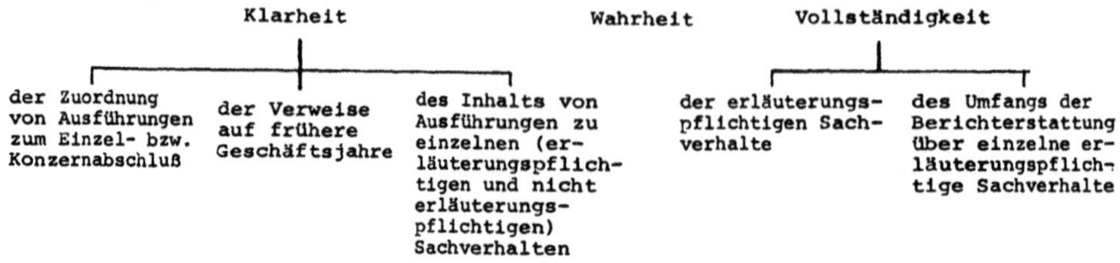

1. Der Geschäftsbericht muß „nach bestem Wissen wahr"[32] sein.
2. Der Geschäftsbericht muß „klar und deutlich"[33] und „aus sich heraus verständlich"[34] sein. Berichtspflichtige Angaben dürfen also nicht „versteckt oder so verklausuliert gebracht [werden], daß sie für den Normalleser unverständlich oder in ihrer Tragweite nicht erkennbar sind"[35].
3. Der Geschäftsbericht muß „vollständig sein, d.h. alle Angaben enthalten, die für die Beurteilung des Geschäftsverlaufs und der Lage (Abs. 1) sowie zur Erläuterung des Jahresabschlusses (Abs. 2) nötig sind"[36]. Zwar hat der Vorstand einen gewissen Ermessensspielraum, jedoch ist ein Geschäftsbericht, der die Angaben nach § 160 Abs. 2 bis 5 oder Abs. 3 nicht enthält, stets unvollständig[37]. Umgekehrt kann eine sehr umfangreiche Berichterstattung die Klarheit und Deutlichkeit beeinträchtigen und so einen Informationsgewinn verhindern[38].

Abschließend läßt sich mit *Marker*[39] feststellen, daß

- falsche und ungenaue (undeutliche) Angaben über gesetzlich vorgeschriebene und gesetzlich nicht verlangte Tatsachen sowie
- völliges oder teilweises Weglassen gesetzlich geforderter oder sonstiger zum Verständnis des Abschlusses oder zur Beurteilung der wirtschaftlichen Lage des Unternehmens wesentlicher Sachverhalte als „Falschdarstellungen im Geschäftsbericht" anzusehen sind.

---

[32] Vgl. *Kropff*, Anm. 11 zu § 160. Nach *Leffson* (1980a, S. 181) sollte dieser Grundsatz durch die Prinzipien der „Richtigkeit" und „Willkürfreiheit" ersetzt werden.

[33] *Kropff*, Anm. 13 zu § 160. Diese Forderung betrifft vor allem den Inhalt von Ausführungen zu einzelnen Sachverhalten sowie Verweise auf frühere Geschäftsberichte.

[34] ADS, Tz. 6 zu § 160. Hier geht es vor allem um die Abgrenzung zwischen Einzel- und Konzernabschluß.

[35] *Kropff*, Anm. 13 zu § 160; ähnlich *Kresse*, S. 129. Gegen diese Forderung wird nach Ansicht von Kropff „vor allem bei der Erläuterung des Jahresabschlusses verstoßen" (Anm. 13 zu § 160).

[36] *Kropff*, Anm. 12 zu § 160. Auf den Lagebericht wird hier nicht eingegangen. Vgl. dazu *Bauchowitz*.

[37] Vgl. *Kropff*, Anm. 12 zu § 160.

[38] Vgl. *Beermann/Fülling/Sperl*, S. 199. „In manchem Geschäftsbericht verdecken umfangreiche Ausführungen zur allgemeinen Wirtschaftslage, Nachrufe, Reklame und Selbstverständlichkeiten ... das Fehlen von materiell gewichtigen Aussagen" (*Kropff*, Anm. 14 zu § 160); auch ADS sehen die Gefahr, daß die quantitative Ausweitung der Publizität dazu führt, „daß der eigentliche Kern der Berichterstattung, wie er in § 160 gesetzlich festgelegt ist, verwässert oder verschleiert wird und dadurch die Qualität der Berichterstattung leidet" (Tz. 6 zu § 160; ähnlich *Meyerhans*, S. 18f.).

[39] Vgl. S. 130.

2.2.2 Schutzklausel

Nach § 160 Abs. 4 Satz 2 muß die Berichterstattung „insoweit unterbleiben, wie es für das Wohl der Bundesrepublik Deutschland oder eines ihrer Länder erforderlich ist". Eine gleichlautende Formulierung findet sich in § 334 Abs. 4 für den Konzerngeschäftsbericht. Diese „Schweigepflicht" kann sich auf alle Angaben des Geschäftsberichts beziehen, wobei der Vorstand nach pflichtgemäßem Ermessen zu entscheiden hat, ob die Voraussetzungen vorliegen[40]. Ein Hinweis auf die Anwendung der Schutzklausel muß in diesem Fall unterbleiben, „weil schon die Andeutung, daß wegen der Schutzklausel die Berichterstattung unterblieben sei, den Zweck der Geheimhaltung gefährden würde"[41].

Zum anderen brauchen nach § 160 Abs. 4 Satz 3 und 4 „bei der Berichterstattung nach Absatz 3 Nr. 7 und 10.. Einzelheiten insoweit nicht angegeben zu werden, als nach vernünftiger kaufmännischer Beurteilung damit gerechnet werden muß, daß durch die Angaben der Gesellschaft oder einem verbundenen Unternehmen erhebliche Nachteile entstehen. Werden aufgrund von Satz 3 Angaben nicht gemacht, so ist im Geschäftsbericht unter Anführung der Nummer, nach der sie erforderlich sind, anzugeben, daß für Angaben nach dieser Nummer von der Schutzklausel nach Satz 3 Gebrauch gemacht worden ist".

Nach herrschender Ansicht[42] ist die Schutzklausel grundsätzlich eng auszulegen, damit die Grundsätze einer gewissenhaften und getreuen Rechenschaft nicht durchbrochen werden. Je ungünstiger die verschwiegenen Tatsachen für die Gesellschaft sind, desto schärfere Anforderungen sind an die Voraussetzungen für die Anwendung der Schutzklausel zu stellen[43]. Wird über ungünstige Sachverhalte aufgrund der Schutzklausel nicht berichtet, so muß der Geschäftsbericht in anderen Punkten entsprechend zurückhaltender abgefaßt werden, damit er insgesamt nicht ein zu günstiges Bild von der Lage der Gesellschaft gibt[44]. „Der Geschäftsbericht muß als Ganzes immer ein richtiges Gesamtbild geben"[45].

Der Abschlußprüfer hat im Prüfungsbericht auf die Anwendung der Schutzklausel hinzuweisen. Kann der Vorstand keine echte Rechtfertigung dafür liefern, ist der Bestätigungsvermerk einzuschränken oder zu versagen[46].

---

40) Vgl. WPH, S. 563.

41) ADS, Tz. 9 zu § 160; ähnlich *Mellerowicz*, Anm. 51 zu § 160; WPH, S. 563; etwas schwächer *Kropff*, Anm. 16 zu § 160.

42) Vgl. u.a. ADS, Tz. 10 zu § 160; WPH, S. 563 f. Zur Diskussion dieser Vorschrift vgl. *Morgner* und *Tiefenbacher*.

43) Vgl. u.a. ADS, Tz. 10 zu § 160; WPH, S. 563 f.

44) Vgl. u.a. ADS, Tz. 10 zu § 160; WPH, S. 563 f.

45) WPH, S. 564; ähnlich ADS, Tz. 10 zu § 160. Vgl. auch *Ertner*, S. 15 ff.

46) Vgl. WPH, S. 564; ähnlich ADS, Tz. 12 zu § 160.

2.3 Aufstellung, Prüfung und Bekanntmachung des Geschäftsberichts

Nach § 148 hat der Vorstand in den ersten drei Monaten des Geschäftsjahres die Jahresbilanz und die Gewinn- und Verlustrechnung (Jahresabschluß) sowie den Geschäftsbericht aufzustellen und den Abschlußprüfern vorzulegen; diese nehmen die Prüfung[47] vor (§ 162). Anders als beim Jahresabschluß wirkt der Aufsichtsrat nicht durch eine „Feststellung" (gemäß § 172) mit; seine Mitverantwortlichkeit kommt vielmehr darin zum Ausdruck, daß er gemäß § 171 den Geschäftsbericht zu prüfen (Abs. 1) und über das Ergebnis an die Hauptversammlung zu berichten (Abs. 2) hat. Den Umfang der Prüfung beim Aufsichtsrat regelt das Aktiengesetz - anders als bei den Abschlußprüfern (siehe § 162 Abs. 2) - nicht[48].

Im Gegensatz zum Jahresabschluß (siehe § 177 Abs. 2) braucht der Geschäftsbericht nicht in den Gesellschaftsblättern bekannt gemacht zu werden[49]. „Das Gesetz verlangt die Veröffentlichung nicht, weil ihre Kosten zu einer unerwünschten Einschränkung der Berichterstattung veranlassen könnten"[50]. Allerdings wird der Geschäftsbericht insofern offengelegt, als er zum Handelsregister des Sitzes der Gesellschaft einzureichen ist (§ 177 Abs. 1) und dort von jedermann eingesehen werden kann (§ 9 HGB). Jeder Aktionär kann von Zeitpunkt der Einberufung der Hauptversammlung an den Geschäftsbericht „in dem Geschäftsraum der Gesellschaft" einsehen und eine Abschrift verlangen (§ 175 Abs. 2). In den letzten Jahren sind die Gesellschaften zunehmend dazu übergegangen, ihren Aktionären vor der Hauptversammlung eine Kurzform des Geschäftsberichts zuzusenden[51], den ausführlichen Geschäftsbericht jedoch erst auf Anforderung[52]. Zur Vermeidung von Irreführungen müssen Auszüge aus dem Geschäftsbericht unbedingt den Hinweis enthalten, daß es sich dabei nicht um den Geschäftsbericht im Sinne des § 160 handelt[53]. In vielen Fällen geschieht dies jedoch nicht oder nicht deutlich genug[54]. Der Kurzfassung des Geschäftsberichts darf der Bestätigungsvermerk nicht beigefügt werden[55] (§ 178 Abs. 3).

---

47) Näheres dazu in Kap. 7.

48) Vgl. dazu *Kropff*, Anm. 2 ff. zu § 171, und die dort angegebene Literatur. Zu den Ausnahmen von der Publizitätspflicht vgl. *Castan*, 1981b, S. 338.

49) Darunter ist i.d.R. der Bundesanzeiger zu verstehen (§ 25).

50) *Kropff*, Anm. 3 zu § 160.

51) Nach dem *Wirtschaftsprüfer-Handbuch* sind gekürzte Geschäftsberichte „zwar nicht gesetzlich ausdrücklich verboten, widersprechen aber dem Sinn und Zweck dieser Einrichtung" (S. 566); ähnlich *Piper*.

52) Dagegen versenden viele Gesellschaften freiwillig viertel- oder halbjährlich Zwischenberichte über die wirtschaftliche Lage der Unternehmung. Vgl. dazu auch *Müller*.

53) Vgl. WPH, S. 566.

54) Die VOLKSWAGENWERK AG, die aufgrund der Begebung der sog. „Volksaktien" über einen hohen Anteil an Kleinaktionären verfügt, gibt in ihrem „Bericht über das Geschäftsjahr 1980 - Kurzfassung -" unter der Überschrift „Hinweise zur Berichterstattung" den folgenden ordnungsmäßigen Hinweis: „Diese Kurzfassung des Geschäftsberichts 1980 der Volkswagenwerk AG ist eine Zusammenfassung des ausführlichen Jahresberichts. Falls Sie sich im Detail informieren möchten, fordern Sie bitte den offiziellen Geschäftsbericht der Volkswagenwerk AG von Ihrem Kreditinstitut an" (S. 4).

3. Beurteilungskriterien der Qualität der Berichterstattung

Auf den ersten Blick könnte die Frage nach der Qualität der Berichterstattung absurd erscheinen: schließlich unterliegt der Erläuterungsbericht der „vollen Prüfung"[1] durch den Abschlußprüfer, so daß - bei erteiltem Testat - die Ordnungsmäßigkeit unterstellt werden müßte. Demnach wären die Abschlußerläuterungen aller hier untersuchten Gesellschaften zumindest als „ausreichend" anzusehen.
Eine solche Betrachtungsweise übersieht jedoch,

- daß dem einzelnen Abschlußprüfer - mangels operationaler Grundsätze für die Einschränkung des Bestätigungsvermerks - „eine weite Toleranzgrenze"[2] verbleibt,
- daß die einzelnen Abschlußprüfer unterschiedliche Anforderungen an die Erteilung des Bestätigungsvermerks und somit an die Qualität der Berichterstattung knüpfen,
- daß der Bestätigungsvermerk eine „Standardformel"[3] darstellt, die nicht zwischen den einzelnen Abstufungen einer als zulässig angesehenen Berichterstattung differenziert.

Daher erscheint eine Beurteilung der Qualität der Berichterstattung aus der Sicht eines externen Bilanzanalytikers nicht nur sinnvoll, sondern geradezu geboten. Daß dabei zwangsläufig auch die Arbeit der Abschlußprüfer (mit-)geprüft wird, ist ein durchaus wünschenswerter Nebeneffekt.

Das Beurteilungsobjekt bildet ausschließlich die Berichterstattung über den Einzelabschluß, bei Konzernen also über den Abschluß der Obergesellschaft.
Ein zentrales Problem stellt die Messung der Berichtsqualität dar, da - wie noch zu zeigen sein wird - die gesetzliche Grundlage des § 160 Abs. 2 Interpretationsspielräumen Tür und Tor öffnet. Vorstellbar wären folgende Beurteilungsmaßstäbe:

Als Negativ-Beispiel ist die BAYER AG zu nennen, die unter der Überschrift „Bayer berichtet über das Geschäftsjahr 1980" lediglich in einer Fußnote auf der letzten Seite durch den Hinweis „Wer eine ausführliche Unterrichtung über das abgelaufene Geschäftsjahr wünscht, wird gebeten ... die ungekürzten Hauptversammlungsvorlagen anzufordern". zu erkennen gibt, daß es sich um eine Kurzfassung handelt.

55) Hierzu findet sich bei der VOLKSWAGENWERK AG in der Kurzfassung des Geschäftsberichts der folgende ordnungsmäßige Hinweis: „Die ungekürzten Fassungen der Jahresabschlüsse des Volkswagen-Konzerns und der Volkswagenwerk AG zum 31. Dezember 1980 sind mit dem uneingeschränkten Bestätigungsvermerk der TREUARBEIT Aktiengesellschaft Wirtschaftsprüfungsgesellschaft Steuerberatungsgesellschaft, Hannover, versehen (S. 19).
Demgegenüber teilt die BAYER AG ihren Aktionären lediglich mit: „Der vollständige Jahresabschluß der Bayer AG und der nach im einzelnen dargelegten Grundsätzen aufgestellte Abschluß Bayer-Welt sind von unserem Abschlußprüfer der Treuhand-Vereinigung Aktiengesellschaft, geprüft" (S. 7).

---

1) Vgl. *Kropff*, Begründung RegE, S. 264.

2) *Leffson*, 1980b, S. 352.

3) *Leffson*, 1980b, S. 348.

1. die (theoretisch denkbare) Idealpublizierung
2. die (in der Realität vorzufindende) Optimalpublizierung
3. die literarische Gesetzeskommentierung.

Die Idealpublizierung, etwa nach den Vorstellungen externer Bilanzanalytiker oder Wissenschaftler, würde die vom Gesetzgeber anerkannten Publizitätsgrenzen vermutlich bei weitem überschreiten; aber selbst wenn diese Auslegung de lege lata erfolgen würde, so könnte doch niemand von den bilanzierenden Unternehmen erwarten oder verlangen, daß sie sich daran halten. Zudem wären bei Verwendung der Idealpublizierung als Beurteilungsmaßstab die an die Abschlußerläuterungen zu stellenden Minimalforderungen nicht definiert. Zur Beurteilung der Berichterstattungsqualität stellt die Idealpublizierung daher einen untauglichen Vergleichsmaßstab dar.
Gegen die Optimalpublizität als Beurteilungsmaßstab spricht, daß es „den besten Erläuterungsbericht" nicht gibt; vielmehr wechselt je nach Erläuterungstatbestand der Spitzenreiter[4]. Gesellschaften zeigen sich – vielleicht auch aus Public Relations-Gründen – bei einigen Aspekten sehr publizitätsfreudig, bei anderen dagegen äußerst zugeknöpft. Würde jeweils die bei einem bestimmten Erläuterungstatbestand beste Berichterstattung herangezogen, so würde der Maßstab zu hoch aufgehängt; das optimale Publizitätsverhalten einer einzelnen Gesellschaft in einem bestimmten Punkt könnte etwa auch darauf zurückzuführen sein, daß diese Unternehmung von anderen Tatbeständen, über die kaum oder gar nicht berichtet wird, ablenken möchte. Außerdem eignet sich ein Maßstab, an dem sich die bilanzierende Unternehmung nicht schon bei der Aufstellung des Geschäftsberichts orientieren kann[5], schlecht zur Beurteilung ihres Publizitätsverhaltens. Zudem wären auch hier die Minimalanforderungen nicht definiert.

Die literarische Gesetzeskommentierung eignet sich als Beurteilungsmaßstab am besten. Da jedoch die Ansichten über die Berichtspflichten im einzelnen durchaus divergieren, erweist es sich als notwendig, eine herrschende Meinung zu einem bestimmten Erläuterungsproblem zu eruieren. Dabei kommt – ohne anderen Autoren zu nahe treten zu wollen – den Kommentaren von *Adler/Düring/Schmaltz* und *Geßler/Eckardt/Hefermehl/Kropff* sowie dem *Wirtschaftsprüfer-Handbuch* und den Stellungnahmen des Instituts der Wirtschaftsprüfer besondere Bedeutung zu. Diese Quellen eignen sich vor allem deshalb als Beurteilungshilfe für diese Untersuchung, weil die darin vertretenen Ansichten den bilanzierenden Gesellschaften von vornherein als Orientierung dienen können und auch von den Abschlußprüfern zur Urteilsfindung herangezogen werden (sollten)[6]. Läßt sich keine herrschende Meinung feststellen, wird in dieser Untersuchung auf eine Wertung der Qualität der Berichterstattung nach dem Schema „ausreichend – unzureichend" verzichtet.

---

[4] So auch *Seemann*, S. 52.

[5] Die Optimalpublizität ist eben erst *nach* der Fertigstellung *aller* Geschäftsberichte zu ermitteln.

[6] Aus diesem Grunde wird hier stets auf das *Wirtschaftsprüfer-Handbuch* 1977, das für die Aufstellung der Jahresabschlüsse 1980 bzw. 1979/80 relevant war, und nicht auf die neuere Ausgabe Bezug genommen.

Weitergehende Anforderungen der Literatur an die Berichterstattung werden daher hier nicht zum Beurteilungskriterium erhoben. Die Beurteilung selbst erstreckt sich auf die Erfüllung der Generalklausel des § 160 Abs. 4 Satz 1; nach der oben wiedergegebenen herrschenden Ansicht beinhaltet eine „gewissenhafte und getreue Rechenschaft" die Wahrheit, Klarheit und Vollständigkeit der Berichterstattung im Sinne von § 160 Abs. 2. Während der externe Bilanzanalytiker die Klarheit der Ausführungen recht gut beurteilen kann, läßt sich die Vollständigkeit nur mit Einschränkungen, die Wahrheit dagegen kaum überprüfen. Auf die Grenzen einer Beurteilung durch einen externen Berichtsleser wird in 4.3.1 bis 4.3.4 eingegangen.

4. Grundzüge der Berichterstattung nach § 160 Abs. 2 AktG und Ergebnisse der empirischen Untersuchung

4.1 Die Abgrenzung zwischen Einzel- und Konzerngeschäftsbericht

Eine inländische Konzernobergesellschaft in der Rechtsform der AG oder KGaA ist nach § 160 zur Aufstellung eines (Einzel-)Geschäftsberichts und nach § 334 zur Aufstellung eines Konzern-Geschäftsberichts verpflichtet. „Beide Verpflichtungen stehen selbständig nebeneinander ..., so daß also sowohl ein Einzelgeschäftsbericht als auch ein Konzerngeschäftsbericht zu erstellen sind"[1]. In diesem Zusammenhang stellt sich aufgrund der engen sachlichen Verbindung und des identischen Adressatenkreises die Frage, ob und gegebenenfalls in welcher Weise beide Geschäftsberichte zusammengefaßt werden können.

Adler/Düring/Schmaltz stellen hierzu zunächst fest, es sei „zweckmäßiger, beide Berichte miteinander zu verbinden"[2]; in welcher Form die Zusammenfassung erfolge, bliebe „der Entscheidung der Verwaltung überlassen"[3]. „Wesentlich" sei jedoch, daß die zusammengefaßten Geschäftsberichte von Obergesellschaft (nach § 160 Abs. 4) und Konzern (nach § 334 Abs. 4) den Grundsätzen einer gewissenhaften und getreuen Rechenschaft entsprächen[4].

Hierbei ist zu beachten, daß der Inhalt des Einzel-Geschäftsberichts so klar gehalten sein muß, „daß er aus sich heraus verständlich ist"[5]. „Der Geschäftsbericht der Einzelgesellschaft behält auch neben einem Konzerngeschäftsbericht selbständigen Charakter"[6].

Adler/Düring/Schmaltz halten es für zulässig, wenn in einem zusammengefaßten Geschäftsbericht „im Text die Erläuterungen für jeden Abschlußposten des Einzelabschlusses und Konzernabschlusses zusammengefaßt werden"[7]. Nach dem *Wirtschaftsprüfer-Handbuch* liegen die Grenzen für eine Zusammenfassung dort, „wo die Klarheit und Übersichtlichkeit der Berichterstattung ... beeinträchtigt wird"[8].

Eine weitere zulässige Möglichkeit, Wiederholungen zu vermeiden, wird darin gesehen, im Konzerngeschäftsbericht auf den Geschäftsbericht der Obergesellschaft zu verweisen bzw. umgekehrt[9].

---

1) ADS, Tz. 6 zu § 334; ähnlich von *Wysocki*, 1969, S. 10.

2) ADS, Tz. 6 zu § 334. Das *Wirtschaftsprüfer-Handbuch* (S. 859) sowie *Kronstein* (Anm. 6 zu § 334) nennen als formale Voraussetzung die Identität der Abschlußstichtage.

3) ADS, Tz. 6 zu § 334.

4) Vgl. ADS, Tz. 6 zu § 334.

5) ADS, Tz. 6 zu § 160.

6) ADS, Tz. 197 zu § 160.

7) ADS, Tz. 6 zu § 334.

8) S. 859; ähnlich *Kronstein*, Anm. 4 zu § 334, sowie *Barz* (Anm. 1 zu § 334).

9) Vgl. ADS, Tz. 6 zu § 334; hier wird jedoch nicht ganz klar, ob sich dies nur auf den Lagebericht oder auch auf den Erläuterungsbericht bezieht.

Tab. 8: Form der Erläuterung des Jahresabschlusses

Erhebungsmerkmale		Merkmalshäufigkeit abs.	%
1. Der Geschäftsbericht enthält Erläuterungen ausschließlich zum Jahresabschluß der AG		25	26,6
2. Der Geschäftsbericht enthält Erläuterungen zu den Jahresabschlüssen der AG und des Konzerns nach dem Schema:		53	56,3
- Erläuterung des Jahresabschlusses der AG (incl. Bewertungs- und Abschreibungsmethoden)			
- Erläuterung des Jahresabschlusses des Konzerns			
bzw. in umgekehrter Reihenfolge			
3. Der Geschäftsbericht enthält Erläuterungen zu den Jahresabschlüssen der AG und des Konzerns nach dem Schema:		10	10,6
Erläuterung des Jahresabschlusses der AG und des Konzerns			
Welche Angaben die AG betreffen, ist			
a) völlig klar	5		
b) überwiegend klar	5		
c) überwiegend unklar	-		
d) völlig unklar	-		
4. Der Geschäftsbericht enthält Erläuterungen zu den Jahresabschlüssen der AG und des Konzerns nach dem Schema:		3	3,2
- Erläuterung des Jahresabschlusses des Konzerns (incl. Bewertungs- und Abschreibungsmethoden)			
- Erläuterung des Jahresabschlusses der AG (ohne Bewertungs- und Abschreibungsmethoden)			
bzw. in umgekehrter Reihenfolge			
Ein allgemeiner Verweis auf den Konzern-Erläuterungsbericht			
a) erfolgt nicht	3		
b) erfolgt	-		
5. Der Geschäftsbericht enthält Erläuterungen zu den Jahresabschlüssen der AG und des Konzerns nach dem Schema:		1	1,1
- Allgemeine Erläuterung der Bewertungs- und Abschreibungsmethoden			
- Zusätzliche Erläuterungen zum Jahresabschluß der AG			
- Zusätzliche Erläuterungen zum Jahresabschluß des Konzerns			
6. Der Geschäftsbericht enthält Erläuterungen zu den Jahresabschlüssen der AG und des Konzerns nach dem Schema:		1	1,1
- Erläuterung des Jahresabschlusses der AG und des Konzerns			
- Allgemeine Erläuterung der Bewertungs- und Abschreibungsmethoden			
7. Sonstiges		1	1,1
Insgesamt		94	100,0

Die Voruntersuchung der Geschäftsberichte zeigt, daß bei 82,9 % der in die Untersuchung einbezogenen Unternehmen entweder nur ein Einzelabschluß vorgelegt (siehe Nr. 1 der Tab. 8) oder klar zwischen den Erläuterungen von Einzel- und Konzernabschluß getrennt wird (siehe Nr. 2 der Tab. 8). Bei den übrigen Gesellschaften (17,1 %) sind Einzel- und Konzerngeschäftsbericht auf zum Teil sehr verschiedene Weise und mehr oder weniger deutlich miteinander verwoben. Hier ist unter dem Gesichtspunkt der Klarheit der Berichterstattung zunächst die Frage zu prüfen, ob die Ausführungen des Erläuterungsberichts eindeutig erkennen lassen, welche Informationen sich allein auf den Einzelabschluß, allein auf den Konzernabschluß oder auf beide Abschlüsse beziehen. Bei Unklarheiten stellt sich zugleich die Frage nach der Vollständigkeit der Berichterstattung.

Eine zusammengefaßte Erläuterung des Jahresabschlusses der Obergesellschaft und des Konzerns (siehe Nr. 3 der Tab. 8) findet sich bei zehn Gesellschaften (AEG-TELEFUNKEN, ALTANA, CEAG, KLÖCKNER-WERKE, MANNESMANN, MANNESMANN-DEMAG, RÜTGERS, SIEMENS, THYSSEN INDUSTRIE, VARTA).

Einige dieser Gesellschaften begründen die gewählte Darstellungsform mit der engen Verflechtung innerhalb des Konzernverbundes (RÜTGERS), mit der Vereinfachung der Berichterstattung und der Vermeidung von Wiederholungen (THYSSEN INDUSTRIE, KLÖCKNER-WERKE), durch den großen Einfluß der Konzernunternehmen auf die Vermögens- und Ertragslage der Obergesellschaft (ALTANA, VARTA).

Die zusammengefaßten Erläuterungen von fünf Gesellschaften erweisen sich als völlig klar, da zunächst die Abschreibungs- und Bewertungsmethoden angegeben und anschließend die berichtspflichtigen Tatbestände für die einzelnen Bilanzpositionen nach AG und Konzern getrennt dargestellt werden (MANNESMANN, MANNESMANN-DEMAG, RÜTGERS und SIEMENS; ähnlich THYSSEN INDUSTRIE).

Bei den übrigen fünf Gesellschaften mit zusammengefaßtem Erläuterungsbericht finden sich einleitende Formulierungen, die es dem Leser schwer machen herauszufinden, welche der sich anschließenden Ausführungen den Einzelabschluß betreffen.

„Demzufolge beziehen sich die nachstehenden Erläuterungen vorwiegend auf den Varta-Konzernabschluß, soweit nicht auf Besonderheiten hingewiesen wird, die allein den Abschluß der Varta AG betreffen".
(VARTA 1980, S. 33)

„... beziehen sich die nachstehenden Erläuterungen auf den Abschluß des Altana-Konzerns, soweit nicht ausdrücklich auf Besonderheiten hingewiesen wird, die allein die Altana AG betreffen".
(ALTANA 1980, S. 25)

„Die Ausführungen beziehen sich auf die Zahlen des Konzernabschlusses, soweit nicht ausdrücklich anderes vermerkt ist."
(CEAG 1980, S. 18)

„Die Erläuterungen beziehen sich, wenn kein besonderer Hinweis erfolgt, auf die Positionen des Konzernabschlusses".
(KLÖCKNER-WERKE 1979/80, S. 37)

Bei AEG-TELEFUNKEN fehlt eine entsprechende Vorbemerkung.

Trotz erheblicher Bedenken wurde die Berichterstattung der erwähnten Gesellschaften als „überwiegend klar" eingestuft.

Den Geschäftsberichten von drei Gesellschaften (RHEINMETALL, LINDE, ROSENTHAL) liegt eine weitere Variante der Form des Erläuterungsberichts (siehe Nr. 4 der Tab. 8) zugrunde; aufgrund ihrer Problematik muß darauf näher eingegangen werden.

Der Geschäftsbericht von RHEINMETALL enthält getrennt Erläuterungen zum Jahresabschluß der Obergesellschaft (S. 27 – 29) sowie zum Konzernabschluß (S. 30 - 37). Die Berichterstattung ist wie folgt gegliedert:

Erläuterungen zum Jahresabschluß 1980 der RHEINMETALL BERLIN AG
- Bilanz
- Gewinn- und Verlustrechnung

Erläuterungen zum Konzernabschluß 1980
- Konsolidierungskreis
- Bewertungs- und Abschreibungsgrundsätze
- Konzernbilanz
- Struktur der Konzernbilanz
- Konzern-Gewinn- und Verlustrechnung
- Aufwandsstruktur der Gesamtleistung im Konzern

Bei den Erläuterungen zum Jahresabschluß der RHEINMETALL BERLIN AG erfolgt keine Angabe der Bewertungs- und Abschreibungsmethoden, auch kein Hinweis auf die unter den Erläuterungen zum Konzernabschluß aufgeführten Bewertungs- und Abschreibungsgrundsätze. Von der Einordnung des Punktes „Bewertungs- und Abschreibungsgrundsätze" her ist völlig klar, daß sich die Ausführungen dazu nur auf den Konzernabschluß beziehen, mit der Folge, daß die Erläuterungen zum Jahresabschluß der RHEINMETALL BERLIN AG in einem wichtigen Bereich unvollständig sind[10].

Ähnliche Probleme bietet der Jahresbericht von LINDE; er enthält getrennt Erläuterungen zum Konzernabschluß (S. 56 – 60) und zum Jahresabschluß der Obergesellschaft (S. 64 – 67). Die Berichterstattung ist wie folgt gegliedert:

[10] Auf Anfrage des Autors teilte die Gesellschaft in einem Brief vom 28. 2. 1983 mit, daß sich die im Rahmen der Erläuterungen zum Konzernabschluß „auf Seite 31 ... wiedergegebenen Bewertungsgrundsätze auch auf den Einzelabschluß beziehen". Es bleibt jedoch die Tatsache, daß dies aus der Gliederung des Erläuterungsberichts in keiner Weise hervorgeht. Würde man den ergänzenden Hinweis der Gesellschaft akzeptieren, ließe sich nun ein Verstoß gegen den Grundsatz der Klarheit konstatieren, zumal die Gesellschaft in ihrem Brief im Anschluß an die obigen Ausführungen weiter schreibt: „Die Bewertungsgrundsätze treffen jedoch für den Einzelabschluß unserer Gesellschaft als Holding nur in sehr beschränktem Umfang zu." Bei der Auswertung des Geschäftsberichts wurden die obigen Hinweise der Geschäftsleitung nicht verwendet.

Konzerngeschäftsbericht
Überblick

Erläuterungen zum Konzernabschluß
Allgemeines
Konsolidierungskreis
Grundsätze für die Konsolidierung
Bewertungs- und Abschreibungsmethoden
Erläuterungen zur Konzernbilanz
Erläuterungen zur Konzern-Gewinn- und Verlustrechnung

Geschäftsbericht der LINDE AG
Geschäftsverlauf und Lage
Erläuterungen zum Jahresabschluß
Vorschlag für die Verwendung des Bilanzgewinns

Während im Geschäftsbericht der LINDE AG beim Lagebericht ein Hinweis auf den Konzerngeschäftsbericht erfolgt (S. 63), fehlt beim Erläuterungsbericht eine entsprechende Anmerkung; aus der Einordnung des Punktes „Bewertungs- und Abschreibungsmethoden" folgt völlig klar, daß die dort gemachten Ausführungen nur den Konzern betreffen. Damit sind auch die Abschlußerläuterungen der LINDE AG in einem wichtigen Bereich unvollständig[11].

Der ROSENTHAL-Geschäftsbericht enthält getrennt Erläuterungen zum Konzernabschluß (S. 41 - 47) und zum Jahresabschluß der Obergesellschaft (S. 49 - 51); die Berichterstattung kann als überwiegend klar eingestuft werden.

Der Geschäftsbericht der PAPIERWERKE WALDHOF-ASCHAFFENBURG enthält eine weitere Variante (siehe Nr. 5 der Tab. 8) der Form des Erläuterungsberichts (S. 34 - 42). Hier heißt es im einleitenden Satz:

„Im nachstehenden Berichtsteil werden wieder vorab die in der PWA-Gruppe allgemein gültigen Bewertungs- und Bilanzierungsgrundsätze dargestellt und im Anschluß daran zusätzliche Erläuterungen zum Abschluß der PWA AG und zu den beiden konsolidierten Abschlüssen gegeben".
Die Berichterstattung kann als überwiegend klar eingestuft werden.

Eine ebenfalls ungewöhnliche Form des Erläuterungsberichts (siehe Nr. 6 der Tab. 8) präsentiert THYSSEN (S. 36 - 42); hier werden zunächst die einzelnen Posten des Jahresabschlusses gemeinsam für den Konzernabschluß-Welt, den Konzernabschluß-Inland und den Abschluß der AG erläutert; anschließend werden die „Bewertungsgrundsätze" und Konsolidierungsgrundsätze vorgestellt.
Die Berichterstattung kann als überwiegend klar bezeichnet werden.

---

[11] Auf Anfrage des Autors teilte die Gesellschaft in einem Brief vom 1. 3. 1983 mit: Die im Rahmen der Erläuterungen zum Konzernabschluß „auf der Seite 57 ... dargestellten Bewertungs- und Abschreibungsmethoden beziehen sich sowohl auf den Konzernabschluß als auch auf den Einzelabschluß der Linde AG". Bei der Auswertung des Geschäftsberichts wurden die obigen Hinweise der Geschäftsleitung nicht verwendet.

Einen Sonderfall (siehe Nr. 7 der Tab. 8) stellt der Erläuterungsbericht der STRABAG dar. Bei dieser Gesellschaft erschien im Mai 1982 ein „Geschäftsbericht des Vorstands über die geänderten Jahresabschlüsse für die Geschäftsjahre 1973 bis 1980". Der ursprüngliche Geschäftsbericht 1980 enthält getrennte Erläuterungsberichte für AG und Konzern (siehe Nr. 2 der Tab. 8). Insgesamt kann die Berichterstattung als völlig klar eingestuft werden. Die Ausführungen im geänderten Geschäftsbericht wurden bei der Auswertung berücksichtigt.

Die Vollständigkeit der Abschlußerläuterungen wird bei der Hauptuntersuchung im Anschluß an die nun folgende Darstellung der einzelnen Berichtspflichten geprüft.

4.2 Die allgemeinen Abschlußerläuterungen

Der Jahresabschluß ist nach der Generalnorm des § 149 Abs. 1 zwar so „klar und übersichtlich aufzustellen", daß er „einen möglichst sicheren Einblick in die Vermögens- und Ertragslage der Gesellschaft" gewährt, dennoch „kann selbst der erfahrene Bilanzleser sich aus dem Jahresabschluß allein häufig kein richtiges Bild von der wirtschaftlichen Bedeutung der einzelnen Bilanzposten und dem Gesamtabschluß machen"[12]. Aus diesem Grunde hat der Gesetzgeber von 1965 zunächst in § 160 Abs. 2 Satz 1 vorgeschrieben: „Im Geschäftsbericht ist ferner der Jahresabschluß zu erläutern". Die allgemeinen Abschlußerläuterungen sollen die Bilanz sowie die Gewinn- und Verlustrechnung „klarlegen und die Aussagen des Zahlenbildes ergänzen"[13].

Im Rahmen dieser allgemeinen Abschlußerläuterungen wird in Kommentaren beispielhaft eine Vielzahl von Angaben gefordert bzw. in Betracht gezogen, zumeist verbunden mit dem Hinweis auf zwangsläufige Überschneidungen mit den besonderen Abschlußerläuterungen gemäß § 160 Abs. 2 bis 5. Für „eigenständige" Erläuterungen nach Satz 1 dieser Vorschrift bleibt daher nicht mehr viel Raum[14]. Zu nennen sind u.a.:[15]

- Zusammensetzung der wesentlichen Posten des Jahresabschlusses;
- Beschreibung von Posten des Jahresabschlusses, deren Inhalt aus der Postenbezeichnung nicht ohne weiteres erkennbar ist oder deren Zusammensetzung sich gegenüber dem Vorjahr geändert hat;
- Erläuterung von außerordentlichen Aufwendungen und Erträgen (sofern nicht nach Satz 2 bis 5 erforderlich);
- Erläuterung von Bilanzvermerken.

Im Rahmen der allgemeinen Abschlußerläuterungen fordert das *Wirtschaftsprüfer-Handbuch*[16] eine Substanzerhaltungsrechnung, falls das Ergebnis des Geschäfts-

---

[12] ADS, Tz. 28 zu § 160.

[13] *Mellerowicz*, Anm. 9 zu § 160; ähnlich ADS, Tz. 28 zu § 160.

[14] Vgl. *Kropff*, Anm. 31 zu § 160.

[15] Vgl. ADS, Tz. 28 ff. zu § 160; *Claussen*, Tz. 14 f. zu § 160; *Kropff*, Anm. 31 f. zu § 160; *Mellerowicz*, Anm. 9 ff. zu § 160; WPH, S. 541 f.

jahres in erheblichem Umfang aufgrund von Geldwertänderungen beeinflußt worden ist. Nach dem Grundsatz einer gewissenhaften und getreuen Rechenschaft solle „zumindest ermittelt werden, welcher Teil des Jahresergebnisses im Interesse der Substanzerhaltung der Gesellschaft nicht ausgeschüttet werden sollte"[17].

Ausführungen über Scheingewinne bzw. Substanzerhaltungsrechnungen wurden lediglich in den Geschäftsberichten von DAIMLER-BENZ, HEIDELBERGER ZEMENT, LUFTHANSA und SIEMENS vorgefunden.

Beispiel: „Nach unseren Berechnungen enthält der ausgewiesene Jahresüberschuß keinen 'Scheingewinn'. Die auf der Grundlage des Nominalwertprinzips ermittelten planmäßigen Abschreibungen auf Sachanlagen liegen zwar erneut unter den vergleichbaren Abschreibungen auf Wiederbeschaffungsbasis; wir konnten diese Differenz jedoch kompensieren durch die Vornahme steuerlich zulässiger Sonderabschreibungen und durch die Ausschöpfung aktienrechtlicher Wahlrechte bei der Bewertung von Vermögensgegenständen".
(DAIMLER-BENZ 1980, S. 75)

Anhaltspunkte dafür, daß auch die Angabe von Bilanzkennzahlen und ihre Interpretation zu den allgemeinen Abschlußerläuterungen zählen, finden sich im Schrifttum nicht.

In vielen Geschäftsberichten wurden jedoch bilanzanalytische Aussagen im Rahmen der Erläuterung des Jahresabschlusses angetroffen.

Beispiel: „Aus diesen Kennziffern läßt sich gut erkennen, daß das Unternehmen nach wie vor gut finanziert ist".
(CONTINENTAL 1980, S. 25)

Die Einbeziehung solcher und ähnlicher Aussagen in den Erläuterungsbericht, die durch das Testat des Abschlußprüfers auch noch einen „offiziellen Anstrich" erhalten, erscheint aufgrund ihrer betriebswirtschaftlichen Problematik höchst bedenklich[18].

Da die allgemeinen Abschlußerläuterungen nur selten Hinweise auf die hier interessierenden bilanzpolitischen Maßnahmen der Unternehmensleitung enthalten, soll dieser Aspekt der Berichterstattung hier nicht vertieft werden. Soweit sich die allgemeinen mit den besonderen Abschlußerläuterungen überschneiden, wird darauf im Zusammenhang mit der Berichterstattung nach § 160 Abs. 2 Satz 2 bis 5 eingegangen; im übrigen ist in diesem Fall eine zusammenfassende Berichterstattung möglich, wenn nicht sogar nach den Grundsätzen einer gewissenhaften und getreuen Rechenschaft geboten[19].

Lediglich bei Kreditinstituten erlangen die allgemeinen Abschlußerläuterungen ein größeres Gewicht (siehe dazu 4.4).

---

17) WPH, S. 542. Zur Form der Berichterstattung wird auf die IdW-Stellungnahme HFA 2/1975 verwiesen.

18) Vgl. u.a. *Leffson*, 1977, S. 69 ff.

19) Vgl. ADS, Tz. 30 zu § 160; *Kropff*, Anm. 25 f. zu § 160; WPH, S. 542.

4.3 Die besonderen Abschlußerläuterungen

4.3.1 Die Angabe der Bewertungs- und Abschreibungsmethoden[20]

Bei der Erläuterung des Jahresabschlusses im Geschäftsbericht „sind die Bewertungs- und Abschreibungsmethoden so vollständig anzugeben, wie es zur Vermittlung eines möglichst sicheren Einblicks in die Vermögens- und Ertragslage der Gesellschaft erforderlich ist" (§ 160 Abs. 2 Satz 2 erster Halbsatz).
Bei der Interpretation dieses Teils der Vorschrift stellen sich zwei Fragen:
1. Was ist unter Bewertungs- und Abschreibungs„methoden" zu verstehen?
2. Wie „vollständig" müssen die Angaben sein?

Zu 1. Was den Begriff der „Methode" im Sinne von § 160 Abs. 2 Satz 2 anlangt, so führt der Verzicht des Gesetzgebers auf eine nähere Beschreibung zu bedauerlichen[21] Unschärfebereichen[22]. Nur wenige Autoren[23] haben sich an einer Begriffsdefinition versucht; daher verwundert auch nicht, daß in der Literatur - insbesondere den Kommentaren - die Kasuistik dominiert. Auf Einzelheiten wird daher vor allem[24] bei der Hauptuntersuchung eingegangen.

Zu 2. Was die „Vollständigkeit" der Angaben anbetrifft, so wird in der Literatur einvernehmlich betont, daß allgemeine Bemerkungen wie: „Die Bewertung entspricht den gesetzlichen Vorschriften" nicht ausreichen[25]; vielmehr müssen die Angaben „für die einzelnen Bilanzposten" vollständig sein[26]. Gleichartig bewertete Posten können zusammen erläutert werden[27]. Im übrigen empfiehlt es sich, die

[20] Selbstverständlich beziehen sich die für die Bewertungs- und Abschreibungsmethoden geltenden Grundsätze auch auf Wertberichtigungen. Vgl. IdW-Stellungnahme NA 1/1967, Nr. 8.

[21] Das Fehlen einer Legaldefinition wird von einigen Autoren für nachteilig gehalten. Vgl. *Hintner*, S. 16; *Kupsch*, S. 83; *Litfin*, S. 35; *Petersen*, S. 253.

[22] Zu fragen wäre etwa:
- warum neben den Bewertungsmethoden auch Abschreibungsmethoden erwähnt werden (Sind Abschreibungsmethoden nicht unter die Bewertungsmethoden zu subsumieren?).
- ob die Bewertungs- und Abschreibungsmethoden nur anzugeben sind, soweit sie die Ausnutzung von Wahlrechten betreffen (Sind auch über Zwangsansätze, z.B. aufgrund der strengen Niederstwertvorschrift, Angaben erforderlich?).
- ob eine bestimmte Ausübung von Bilanzansatzwahlrechten als Bewertungsmethode aufzufassen ist (Muß etwa über die Aktivierung / Nichtaktivierung von immateriellen Anlagewerten berichtet werden?).

[23] Nach ADS ist darunter „allgemein jedes Verfahren zu verstehen, das an bestimmte, für die Bewertung relevante Merkmale anknüpft und dazu dient, unter Beachtung der gesetzlichen Bestimmungen den Wertansatz zu ermitteln" (Tz. 52 zu § 160; gleicher Ansicht WPH, S. 547). *Kupsch* versteht darunter ein „an Grundsätzen orientiertes planmäßiges Verfahren zur Zweckerreichung" (S. 82, FN 132).

[24] Das Problem wird teilweise im Punkt 4.3.3 wieder aufgegriffen.

[25] Vgl. IdW-Stellungnahme NA 1/1967, Nr. 1, sowie ADS, die zu einem entsprechenden Vorschlag von *Eßer* (S. 317) bemerken: „Hiermit würde der vom Gesetz geforderte Einblick in die Lage der Gesellschaft geradezu verwehrt" (Tz. 32 zu § 160).

[26] Vgl. IdW-Stellungnahme NA 1/1967, Nr. 1. Fälschlicherweise unter Berufung darauf fordert das *Wirtschaftsprüfer-Handbuch* Vollständigkeit „für alle wesentlichen Bilanzposten" (S. 543).

[27] Vgl. IdW-Stellungnahme NA 1/1967, Nr. 1.

Angaben in der Reihenfolge der Bilanzposten vorzunehmen[28]. Fehlanzeigen bei Nichtvorliegen von angabepflichtigen Tatbeständen werden ebenso wenig als erforderlich angesehen[29] wie nähere Begründungen für die Wahl einer bestimmten Bewertungs- oder Abschreibungsmethode[30].

Finden bei einem Bilanzposten verschiedene Bewertungs- und Abschreibungsmethoden Anwendung, „so sind, sofern dies zur Vermittlung eines möglichst sicheren Einblicks in die Vermögens- und Ertragslage erforderlich ist, weitere Angaben zu bringen, die erkennen lassen, auf welchen Teil des Bilanzpostens sich die Bewertungs- und Abschreibungsmethoden jeweils beziehen[31]. Darüber hinaus werden Angaben über den relativen Anteil der unterschiedlich bewerteten Vermögensgegenstände verlangt[32].

Die Einschränkung, daß nur ein „möglichst" sicherer Einblick vermittelt werden muß, „soll klarstellen, daß die Unternehmen nur gehalten sind, das im Rahmen eines Geschäftsberichts Mögliche zu tun[33]. *Forster* bezweifelte schon 1965, „daß diese Begründung wörtlich genommen, die Lösung des Problems unmittelbar erleichtern kann. Denn die Ansichten darüber, was im Geschäftsbericht möglich ist, gingen schon in der Vergangenheit auseinander und werden es wohl auch in der Zukunft tun[34]. „Möglichst" deutet nach *Kropff* darauf hin, „daß ein Geschäftsbericht im Hinblick auf seinen durch Kosten und Leserkreis begrenzten Umfang nur das Wesentliche bringen kann", da „eine lückenlose Angabe der Bewertungs- und Abschreibungsmethoden ein vollständiges Buch ergäbe"[35].

Die Angabe der Bewertungs- und Abschreibungsmethoden braucht nicht in jedem Geschäftsbericht zu erfolgen, vielmehr kann „auf die Angabe dieser Methoden im Geschäftsbericht für ein früheres Geschäftsjahr, das nicht weiter zurückliegt als das dritte vorausgegangene Geschäftsjahr, .. Bezug genommen werden" (§ 160 Abs. 2 Satz 2 zweiter Halbsatz). Damit sind etwa Verweise im Geschäftsbericht für 1980 auf den Geschäftsbericht für 1979, 1978 und 1977 zulässig, sofern die geforderten Angaben dort auch tatsächlich zu finden sind. „'Bezugnehmen' muß so verstanden werden, daß ausdrücklich auf den Geschäftsbericht für ein bestimmtes früheres Geschäftsjahr bezüglich der Bewertungs- und Abschreibungsmethoden hinzuweisen ist"[36]. Allgemeine Hinweise wie etwa: „Wegen der von uns ausgeübten Abschreibungs- und Bewertungspraxis wird auf frühere Berichte verwiesen" u.ä. genü-

---

28) Vgl. WPH, S. 543.

29) Vgl. ADS, Tz. 44 zu § 160; *Claussen*, Tz. 25 zu § 160; *Gördeler*, S. 118; *Mellerowicz*, Anm. 18 zu § 160.

30) *Mellerowicz* (Anm. 13 zu § 160) weist zu Recht darauf hin, daß der Gesetzgeber ansonsten eine „Erörterung" verlangt hätte.

31) WPH, S. 544. Als Beispiele werden dort genannt:
- Aufgliederung des Gesamtbetrages der Abschreibungen nach den Beträgen, die auf die lineare und degressive Methode sowie auf außerplanmäßige Abschreibungen entfallen;
- Angabe des Verhältnisses der Vorratsbestände, die nach dem Lifo- oder Fifoverfahren oder mit Durchschnittwerten bewertet sind.

32) Vgl. IdW-Stellungnahme NA 1/1967, Nr. 1, sowie *Claussen*, Tz. 22 zu § 160.

33) *Kropff*, Ausschußbericht, S. 259.

34) *Forster*, 1965, S. 595.

35) Vgl. Anm. 29 zu § 160; ähnlich ADS, Tz. 32 zu § 160.

36) ADS, Tz. 42 zu § 160; *Kropff* (Anm. 38 zu § 160) fordert zusätzlich die Angabe der Seitenzahl.

gen ebenso wenig wie fortlaufende Verweise auf den jeweiligen Vorjahresbericht[37]. Der Verweis auf einen früheren Geschäftsbericht ist jedoch nicht erlaubt, wenn sich die Bewertungs- und Abschreibungsmethoden gegenüber dem Vorjahr wesentlich geändert haben; in diesem Fall sind in jedem Geschäftsbericht die Änderungen der Methode(n) gegenüber dem Vorjahr zu erörtern (§ 160 Abs. 2 Satz 4), unabhängig davon, wann die letzte vollständige Angabe der Bewertungs- und Abschreibungsmethoden erfolgt ist[38].

Tab. 9: Angaben über die Bewertungs- und Abschreibungsmethoden

Erhebungsmerkmale	Merkmalshäufigkeit		
	abs.		%
1. Angaben im Geschäftsbericht für 1980 bzw. 1979/80		78	83,0
2. keine Angaben im Geschäftsbericht, sondern Verweis auf ein früheres Geschäftsjahr		11	11,7
a) Berichterstattung dort vorhanden	11		
b) Berichterstattung dort nicht vorhanden	-		
3. Angaben zum Teil im Geschäftsbericht für 1980 bzw. 1979/80, zum Teil Verweis auf ein früheres Geschäftsjahr		5	5,3
a) Berichterstattung dort vorhanden	5		
b) Berichterstattung dort nicht vorhanden	-		
4. keine Angaben im Geschäftsbericht für 1980 bzw. 1979/80		-	-
Insgesamt		94	100,0

Im Rahmen einer Voruntersuchung wurden die Geschäftsberichte unter dem Blickwinkel durchgesehen, ob sie für das Wirtschaftsjahr 1980 bzw. 1979/80 überhaupt Angaben über die Bewertungs- und Abschreibungsmethoden im Sinne von § 160 Abs. 2 Satz 2 enthalten[39] oder ob – gänzlich oder teilweise – auf die Berichterstattung in einem früheren Geschäftsjahr verwiesen wird.

37) Vgl. *Claussen*, Tz. 24 zu § 160; ADS, Tz. 42 zu § 160.

38) Vgl. *Mellerowicz*, Anm. 17 zu § 160.

39) Die Frage der Vollständigkeit spielte hierbei keine Rolle; dieser Aspekt steht erst bei der Hauptuntersuchung im Vordergrund.

Dabei stellte sich heraus, daß 83 % der Gesellschaften im Geschäftsbericht des Wirtschaftjahres 1980 bzw. 1979/80 Angaben über ihre Bewertungs- und Abschreibungsmethoden machen[40], was im Sinne der Klarheit der Berichterstattung zu begrüßen ist. Dazu zählen auch sämtliche hier untersuchten Banken. Demgegenüber verweisen nur 11,7 % der Unternehmen auf ein früheres Geschäftsjahr, z.T. sogar mit Seitenangabe (z.B. BASF, ENKA); dabei handelt es sich mit einer Ausnahme (PREUSSAG) um das Vorjahr. Eine Mischform wird von 5,3 % der Gesellschaften praktiziert. Bei ihnen wird lediglich in bezug auf einen bestimmten angabepflichtigen Tatbestand auf die Berichterstattung in einem früheren Geschäftsjahr verwiesen (z.B. KARSTADT hinsichtlich der Bewertung des Anlagevermögens). Angesichts der Tatsache, daß die Geschäftsberichte der meisten Gesellschaften, die ganz oder teilweise Verweise auf frühere Geschäftsjahre vornehmen, über 50 Seiten lang sind (z.B. 70 Seiten bei KARSTADT) und in erheblichem Umfang gesetzlich nicht vorgeschriebene Bestandteile (z.B. 28 Fotoseiten bei KARSTADT) aufweisen, erscheint der Verzicht auf einige Seiten oder gar nur wenige Zeilen[41] Berichterstattung über Bewertungs- und Abschreibungsmethoden oder einen Teilaspekt davon völlig unangebracht.

Eine Beurteilung der Angaben über die Bewertungs- und Abschreibungsmethoden ist praktisch am besten möglich, wenn sich die Anhaltspunkte für eine Angabepflicht aus dem Jahresabschluß ergeben. Weist eine Gesellschaft z.B. Maschinen aus, so muß sie Angaben über die planmäßigen Abschreibungen machen. Ein externer Berichtsleser kann hier fehlende Informationen als Verstoß gegen die Berichtspflicht werten und vorhandene Angaben im Hinblick auf Vollständigkeit und Klarheit, nicht aber hinsichtlich ihrer Wahrheit prüfen. In anderen Fällen kann nicht einmal die Vollständigkeit beurteilt werden. Aus dem Jahresabschluß läßt sich z.B. nicht erkennen, ob Gegenstände mit einem Festwert angesetzt sind. Wenn Angaben über eine Festbewertung fehlen, erweist sich eine Wertung als unmöglich; sind diese dagegen vorhanden, lassen sich Vollständigkeit und Klarheit, aber wiederum nicht die Wahrheit beurteilen[42].

In der Hauptuntersuchung werden sich die Grenzen der Beurteilung der Berichterstattung gemäß § 160 Abs. 2 Satz 2 bei den einzelnen Bilanzpositionen deutlich zeigen.

---

40) Dazu zählen auch LINDE und RHEINMETALL, obwohl zuvor festgestellt wurde (vgl. 4.1), daß die von diesen Gesellschaften im Rahmen der Erläuterungen zum Konzernabschluß aufgeführten Bewertungs- und Abschreibungsmethoden (-grundsätze) für den Einzelabschluß nicht gewertet werden. Hierin liegt kein Widerspruch, denn die getrennt davon erfolgenden Erläuterungen zum Jahresabschluß der Obergesellschaft enthalten ebenfalls einige Angaben zu den Bewertungs- und Abschreibungsmethoden.

41) So heißt es etwa im Geschäftsbericht 1979/80 bei RHEINELEKTRA: „Die Abschreibungsmethoden sind im Geschäftsbericht des Vorjahres erläutert" (S. 32). Dort (S. 29) findet der Leser einen einzigen Satz im Umfang von vier Zeilen!

42) Dies mag zuweilen zu „ungerechten" Beurteilungen der Gesellschaften führen, die überhaupt Angaben zu solchen Sachverhalten machen.

4.3.2 Die Angabe der Abschreibungen und Wertberichtigungen auf Anlagezugänge des Geschäftsjahres

Die Zugänge und Abgänge, Abschreibungen und Zuschreibungen sowie Umbuchungen sind im „Anlagespiegel" (bei Banken im Erläuterungsbericht)[43] für die einzelnen Posten des Anlagevermögens gesondert aufzuführen. Die dort angegebenen Abschreibungen können sowohl Zugänge des Geschäftsjahres als auch früherer Geschäftsjahre betreffen.

Im Geschäftsbericht müssen nun nach § 160 Abs. 2 Satz 3 die Abschreibungen und Wertberichtigungen[44] angegeben werden, die allein auf die Anlagezugänge des Geschäftsjahres gemacht worden sind. Auf eine zusätzliche Spalte im Anlagespiegel hat der Gesetzgeber im Interesse der Übersichtlichkeit des Tableaus verzichtet[45]. Der Sinn dieser Vorschrift wird darin gesehen, einen Einblick in die Abschreibungspolitik zu ermöglichen und damit die Vergleichbarkeit aufeinanderfolgender Jahresabschlüsse zu erleichtern[46].

Die Abschreibungen und Wertberichtigungen auf Anlagezugänge müssen „in jedem Geschäftsbericht" angegeben werden; dieser Zwang ist begründet, da gewöhnlich jährlich Zugänge im Anlagevermögen der Gesellschaften zu verzeichnen sind[47]. Wenn in einem Geschäftsjahr bei einem bestimmten Posten keine Abschreibungen auf Zugänge erfolgt sind, braucht dies im Erläuterungsbericht nicht erwähnt zu werden[48].

Als „Zugänge" sind nicht allein die im Anlagespiegel unter dieser Position vermerkten Beträge anzusehen, sondern auch die unter den Umbuchungen angegebenen Beträge, soweit auf diese erstmals abgeschrieben wird[49].

Die Angabe der Abschreibungen und Wertberichtigungen auf Zugänge des Geschäftsjahres muß „für die einzelnen Posten des Anlagevermögens" erfolgen.

---

43) Bei Banken ersetzen die gemäß § 3 Abs. 1 der Formblatt-Verordnung vom 20. 12. 1967 vorgeschriebenen Angaben zum Geschäftsbericht die für diese Gesellschaften nicht anzuwendende Vorschrift des § 152 Abs. 1, nach denen der Anlagespiegel in der Bilanz darzustellen ist.

44) Das „und" zwischen den Worten „Abschreibungen" und „Wertberichtigungen" in § 160 Abs. 2 Satz 3 ist alternativer und nicht kumulativer Natur; diese Formulierung will sicherstellen, „daß unabhängig davon, ob eine Gesellschaft ihre Abschreibungen in direkter (aktiver) oder indirekter (passiver) Form vornimmt, grundsätzlich die *Beträge* der Abschreibungen bzw. Wertberichtigungen auf Anlagezugänge anzugeben sind" (*Mellerowicz*, Anm. 18 zu § 160).

45) Vgl. *Hintner*, S. 203; *Kropff*, Ausschußbericht, S. 234. Ein Einbau dieser Angaben in den Anlagespiegel ist dennoch zulässig. Vgl. ADS, Tz. 15 zu § 160, sowie *Claussen*, Tz. 25 zu § 160.

46) Vgl. *Baumbach/Hueck*, Anm. 9 zu § 160; *Claussen*, Tz. 25 zu § 160; *Geßler, J.H.*, Anm. 4 zu § 160; *Mellerowicz*, Anm. 18 zu § 160; Mellerowicz erhofft sich weiter von dieser Vorschrift eine Verhinderung der Bildung stiller Reserven; nach Claussen kann diese Vorschrift „vielleicht auch erkennbar machen, wenn Fehlinvestitionen sofort abgeschrieben wurden"; nach Ansicht von *Kropff* wird der Aussagewert dieser Vorschrift jedoch „leicht überschätzt" (Anm. 40 zu § 160).

47) Vgl. *Mellerowicz*, Anm. 18 zu § 160.

48) Vgl. FN 29 auf S. 40.

49) Vgl. ADS, Tz. 44 zu § 160; *Kropff*, Anm. 41 zu § 160; *Mellerowicz*, Anm. 18 zu § 160.
Fraglich ist, ob auch die Ausgangsbeträge, auf die sich die Abschreibungen beziehen, angegeben werden müssen, wenn sie wegen Umbuchungen nicht mit den im Anlagespiegel aufgeführten Zugängen übereinstimmen. ADS (Tz. 44 zu § 160) halten entsprechende Angaben für erforderlich.

Dazu zählen auch Posten, die sich in das gesetzliche Gliederungsschema nicht ohne weiteres einordnen lassen und daher gesondert ausgewiesen werden[50] (z.B. Gerechtsame, Schachtbaue, Flugzeuge, Schiffe). Eine summarische Angabe über die Höhe der Abschreibungen auf die Anlagezugänge insgesamt entspricht also nicht den Anforderungen des Gesetzes[51]; ebenso wenig ist eine Beschränkung der getrennten Angaben auf die „wichtigsten Positionen des Anlagevermögens"[52] zulässig. Prozent-Angaben, bezogen auf den Gesamtzugang, sind allein ebenfalls nicht ausreichend[53]. Eine Aufteilung der Abschreibungen auf Anlagezugänge in planmäßige und außerplanmäßige Abschreibungen ist nicht vorgeschrieben[54]. Die Übertragung von Sonderposten mit Rücklageanteil auf neu angeschaffte oder hergestellte Wirtschaftsgüter ist in die Aufstellung der Abschreibungen auf Zugänge einzubeziehen[55].

Bei der Beurteilung der Qualität der Berichterstattung gemäß § 160 Abs. 2 Satz 3 ist für den Fall, daß der Anlagespiegel Anlagezugänge im Geschäftsjahr ausweist, zwischen abnutzbaren und nicht abnutzbaren Anlagegegenständen zu differenzieren:

1. Bei abnutzbaren Anlagegegenständen ist aufgrund der Abschreibungsvorschrift des § 154 Abs. 1 mit Abschreibungen auf Zugänge des Geschäftsjahres und damit auch mit Angaben über deren Höhe im Geschäftsbericht zu rechnen; ihr Fehlen dürfte also i.d.R. als Verstoß gegen die Berichtspflichten nach § 160 Abs. 2 Satz 3 zu werten sein[56].
2. Anders verhält es sich bei den Posten des nicht abnutzbaren Anlagevermögens (Beteiligungen, Wertpapiere, langfristige Ausleihungen, Grundstücke ohne Bauten, Anlagen im Bau und Anzahlungen auf Anlagen); hier kommen Abschreibungen nur in Ausnahmefällen vor (§ 154 Abs. 2). Da Fehlanzeigen als nicht erforderlich angesehen werden, lassen sich Verstöße gegen die Berichtspflichten nach § 160 Abs. 2 Satz 3 nicht erkennen[57].

---

50) Vgl. ADS, Tz. 7 zu § 152.

51) Vgl. *Mellerowicz*, Anm. 18 zu § 160.

52) Dies wird von *Scherpf* (Rz. 395) unter Berufung auf Gördeler für ausreichend gehalten; bei *Gördeler* ist jedoch zu lesen: „Die Berichterstattung über die Abschreibungen und Wertberichtigungen auf die Anlagezugänge des Geschäftsjahres .. ist nur dann ausreichend, wenn sie zu jedem einzelnen Bilanzposten des Anlagevermögens erfolgt" (S. 117).

53) Vgl. ADS, Tz. 44 zu § 160.

54) Vgl. *Claussen*, Tz. 25 zu § 160.

55) Vgl. IdW-Stellungnahme HFA 4/1968, Nr. 3.

56) Die in der Münchener Untersuchung vertretene Ansicht (S. 317), eine Beurteilung sei „kaum" möglich, erscheint also zu pessimistisch.

57) Bei diesen Posten lassen sich nicht vorhandene Angaben über die Abschreibungen auf Anlagezugänge des Geschäftsjahres einmal dadurch „erklären", daß tatsächlich keine Abschreibungen auf Zugänge erfolgten, zum andern dadurch, daß solche Abschreibungen vorgenommen wurden, daß die Gesellschaft ihrer Angabepflicht jedoch nicht nachgekommen ist. Eine Ausnahme liegt vor, wenn im Anlagespiegel für den betreffenden Posten überhaupt keine Abschreibungen aufgeführt sind; dann können auch keine Abschreibungen auf Zugänge erfolgt sein.

Die Ergebnisse der empirischen Untersuchung der Geschäftsberichte sind für Gegenstände des Sachanlagevermögens in 5.1.6, für immaterielle Anlagewerte in 5.2 und für das Finanzanlagevermögen in 5.3 dargestellt.

4.3.3 Die Erörterung der vergleichbarkeitsbeeinträchtigenden Abweichungen vom letzten Jahresabschluß

Nach § 160 Abs. 2 Satz 4 sind „in jedem Geschäftsbericht ... Abweichungen des Jahresabschlusses von dem letzten Jahresabschluß, die die Vergleichbarkeit mit dem letzten Jahresabschluß beeinträchtigen, ... zu erörtern". Eine Störung der Vergleichbarkeit bildet also die Kern-Voraussetzung für eine Erörterungspflicht[58].

Als Tatbestände, die die Vergleichbarkeit mit dem letzten Jahresabschluß beeinträchtigen können, nennt § 160 Abs. 2 Satz 4 „namentlich wesentliche Änderungen der Bewertungs- und Abschreibungsmethoden einschließlich der Vornahme außerplanmäßiger Abschreibungen oder Wertberichtigungen". Diese Formulierung wirft bei der Interpretation folgende Fragen auf:

1. Kommt es für die Erörterungspflicht darauf an, ob die namentlich genannten Abweichungen freiwillig oder aufgrund zwingender gesetzlicher Vorschriften erfolgt sind?
2. Was ist in diesem Zusammenhang insbesondere[59] unter „außerplanmäßigen Abschreibungen" zu verstehen? Zählen dazu etwa auch steuerliche Sonderabschreibungen?
3. Wie läßt sich der Begriff „wesentlich" näher eingrenzen?
4. Welche Abweichungen können sonst noch die Vergleichbarkeit beeinträchtigen?

Zu 1. Bei der Erörterung von Unstetigkeiten hat der Gesetzgeber die namentlich[60] erwähnten Änderungen der Bewertungs- und Abschreibungsmethoden den außerplanmäßigen Abschreibungen oder Wertberichtigungen[61] gleichgestellt[62]. Für die Erörterungspflicht gemäß § 160 Abs. 2 Satz 4 kommt es nach herrschender Ansicht nicht darauf an, ob Ermessensentscheidungen oder zwingende gesetzliche Vorschriften die Ursache gebildet haben; alleiniges Kriterium ist die Beeinträchtigung der Vergleichbarkeit[63].

Zu 2. Erhebliche Probleme bereitet der im Gesetz nicht definierte Begriff der „außerplanmäßigen Abschreibungen", vor allem beim Anlagevermögen. Aufgrund der unmittelbaren Auswirkungen auf den Umfang der Erörterungspflicht gemäß § 160 Abs. 2 Satz 4 wird darauf nun näher eingegangen.

---

58) Vgl. ADS, Tz. 45 f. zu § 160; WPH, S. 545; IdW-Stellungnahme NA 1/1967, Nr. 6.

59) Zum Begriff der „Bewertungs- und Abschreibungsmethoden" vgl. die Ausführungen in 4.3.1.

60) „Namentlich" ist dabei im Sinne von „insbesondere" zu verstehen. Vgl. ADS, Tz. 47 zu § 160.

61) Da die Ergänzung: „oder Wertberichtigungen" nur den Ausweis berührt, wird im folgenden nur noch von „außerplanmäßigen Abschreibungen" gesprochen.

62) Vgl. ADS, Tz. 46 zu § 160.

63) Vgl. ADS, Tz. 45 f. zu § 160; *Claussen*, Tz. 30 f. zu § 160; *Kropff*, Anm. 44 zu § 160; WPH, S. 545; IdW-Stellungnahme NA 1/1967, Nr. 6.

Abb. 4: Systematik der Abschreibungen bei Wirtschaftsgütern des Anlagevermögens im Steuerrecht

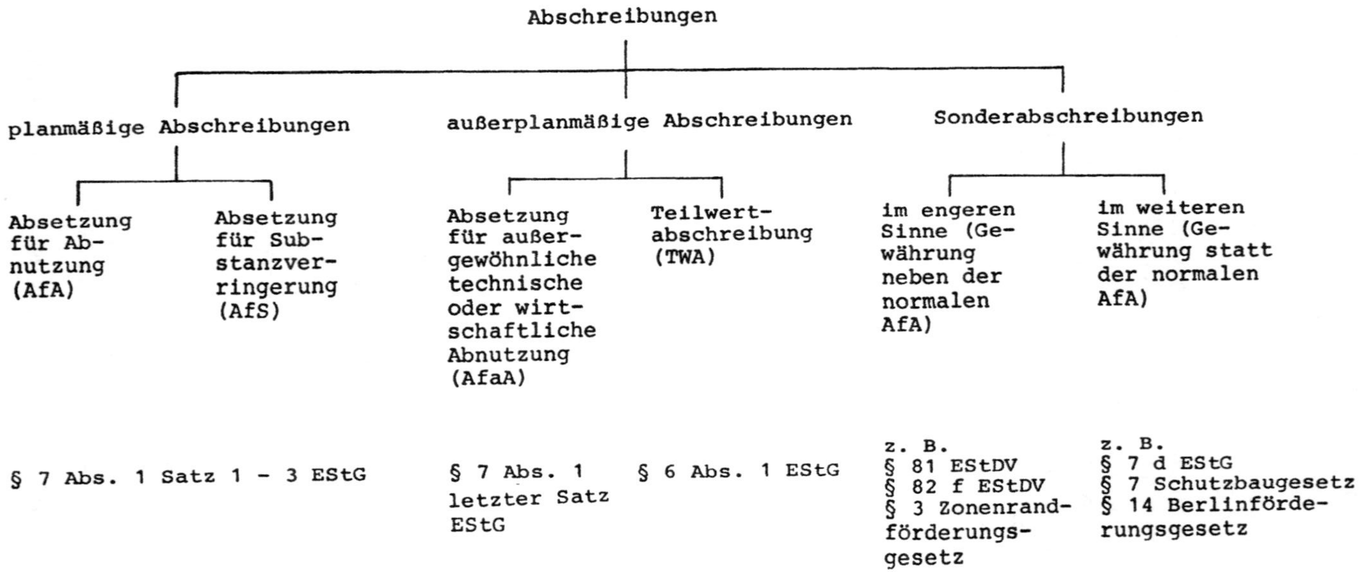

Der Terminus „außerplanmäßige Abschreibungen" ist im Steuerrecht auf die Absetzung für außergewöhnliche technische oder wirtschaftliche Abnutzung und auf die Teilwertabschreibung beschränkt; neben die planmäßigen und außerplanmäßigen Abschreibungen treten Sonderabschreibungen (im engeren und weiteren Sinn)[64].

Es fällt auf, daß die sogenannte „Übertragung stiller Reserven"[65] nach § 6 b EStG und Abschn. 35 EStR auf neu angeschaffte oder hergestellte Wirtschaftsgüter steuerlich nicht zu den Sonderabschreibungen gerechnet wird; sie geht vielmehr in die Abschreibungssystematik überhaupt nicht ein. Der Grund besteht darin, daß die Auflösung der sogenannten „steuerfreien Rücklage" und die Übertragung auf ein Wirtschaftsgut steuerlich durch eine Buchung ausgelöst wird, die die Erfolgsrechnung nicht berührt:[66]

Steuerfreie Rücklage an Vermögen

Gegenüber dem Steuerrecht ist der Begriff der außerplanmäßigen Abschreibung im Aktiengesetz wesentlich weiter gefaßt[67]. Nach § 154 Abs. 2 kommen außerplanmäßige Abschreibungen beim Anlagevermögen aufgrund eingetretener Wertminderungen (Nr. 1) und aufgrund steuerlicher Vorschriften (Nr. 2) in Betracht. Das eingeräumte Wahlrecht, in der Handelsbilanz von den (fortgeführten) Anschaffungs- oder Herstellungskosten auf den steuerlich für zulässig gehaltenen Wert herabzugehen, soll die Gesellschaften in die Lage versetzen, die steuerlichen Abschreibungsmöglichkeiten auszunutzen[68].

Als Abschreibungsgründe kommen nach *Adler/Düring/Schmaltz* neben der Teilwertabschreibung „die verschiedenen steuerlich zugelassenen Sonderabschreibungen und Bewertungsfreiheiten"[69] in Betracht. Darunter versteht der Kommentar zum einen offenbar die Sonderabschreibungen im engeren und weiteren Sinn[70], „außerdem fällt hierunter eine außerplanmäßige Abschreibung zur Übertragung stiller Reserven auf neu angeschaffte Anlagegüter gemäß § 6 b EStG oder Abschn. 35 EStR"[71]. Die Begründung für die vom Steuerrecht abweichende Klassifizierung liegt darin, daß aktienrechtlich „die Übertragung der stillen Reserve ... in Form einer außerplanmäßigen Abschreibung nach § 154 Abs. 2 Nr. 2 vorzunehmen und dementsprechend in der Abschreibungsspalte auszuweisen [ist]"[72], wobei die Buchungen lauten:[73]

64) Vgl. *Biergans*, S. 258 f.; *Wöhe*, S. 382.

65) Diese Begriffe haben sich im Schrifttum durchgesetzt, so daß sie im folgenden – trotz Bedenken – ebenfalls verwandt werden.

66) Vgl. *Biergans*, S. 311 f. und 318 ff.

67) Vgl. *Biergans*, S. 258.

68) Vgl. *Kropff*, Ausschußbericht, S. 245; *Karsten*, S. 425.

69) Tz. 84 zu § 154.

70) Dies geht aus den von ADS (Tz. 46 und 85 zu § 154) beispielhaft genannten Rechtsquellen hervor. Zu den einzelnen Arten von Sonderabschreibungen vgl. *Börner/Krawitz*, S. 174 ff.

71) ADS, Tz. 85 zu § 154.

72) ADS, Tz. 18 zu § 152 sowie Tz. 40 zu § 158.

73) Vgl. ADS, Tz. 39 f. zu § 158; WPH, S. 710 f. unter Bezugnahme auf IdW-Stellungnahme HFA 2/1965 und *Arbeitskreis Chemie*, S. 21. Vgl. auch *Kropff*, Anm. 7 zu § 152.

Abb. 5: Systematik der außerplanmäßigen Abschreibungen bei Anlagegegenständen im Aktienrecht

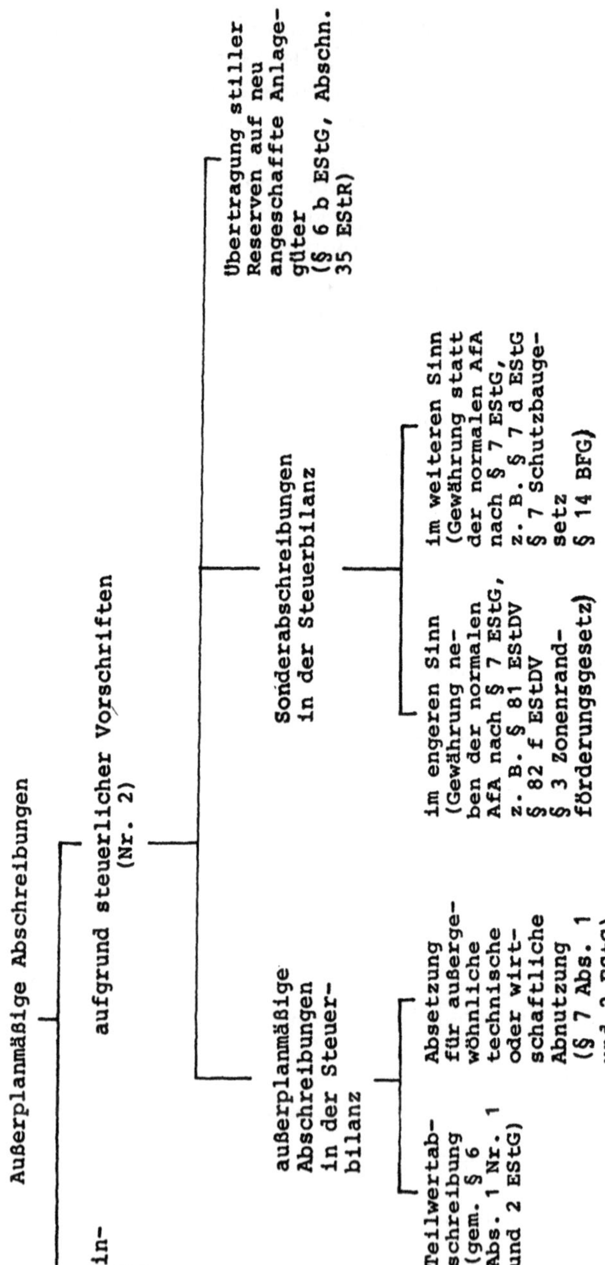

Sonderposten mit Rücklageanteil (Passiva II a)	an	Erträge aus der Auflösung von Sonderposten mit Rücklageanteil (GuV Nr. 13a)
Abschreibungen (GuV Nr. 19)	an	Vermögen (Aktiva)

Abschließend dazu verdeutlicht Abb. 6 den Zusammenhang zwischen den außerplanmäßigen Abschreibungen in Handels- und Steuerbilanz.

Abb. 6: Zusammenhang zwischen außerplanmäßigen Abschreibungen im Aktien- und Steuerrecht

<table>
<tr><td></td><td>Übertragung von stillen Reserven</td><td>Sonderabschreibungen in der Steuerbilanz</td><td>außerplanmäßige Abschreibungen in der Steuerbilanz</td></tr>
<tr><td>außerplanmäßige Abschreibungen aufgrund eingetretener Wertminderungen</td><td colspan="3">außerplanmäßige Abschreibungen aufgrund steuerlicher Vorschriften</td></tr>
<tr><td colspan="4">außerplanmäßige Abschreibungen im Aktiengesetz</td></tr>
</table>

Im Normalfall beeinträchtigen außerplanmäßige Abschreibungen die Vergleichbarkeit von Jahresabschlüssen[74]. Ob und inwieweit diese Feststellung auch auf steuerliche Sonderabschreibungen (im engeren und weiteren Sinn) zutrifft – und nur dann besteht die Erörterungspflicht nach § 160 Abs. 2 Satz 4 –, diese Frage hat in der Literatur eine Kontroverse ausgelöst.
Insbesondere *Tubbesing*[75] vertritt die Ansicht,

- bei regelmäßiger Inanspruchnahme steuerlicher Sonderabschreibungen[76] bleibe die Vergleichbarkeit gewahrt, so daß durch eine Erörterung beim Bilanzleser „sogar ein falscher Eindruck geweckt werden [könne]",
- daher genüge in diesem Falle die Berichterstattung nach § 160 Abs. 2 Satz 2 (mit der Möglichkeit des Verweises auf ein früheres Geschäftsjahr), wobei die konkrete steuerliche Vorschrift und die Ausnutzung des steuerlich gegebenen Gestaltungsspielraums anzugeben seien,

74) Schon das Wort „außerplanmäßig" bringt zum Ausdruck, daß diese Abschreibungen nur in Ausnahmefällen vorgenommen werden. Vgl. ADS, Tz. 46 zu § 160.

75) Dabei greift er Gedanken von ADS, Tz. 34, 43 und 46 zu § 160 auf; ähnlich auch schon *Wanik*, S. 51.

76) *Tubbesing* bezeichnet die „Sonderabschreibungen im engeren Sinn" als steuerliche Sonderabschreibungen, die „Sonderabschreibungen im weiteren Sinn" als „erhöhte steuerliche Absetzungen für Abnutzung". Bei der Wiedergabe der Argumentation Tubbesings werden die Ausdrücke der Abb. 5 verwandt.

- konsequenterweise müsse eine Erörterung nach § 160 Abs. 2 Satz 4 nur dann erfolgen, wenn ein unter Berücksichtigung steuerlicher Sonderabschreibungen aufgestellter Abschreibungsplan geändert werde.

Dieser Argumentation wird zwar von einigen Autoren[77] widersprochen; es scheint jedoch, als habe sich die Ansicht von *Tubbesing* in den Kommentaren durchgesetzt[78].

Zur Übertragung stiller Reserven gemäß § 6b EStG sowie Abschn. 35 EStR äußert sich als - soweit ersichtlich - einziger Kommentar das *Wirtschaftsprüfer-Handbuch*[79]; danach besteht Erörterungspflicht nach § 160 Abs. 2 Satz 4.

Zu 3. Was unter „wesentlich" im Sinne von § 160 Abs. 2 Satz 4 zu verstehen ist, wird in der Literatur ebenfalls diskutiert. Die Ursache liegt darin, „daß das Gesetz selbst seine Anforderungen auf wesentliche Änderungen abstellt, ohne hierbei die Vorstellungen des Gesetzgebers näher zu konkretisieren"[80]. Zumeist erschöpfen sich Interpretationsversuche der Literatur in vagen Formulierungen: „Die Abweichungen sind bereits zu erörtern, wenn der Zahlenvergleich sonst die weniger Sachkundigen zu Fehlschlüssen verleiten könnte"[81]. Nach *Knoche* „ist es erforderlich, zu einer Auslegung des Begriffes 'wesentlich' zu kommen, aus der sich ergibt, daß alles, was nicht zweifelsfrei als unwesentlich angesehen werden kann, wesentlich im Sinne dieser Vorschrift ist und dementsprechende Berichterstattungspflicht auslöst"[82].

Im Schrifttum finden sich auch einige Vorschläge zur Festlegung quantitativer „Materiality-Grenzen"[83] für einzelne Bilanzposten.

Einige Autoren[84] wollen die Bedingungen für die Angabe eines Unterschiedsbetrages nach § 160 Abs. 2 Satz 5 (10% des Jahresüberschusses, 0,5% des Grundkapitals) auf Satz 4 dieser Vorschrift übertragen. Diese Grenzen, die auf die Auswirkungen der gesamten Methodenänderungen einschließlich außerplanmäßi-

---

77) Vgl. *Egner*. *Castan* hält die Ansicht von Tubbesing für „kaum verständlich, da nichts so sehr geeignet ist, den möglichst sicheren Einblick in die Vermögens- und Ertragslage der Gesellschaft, von der § 160 Abs. 2 Satz 2 AktG spricht, zu verhindern, wie die außerplanmäßigen Abschreibungen (und hier in Sonderheit die steuerlichen Sonderabschreibungen" [1969, S. 271]).

78) Vgl. WPH, S. 546; *Kropff*, Anm. 45 zu § 160. Ohne auf die angesprochene Kontroverse Bezug zu nehmen, vertreten auch *Ertner* (S. 57), *Gördeler* (S. 177), *Seemann* (S. 104 f.), *Mellerowicz* (Anm. 16 und 31 zu § 160) die Ansicht, daß sich die Erläuterungspflicht für außerplanmäßige Abschreibungen schon aus § 160 Abs. 2 Satz 2 ergibt. Für den Normalfall außerplanmäßiger Abschreibungen a. A. ADS, Tz. 46 zu § 160.

79) Vgl. S. 546 sowie o. V., 1971, S. 36. Hier wird eine Einbeziehung in den Unterschiedsbetrag nach Satz 5 gefordert, was die Anerkennung als außerplanmäßige Abschreibung voraussetzt. Eine Erläuterung der Übertragung fordert auch *Wolf* (S. 1142). Zum Ausweis und zur Berichtspflicht über Sonderposten mit Rücklageanteil vgl. ADS, Tz. 69 zu § 152 und Tz. 41 zu § 160; IdW-Stellungnahme HFA 4/1968; *Peupelmann*, *Pohlentz* und *Wolf*.

80) *Gördeler*, S. 117.

81) *Kropff*, Anm. 45 zu § 160.

82) *Knoche*, S. 17 f.; ähnlich *Leffson*, 1980a, S. 164 ff.

83) „Material" = wesentlich.

84) Vgl. *Hintner*, S. 190; *Scherpf*, Rz. 399.

ger Abschreibungen auf das Jahresergebnis abgestellt sind, liegen jedoch viel zu hoch, wenn es um die Beeinträchtigung der Vergleichbarkeit durch einzelne Abweichungen geht[85]. *Leffson/Bönkhoff* schlagen - mit Bedenken - den Ansatz einer „Materiality-Grenze" relativ zur Höhe der betreffenden Bilanzposition (konkret 2,5%) vor[86].

Da hinsichtlich der Frage, was unter „wesentlich" - auch und gerade im Zusammenhang mit § 160 Abs. 2 Satz 4 - zu verstehen ist, ein Konsens noch in weiter Ferne liegt, drängt sich die Einschätzung auf, daß die Interpretation weitgehend dem Ermessen der Unternehmensleitung überlassen bleibt.

Zu 4. Außer den in § 160 Abs. 2 Satz 4 namentlich erwähnten Tatbeständen sind weitere Abweichungen denkbar, die die Vergleichbarkeit aufeinanderfolgender Jahresabschlüsse beeinträchtigen. „Hier ist insbesondere an Vorgänge gedacht, die die Struktur der Bilanz auf Grund der geschäftlichen Entwicklung verändert haben[87], z.B. der Bilanzgliederung, im Anlagevermögen, Fusion, Ausgliederung, aber auch unterlassene Zuführungen zur Pensionsrückstellung bei schlechter Ertragslage[88].

§ 160 Abs. 2 Satz 4 schreibt die „Erörterung" der oben näher beschriebenen Abweichungen zwingend vor; diese Pflicht wird allerdings durch den Nachsatz: „dabei brauchen Einzelheiten nicht angegeben zu werden" eingeschränkt[89]. Unstreitig ist, daß die betroffenen Bilanzpositionen darzulegen sind. Ferner ergibt sich aus der Begründung des Regierungsentwurfs, daß „zur Erörterung von Änderungen der Bewertungs- und Abschreibungsmethoden gehört, daß die bisherige Methode, die neue Methode und die Gründe des Wechsels angegeben werden"[90]. Für eine Pflicht zur Angabe der Gründe - und zwar sowohl bei Methodenänderungen als auch bei außerplanmäßigen Abschreibungen - spricht nach *Kropff*[91] außerdem der Wortlaut, namentlich der Ausdruck „erörtern", der sich deutlich von der „Erläuterung" nach Satz 1 und den „Angaben" nach Satz 2, 3 und 5 abhebt[92]. Demgegenüber

---

85) Vgl. *Kropff*, Anm. 45; *Knoche*, S. 18.

86) Vgl. *Leffson/Bönkhoff*, S. 76.

87) ADS, Tz. 48 zu § 160.

88) Vgl. ADS, Tz. 48 zu § 160.

89) Nachdem im Verlauf der Ausschußberatungen bereits gefolgert worden war, daß „erörtern" die Angabe von Einzelheiten nicht umfasse und dementsprechend auf eine weitere Einschränkung verzichtet worden war, hat der Bundestag in zweiter und dritter Lesung diesen Halbsatz eingefügt. Vgl. *Kropff*, Ausschußbericht, S. 259.

90) *Kropff*, Begründung RegE, S. 258; ähnliche Äußerungen finden sich schon im Referentenentwurf eines Aktiengesetzes, 1958, S. 302 (Erläuterung zu § 145). Kropff weist darauf hin, daß auch die Bundestagsausschüsse die Begründung des RegE „gesehen und es dabei belassen [haben]" (Anm. 46 zu § 160).

91) Vgl. Anm. 46 zu § 160.

92) Gleicher Ansicht *Castan* (1969, S. 271 f.); *Claussen* (Tz. 32 zu § 160); *Ertner* (S. 64); *Knoche* (S. 15 und 33); *Mellerowicz* (Anm. 21 zu § 160); *Möhring* (S. 89). Das IdW-Fachgutachten NA 1/1967 (Nr. 6) fordert die Angabe von Gründen für die Vornahme außerplanmäßiger Abschreibungen; zum Methodenwechsel liegt keine Äußerung vor. Ebenso *Seemann* (S. 113).

ist nach *Adler/Düring/Schmaltz* der oben zitierte Halbsatz so zu verstehen, daß die Gründe „nicht unbedingt angegeben zu werden brauchen"[93].

Mit der gleichen Begründung lehnt die Literaturmehrheit auch die Angabe der betragsmäßigen Auswirkungen außerplanmäßiger Abschreibungen und von Methodenwechseln bei den davon betroffenen Bilanzpositionen ab[94]; solche Angaben werden von einigen Autoren, zumeist allerdings nur für außerplanmäßige Abschreibungen, gefordert[95].

Einigkeit besteht jedoch darüber, daß bei außerplanmäßigen Abschreibungen nach Steuerrecht die entsprechenden gesetzlichen Grundlagen zu nennen sind. Abschließend läßt sich zum Umfang der Erörterungspflicht gemäß § 160 Abs. 2 Satz 4 feststellen, daß

- die betroffenen Bilanzpositionen zu nennen sind,
- bei Methodenänderungen die alte[96] und die neue Methode und bei außerplanmäßigen Abschreibungen nach Steuerrecht die gesetzlichen Grundlagen aufzuführen sind,
- die betragsmäßigen Auswirkungen von Abweichungen nach herrschender Ansicht nicht zu nennen sind,
- die Angabe von Gründen sehr umstritten ist und sich dazu noch keine herrschende Ansicht herauskristallisiert hat.

Im Rahmen einer Voruntersuchung wurden die Geschäftsberichte unter dem Blickwinkel durchgesehen, ob und inwieweit dem Erläuterungsbericht für 1980 bzw. 1979/80 Hinweise auf Abweichungen vom letzten Jahresabschluß, die die Vergleichbarkeit beeinträchtigen, vorangestellt sind.

Dabei stellte sich heraus, daß nur zwölf Gesellschaften (12,8 %) ausdrücklich auf die Beibehaltung sämtlicher Bewertungs- und Abschreibungsmethoden hinweisen. Zwei Gesellschaften (2,1 %) haben diesen Grundsatz beachtet[97], wobei eine Gesellschaft (MAIN-KRAFTWERKE) anschließend über eine Ausnahme berichtet. Acht Gesellschaften (8,5 %) stellen dem Erläuterungsbericht mehr oder weniger deutliche Hinweise auf Methodenänderungen voran. Davon geben sechs Gesellschaften die Abweichung konkret an; zwei Gesellschaften (BADENWERK, RWE) deuten Methodenänderungen an, wobei nur bei einer Gesellschaft (RWE) im weiteren Verlauf des Erläuterungsberichts eine Konkretisierung erfolgt. Fünf Gesell-

---

93) ADS, Tz. 45 zu § 160. Gleicher Ansicht *Arbeitskreis Chemie* (S. 50); *Forster* (1965, S. 596); *Kormann* (S. 1282); *Kübler* (S. 29); *Litfin* (S. 48 f.); *Scherpf* (Rz. 397); *Wanik* (S. 48); WPH (S. 546).

94) Vgl. FN 93 sowie *Kropff*, Anm. 47 zu § 160.

95) Vgl. *Castan*, 1969, S. 271; *Knoche*, S. 20. Ersatzweise verlangt *Seemann* (S. 113 f.) die Angabe des Ausmaßes der Inanspruchnahme. Ähnlich o.V., 1970, S. 86.

96) Bezüglich der alten Methode wird ein Verweis auf ein früheres Geschäftsjahr, das nicht weiter zurückliegt als das dritte vorausgegangene Geschäftsjahr, als zulässig angesehen. Vgl. IdW-Stellungnahme NA 1/1967 Nr. 11.

97) Hier wurde auch die in sich widersprüchliche Aussage im Geschäftsbericht der PAPIERWERKE WALDHOF-ASCHAFFENBURG eingeordnet: „Auch im Geschäftsjahr 1980 blieben die in den Vorjahresberichten beschriebenen einheitlichen Bewertungsgrundsätze – von den nicht ausgenutzten Bewertungs- und Bilanzierungswahlrechten abgesehen – für das Inland unverändert" (1980, S. 34).

Tab. 10: Erörterung von vergleichbarkeitsbeeinträchtigenden Abweichungen vom letzten Jahresabschluß

Erhebungsmerkmale			Merkmalshäufigkeit abs.	%
1. Vorangestellter Hinweis, daß sämtliche Bewertungs- und Abschreibungsmethoden beibehalten wurden			12	12,8
2. Vorangestellter Hinweis, daß die Bewertungs- und Abschreibungsmethoden grundsätzlich (im wesentlichen oder überwiegend) beibehalten wurden			2	2,1
3. Vorangestellter Hinweis, daß Bewertungs- und Abschreibungsmethoden geändert wurden			8	8,5
a) mit Angabe der Methodenänderung		6		
(1) mit Begründung	3			
(2) ohne Begründung	3			
b) ohne Angabe der Methodenänderung		2		
(1) mit Begründung	-			
(2) ohne Begründung	2			
4. Vorangestellter Hinweis auf sonstige vergleichbarkeitsbeeinträchtigende Tatbestände			5	5,3
5. kein vorangestellter Hinweis auf vergleichbarkeitsbeeinträchtigende Abweichungen vom Vorjahr			69	73,4
./. Doppelzählungen			2	2,1
Insgesamt			94	100,0

schaften (5,3%) berichten über strukturelle Änderungen, die die Vergleichbarkeit mit dem letzten Jahresabschluß beeinträchtigen[98]. Bei 69 Gesellschaften (73,4%) finden sich keinerlei vorangestellte Hinweise auf Abweichungen vom letzten Jahresabschluß[99]. Darunter befinden sich die hier untersuchten Banken.

Bei 39 Gesellschaften (41,5%), darunter sechs Banken, finden sich im Verlauf des Erläuterungsberichts bei einzelnen Abschlußpositionen explizite Hinweise auf die Beibehaltung von Bewertungs- und Abschreibungsmethoden, was in Formulierungen wie „wiederum", „unverändert", „wie im Vorjahr" etc. zum Ausdruck kommt. Allerdings sind diese Hinweise so vereinzelt angebracht (selten mehr als dreimal in einem Erläuterungsbericht), daß der Schluß, in allen anderen Fällen seien Änderungen erfolgt, sicherlich verfehlt wäre.

Die Abgabe eines begründeten Urteils über die Qualität der Berichterstattung gemäß § 160 Abs. 2 Satz 4 ist einem außenstehenden Bilanzanalytiker nur mit großen Einschränkungen möglich:

- Bei Abweichungen, über die berichtet wird, kann und wird weiter unten untersucht werden, ob die gegebenen Informationen den obengenannten Anforderungen entsprechen oder nicht;
- bei Abweichungen, über die nicht berichtet wird, die sich jedoch durch Vergleich mit den Angaben des letzten Berichtsjahres erkennen lassen, kann und wird weiter unten eine Wertung erfolgen;
- bei Abweichungen, über die nicht berichtet wird, die jedoch durch die Wirtschaftspresse aufgrund anderweitigen Informationsmaterials bekannt werden, ist eine Beurteilung kaum möglich, da die Quellen zumeist nicht nachprüfbar sind[100];
- bei Abweichungen, über die nicht berichtet wird und die sich auch nicht erkennen lassen, scheitert eine Beurteilung.

Auf die beiden erstgenannten Punkte wird in der Hauptuntersuchung bei den einzelnen Bilanzpositionen ausführlich eingegangen.

4.3.4 Die Angabe eines Unterschiedsbetrages

Die Angabe eines Unterschiedsbetrages knüpft § 160 Abs. 2 Satz 5 an folgende Bedingungen:

1. Änderungen der Bewertungs- und Abschreibungsmethoden einschließlich der Vornahme außerplanmäßiger Abschreibungen oder Wertberichtigungen[101]
2. dadurch ausgelöste Überschreitung der gesetzlich fixierten „Materiality-Grenze".

[98] So führt z.B. DEGUSSA (1979/80, S. 52) an, daß wegen der Ausgliederung des Bankgeschäfts erstmals nach den allgemeinen aktienrechtlichen Vorschriften bilanziert wird.

[99] Bei einigen Gesellschaften (z.B. SÜDZUCKER und LAHMEYER) fehlt dieser Hinweis im Gegensatz zum Vorjahr.

[100] So wird z.B. in der FAZ vom 23. 7. 1981 berichtet, daß der Vorstand der PAPIERWERKE WALDHOF-ASCHAFFENBURG die Entscheidung getroffen hat, „diesmal statt denkbarer Thesaurierung und unter Verzicht auf Abschreibungen in Höhe von 105 Millionen DM an die Aktionäre zu denken". Anhaltspunkte dafür finden sich im Geschäftsbericht nicht.

[101] Da die Ergänzung: „oder Wertberichtigungen" nur den Ausweis berührt, wird im folgenden nur noch von „außerplanmäßigen Abschreibungen" gesprochen.

Abb. 7: Erkennbarkeit vergleichbarkeitsbeeinträchtigender Abweichungen vom letzten Jahresabschluß

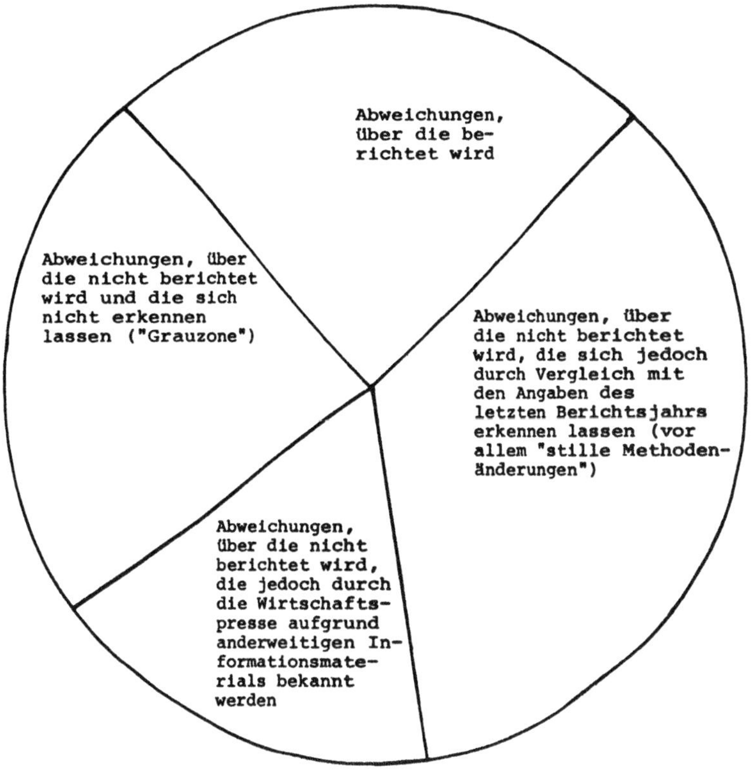

Der Sinn dieser Vorschrift wird darin gesehen die Auswirkungen bilanzpolitischer Maßnahmen auf das Jahresergebnis zu zeigen, gleichgültig, ob sie das Ergebnis verschlechtert oder verbessert haben[102].

Die Interpretation dieser Vorschrift wirft einige Probleme auf.

Einerseits fällt auf, daß die Auswirkungen auf das Jahresergebnis sich nur auf einen - wenn auch wichtigen - Teilbereich vergleichbarkeitsbeeinträchtigender Abweichungen erstrecken, nämlich Änderungen der Bewertungs- und Abschreibungsmethoden einschließlich der Vornahme außerplanmäßiger Abschreibungen[103]. Andere störende Einflüsse, z.B. die Auflösung stiller Rücklagen durch Verkauf von Grundstücken u.ä., werden bei der Berechnung des Unterschiedsbetrages also nicht berücksichtigt[104]. Insofern ist Satz 5 weniger weitgehend als Satz 4 des § 160 Abs. 2.

---

102) Vgl. ADS, Tz. 49, 52 zu § 160; *Kropff*, Anm. 48 zu § 160; IdW-Stellungnahme NA 1/1967, Nr. 9 und 10; WPH, S. 547; *Claussen*, Tz. 34 zu § 160; *Albach*, 1966, S. 191.

103) Vgl. ADS, Tz. 50 zu § 160; *Kropff*, Anm. 48 zu § 160.

104) Zum Verhältnis von Unterschiedsbetrag und stillen „Reserven" vgl. *Schmitz* (S. 297).

Andererseits gehen in den Unterschiedsbetrag sämtliche, also nicht nur wesentliche Änderungen der Bewertungs- und Abschreibungsmethoden einschließlich der Vornahme außerplanmäßiger Abschreibungen ein[105]. Insofern ist Satz 5 weitergehender als Satz 4 des § 160 Abs. 2.

Durch § 160 Abs. 2 Satz 5 werden allerdings nur „diejenigen Unterbrechungen der Bewertungskontinuität offengelegt, die nicht eine zwangsläufige Folge der gesetzlichen Bestimmungen sind, sondern in das Belieben des Bilanzierenden gestellt waren"[106]; demnach ist eine niedrigere Bewertung aufgrund der strengen Niederstwertvorschrift für die Berechnung des Unterschiedsbetrages nicht relevant, während außerplanmäßige Abschreibungen aufgrund der gemilderten Niederstwertvorschrift oder Mehr- bzw. Minderbeträge aufgrund von Änderungen des Umfangs der Herstellungskosten unbedingt einzurechnen sind. Allerdings dürfte gerade bei den außerplanmäßigen Abschreibungen beim Anlagevermögen die Grenze zwischen freiwilliger und zwingender Vornahme schwer zu ziehen sein[107].

Besondere Schwierigkeiten ergeben sich wiederum im Zusammenhang mit der regelmäßigen Vornahme steuerlicher Sonderabschreibungen[108]. Hier argumentiert *Tubbesing*, ihre Einbeziehung in den Unterschiedsbetrag würde „zu Fehlschlüssen, insbesondere über die Ertragslage der Unternehmen, führen"[109]. Aus der Einordnung „planmäßiger" steuerlicher Sonderabschreibungen als „Methode" im Sinne von § 160 Abs. 2 Satz 2 folgt, daß eine Einbeziehungspflicht in den Unterschiedsbetrag nur besteht, wenn ein – unter Berücksichtigung steuerlicher Sonderabschreibungen aufgestellter – Abschreibungsplan geändert wird[110].

Außerplanmäßige Abschreibungen, die durch Übertragung stiller Reserven gemäß § 6b EStG und Abschn. 35 EStR ausgelöst sind, müssen dagegen in den Unterschiedsbetrag einbezogen werden[111].

Die Pflicht zur Angabe des Unterschiedsbetrages besteht, wenn durch Methodenänderungen und außerplanmäßige Abschreibungen ein Ergebnis ausgewiesen wird, das um mehr als 10 % von dem Ergebnis abweicht, das sonst auszuweisen gewesen wäre, sofern diese Differenz 0,5 % des Grundkapitals übersteigt[112]. Mit der ersten Grenze soll zum Ausdruck gebracht werden, daß es nicht auf den absoluten Betrag der Abweichung ankommt, sondern seine Relation zum Jahresergebnis entscheidend ist; die zweite Grenze „dient der Entlastung der Gesellschaften von der Angabepflicht bei einem um Null schwankenden Jahresergebnis"[113].

---

105) Vgl. ADS, Tz. 50 zu § 160; *Kropff*, Anm. 48 zu § 160.

106) ADS, Tz. 49; ähnlich Tz. 54 zu § 160; *Kropff*, Anm. 48 zu § 160; *Claussen*, Tz. 35 zu § 160; IdW-Stellungnahme NA 1/1967, Nr. 9.

107) Vgl. *Kropff*, Anm. 49 zu § 160; *Castan*, 1969, S. 317, FN 43; *Petersen*, S. 252. *Wöhe* hält daher diese Regelung für „in höchstem Maße unbefriedigend" (S. 557).

108) Vgl. dazu die Ausführungen in 4.3.3.

109) S. 584.

110) Vgl. *Tubbesing*, S. 582 f.

111) Vgl. WPH, S. 548; o.V., 1971, S. 36; *Castan*, 1969, S. 317; *Schmidt*, S. 129, FN 3.

112) Zur Fragwürdigkeit dieser Regelung vgl. *Leffson/Bönkhoff*.

113) ADS, Tz. 55 zu § 160; *Kropff*, Anm. 55 zu § 160.

Abb. 8: Zusammenhang zwischen den Berichtspflichten gemäß § 160 Abs. 2 Satz 4 und 5

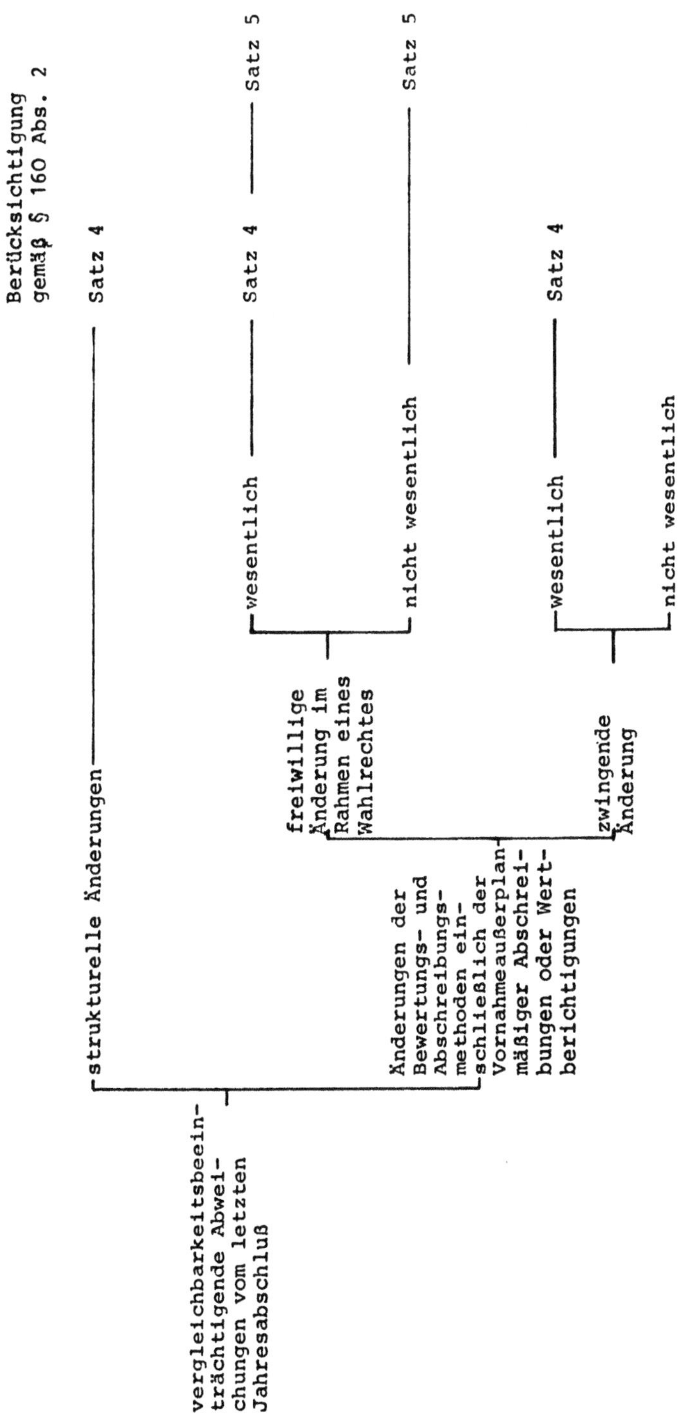

Der Unterschiedsbetrag wird durch den Saldo aller Aufwendungen und Erträge gebildet, die aus bilanzpolitisch motivierten Methodenänderungen und außerplanmäßigen Abschreibungen resultieren. Die Nennung der Richtung des Unterschiedsbetrages (gewinnerhöhend oder gewinnmindernd) dürfte selbstverständlich sein[114]. Eine Angabe von Ursachen und eine betragsmäßige Spezifizierung brauchen nicht zu erfolgen, sie sind jedoch als wünschenswert anzusehen[115]. In den Unterschiedsbetrag gehen auch die Auswirkungen von Methodenänderungen auf die gewinnabhängigen Posten (Vorstandstantiemen, Steuern etc.) ein[116].

In einer Voruntersuchung wurden die Geschäftsberichte dahingehend geprüft, wieviele Gesellschaften einen Unterschiedsbetrag gemäß § 160 Abs. 2 Satz 5 nennen.

Dabei zeigte sich, daß zehn Gesellschaften (10,6%) unter Bezugnahme auf § 160 einen Unterschiedsbetrag angeben. Bei der weiteren Auswertung fiel auf, daß

- zwei Gesellschaften (CONTINENTAL[117], ENKA[118]) den Betrag nur sehr ungenau beziffern, was gegen den Wortlaut und die Absicht des Gesetzes verstößt,
- die Anzahl der gewinnmindernden und -erhöhenden Unterschiedsbeträge gleich groß ist[119];
- die Ursachen für die Angabe eines Unterschiedsbetrages nur von zwei Gesellschaften vollständig genannt werden[120];
- sechs Gesellschaften auch im Vorjahr einen Unterschiedsbetrag angegeben haben, worin sich eine „stetige Unstetigkeit" dokumentiert.

Hinsichtlich der Abgabe eines begründeten Urteils über die Qualität der Berichterstattung gemäß § 160 Abs. 2 Satz 5 gelten in verstärktem Maße die im Zusammenhang mit Satz 4 genannten Einschränkungen. Bei einer Vielzahl von Gesellschaften drängte sich angesichts der Höhe außerplanmäßiger Abschreibungen incl. steuerlicher Sonderabschreibungen der Verdacht auf, daß die Angabe eines Unterschiedsbetrages unzulässig unterlassen wurde.

Bei einigen Gesellschaften war nicht deutlich zu erkennen, ob einzelne Betragsangaben als Unterschiedsbetrag gemäß § 160 Abs. 2 Satz 5 verstanden werden können (oder sollen).

---

114) Vgl. *Castan*, 1981a, Sp. 609.

115) Vgl. ADS, Tz. 57 zu § 160.

116) Zu Einzelheiten vgl. ADS, Tz. 57 ff zu § 160, sowie WPH, S. 549 ff.

117) Vgl. 1980, S. 23 („in der Größenordnung von 15,7 Mio.").

118) Vgl. 1980, S. 32 („rd. 10 Millionen DM").

119) Damit unterscheidet sich dieser Befund wesentlich von den Ergebnissen von *Castan*, *von Wysocki* et al. und *Schmidt*. In der Münchener Untersuchung wurden ausschließlich gewinnmindernde Änderungsbeträge festgestellt (S. 333); bei *Castan* (1969, S. 317) betrug das Verhältnis gewinnmindernder zu gewinnerhöhenden Unterschiedsbeträgen 16:6, bei *Schmidt* (S. 134) 105:34. In der Abweichung spiegelt sich möglicherweise die schlechtere wirtschaftliche Situation des Jahres 1980 gegenüber den 70er Jahren wider.

120) Als Negativbeispiel ist DEGUSSA zu nennen, deren Jahresüberschuß „infolge vorgenommener Bewertungsänderungen und bei Berücksichtigung außerplanmäßiger Abschreibungen um 29,3 Mio DM *höher* [ist] als er ohne die Maßnahmen unter Einbeziehung der außerplanmäßigen Abschreibungen ausgewiesen worden wäre" (1979/80, S. 57)[Hervorhebung durch den Verfasser]. Über die ergebnisverbessernden Maßnahmen wird nichts ausgesagt.

Auf Einzelheiten wird in der Hauptuntersuchung bei den einzelnen Bilanzpositionen eingegangen.

Tab. 11: Angabe eines Unterschiedsbetrages

	ANZAG	BEWAG	BREMER VULKAN	CONTI-NENTAL	DEGUSSA	ENKA	GOLD-SCHMIDT	KALI UND SALZ	VW	LUFT-HANSA
1. Höhe des Unterschiedsbetrages										
a) in % vom Jahresüberschuß/-fehlbetrag	20,1	92,6	59,7	?	53,6	?	30,5	11,8	70,9	105,4*
b) in % vom Grundkapital	1,6	17,3	13,0	?	11,8	?	2,9	2,6	18,4	2,8
2. Richtung des Unterschiedsbetrages										
a) Jahresüberschuß wäre sonst höher gewesen				x			x	x	x	x
b) Jahresüberschuß wäre sonst niedriger gewesen	x	x	x		x	x				
3. Ursachen für den Unterschiedsbetrag										
a) vollständig genannt bzw. eindeutig erkennbar			x			x				
b) teilweise genannt bzw. teilweise eindeutig erkennbar				x	x			x	x	x
c) nicht genannt bzw. nicht eindeutig erkennbar	x	x					x			
4. Betragsmäßige Spezifizierung des Unterschiedsbetrages										
a) vorhanden			x			x				
b) nicht vorhanden	x	x		x	x		x	x	x	x
5. Unterschiedsbetrag im Vorjahr										
a) angegeben		x	x				x	x	x	x
b) nicht angegeben	x			x	x	x				

Tab. 12: Ursachen für die Angabe eines Unterschiedsbetrages

Ursachen für den Unterschiedsbetrag	ANZAG	BEWAG	BREMER VULKAN	CONTINENTAL	DEGUSSA	ENKA	GOLDSCHMIDT	KALI UND SALZ	VW	LUFTHANSA
Erhöhung des Umfangs der Herstellungskosten			x			x				
erstmalige Aktivierung bzw. Zuschreibung bei immateriellen Anlagewerten			x							
(erstmalige) Vornahme eines Importwarenabschlags gem. § 80 EStDV				x						
(erstmalige) Bildung eines Sonderpostens mit Rücklageanteil gem. § 6 b EStG				x						
Aufgabe des Festwertverfahrens								x		
außerplanmäßige Abschreibungen (incl. Sonderabschreibungen)					x				x	x

4.4 Die Abschlußerläuterungen bei Kreditinstituten und Versicherungsunternehmen

Banken in der Rechtsform der AG und der KGaA sind gemäß § 148 und § 278 Abs. 3 i.V.m. § 283 Nr. 9 zur Aufstellung eines Geschäftsberichtes verpflichtet; für sie gelten daher grundsätzlich auch die Vorschriften des § 160. Kreditinstitute in der Rechtsform der AG und KGaA - im folgenden „Aktienbanken" genannt - brauchen jedoch gemäß § 26a Abs. 2 KWG in ihrem Geschäftsbericht die „Angaben nach § 160 Abs. 2 des Aktiengesetzes nicht zu machen".

Im Schrifttum herrscht Einmütigkeit, daß diese Ausnahmeregelung für die besonderen Abschlußerläuterungen des § 160 Abs. 2 Satz 2 bis 5 gilt. Die Befreiung steht in engem Zusammenhang mit der den Aktienbanken eingeräumten Möglichkeit, in gewissem Umfang eine stille Bildung und Auflösung von Rücklagen vorzunehmen[121], insbesondere durch die in § 26a Abs. 1 KWG vorgesehene Zulässigkeit einer niedrigeren Bewertung von Forderungen und Wertpapieren des Umlaufvermögens[122].

Fraglich könnte sein, ob sich die Befreiungsvorschrift des § 26a Abs. 2 KWG nur auf diese speziellen „Bank-Reserven" oder auch auf die übrigen Angaben, etwa zu den Abschreibungs- und Bewertungsmethoden, bezieht[123]. In der Literatur herrscht hierzu die Meinung vor, daß sämtliche Vermögensgegenstände und Schulden unter diese Ausnahmeregelung fallen[124].

Ob Aktienbanken verpflichtet sind, ihren Jahresabschluß nach § 160 Abs. 2 Satz 1 zu erläutern, darüber gehen in der Literatur die Meinungen auseinander. *Adler/Düring/Schmaltz*[125], *Claussen*[126], *Kropff*[127] und *Birck/Meyer*[128] plädieren für eine solche Berichtspflicht, die führenden Kommentare zum Kreditwesengesetz sprechen sich dagegen aus[129].

Angesichts der kontroversen Literaturmeinungen bleibt abzuwarten, in welchem Ausmaß die zehn in die empirische Untersuchung einbezogenen Aktienban-

121) *Kropff*, Ausschußbericht, S. 551.

122) Zum Diskussionsstand hinsichtlich der Problematik dieser Bestimmung vgl. u.a. *Jäger*, S. 40 ff.

123) Vgl. *Birck/Meyer*, VI 8. Zu den Auswirkungen auf die Vergleichbarkeit von Bank-Abschlüssen vgl. *Hülbert*.

124) Vgl. *Birck/Meyer*, VI 8.

125) Vgl. Tz. 30 a zu § 160.

126) Vgl. Tz. 16 zu § 160.

127) *Kropff* führt hierzu aus: „Unter 'Angabe' sind dabei die besonderen Angaben nach Satz 2-5 zu verstehen ... Die allgemeine Pflicht zur Erläuterung des Jahresabschlusses nach Abs. 2 Satz 1 gilt aber auch für Kreditinstitute. Daher müssen sie auch die Angaben nach Satz 2 oder 4 insoweit machen, wie es zur Beurteilung des Jahresabschlusses nötig und ohne Beeinträchtigung ihrer Befugnis zur stillen Bildung und stillen Auflösung von Rücklagen möglich ist" (Anm. 57 zu § 160).

128) Vgl. VI 8.

129) Vgl. *Reischauer/Kleinhans*, Anm. 14 zu § 26a KWG; so auch *Jäger*, S. 40; *Szagunn/Neumann/Wohlschieß* (Anm. 8 zu § 26a KWG) sprechen in diesem Zusammenhang von einem „korrekturbedürftigen Versehen"; ähnlich *Schork*, Anm. 4 zu § 26a KWG.

ken[130] tatsächlich berichten. Daher wird bei den einzelnen Erhebungsmerkmalen die Berichterstattung der Aktienbanken gesondert erfaßt[131].

Für Versicherungsunternehmen in der Rechtsform der AG und KGaA bestehen die Erläuterungspflichten gemäß § 160 Abs. 2 uneingeschränkt[132]. Unter den untersuchten Gesellschaften befanden sich jedoch keine Unternehmen der Versicherungswirtschaft.

130) Zu den Aktienbanken wird auch die METALLGESELLSCHAFT gezählt, die bis zum 30. 9. 1980 eine „Bank mit bankfremden Geschäft" darstellte und damit unter die Bestimmungen des Kreditwesengesetzes fiel.

131) Der Zusatz „davon Banken:" wird bei den einzelnen Erhebungsmerkmalen allerdings nur aufgeführt, wenn der betreffende Tatbestand bei mindestens einer Gesellschaft erfüllt ist.

132) Vgl. dazu *Conrad*.

5. Erläuterungspflichten und Ergebnisse der empirischen Untersuchung

5.1 Berichterstattung über das Sachanlagevermögen

5.1.1 Berichterstattung über die Herstellungskosten von selbsterstellten Anlagegegenständen

Selbsterstellte Gegenstände des Sachanlagevermögens sind nach § 153 Abs. 1 zu den Herstellungskosten anzusetzen. „Bei der Berechnung der Herstellungskosten dürfen in angemessenem Umfang Abnutzungen und sonstige Wertminderungen sowie angemessene Teile der Betriebs- und Verwaltungskosten eingerechnet werden, die auf den Zeitraum der Herstellung entfallen; Vertriebskosten gelten nicht als Betriebs- und Verwaltungskosten" (§ 153 Abs. 2).

Nach herrschender Ansicht deutet „dürfen" auf die Gewährung eines Wahlrechtes bezüglich der Einbeziehung bestimmter fixer Gemeinkosten hin[1]. Als Untergrenze der Herstellungskosten werden in der Literatur die variablen Kosten bzw. die Einzelkosten angesehen, während die Obergrenze durch die „Vollkosten" (allerdings u.a. ohne Vertriebskosten) gebildet wird[2].

Was die Berichtspflichten im Rahmen von § 160 Abs. 2 Satz 2 anbelangt, ist sich die Literatur einig[3], daß eine Unterlassung jeglicher Angaben über die Zusammensetzung der Herstellungskosten ebenso unzulässig ist wie der lapidare Hinweis, daß die Herstellungskosten im Einklang mit den gesetzlichen Vorschriften angesetzt wurden.

Übereinstimmung besteht weiter darin, daß Angaben darüber erforderlich sind, „ob und inwieweit nicht aktivierungspflichtige Kosten ... aktiviert sind"[4], in welcher Weise also von dem Wahlrecht des § 153 Abs. 2 Gebrauch gemacht wurde.

Unterschiede zeigen sich in der Literatur dagegen bei der Frage, ob bei der Erläuterung der Herstellungskosten

- sämtliche Kalkulationsbestandteile[5]
- nur die wesentlichen Kalkulationsbestandteile[6]

---

1) Vgl. u.a. ADS, Tz. 65 f. zu § 155; IdW-Stellungnahme NA 4/1966.

2) Die Frage des „richtigen" Ansatzes der Herstellungskosten wird im Schrifttum seit Jahren diskutiert. Auf der einen Seite fordern z.B. Leffson (1980a, S. 283 ff.) und Fülling (S. 110 ff.) den Ansatz von „Vollkosten", auf der anderen Seite spricht sich z.B. Albach (1966, S. 377) für die variablen Kosten aus, während D. Schneider (1971) nur die Einzelkosten in die Herstellungskosten einbeziehen will.

3) Anderer Ansicht wohl nur *Blohm/Müller*, S. 3.

4) IdW-Stellungnahme NA 1/1967, Nr. 2.

5) So ADS (Tz. 38 zu § 160): „Bei der Berechnung der Herstellungskosten ... ist eine nähere Erläuterung im Geschäftsbericht darüber, wie die Herstellungskosten ... errechnet bzw. welche Kalkulationsbestandteile einbezogen wurden, unerläßlich"; gleicher Ansicht *Claussen* (Tz. 20 zu § 160) sowie *Litfin* (S. 73).

6) So *Forster* (1965, S. 596) sowie *von Wysocki* et al. (S. 327), die sich - unzutreffend - auf ADS berufen. Vgl. auch *Arbeitskreis Chemie*, wonach es genügen soll, wenn angegeben wird, daß „Teile der Betriebs- und Verwaltungskosten sowie der Abschreibungen eingerechnet sind" (S. 48).

- nur die in den Wahlrechtsbereich fallenden Kalkulationsbestandteile[7]

zu nennen sind[8].

Die herrschende Ansicht scheint zu sein, daß sämtliche Kalkulationsbestandteile anzugeben sind, da nur so ein möglichst sicherer Einblick in die Vermögens- und Ertragslage der Gesellschaft vermittelt werden kann[9].

An die Stelle expliziter Angaben über die in die Herstellungskosten einbezogenen Kalkulationsbestandteile kann eine Bezugnahme auf entsprechende steuerliche Vorschriften (vor allem Abschn. 33 EStR zu § 6 EStG) treten. Allerdings muß eindeutig zu erkennen sein, ob nur die steuerlich aktivierungspflichtigen Kosten oder etwa sämtliche aktivierungsfähigen Kosten in die Herstellungskosten eingegangen sind[10]. Die Ansicht von *Scherpf*[11], es genüge der Vermerk, „daß nach den Grundsätzen .. des Abschn. 33 EStR 1965 verfahren wird", wird in der Literatur nicht geteilt[12]. Eine solche Formulierung läßt offen, wie das - im Vergleich zum Aktienrecht zwar kleinere, aber immerhin vorhandene - steuerliche Bewertungswahlrecht genutzt wurde[13].

Erörterungspflichten können sich im Zusammenhang mit Änderungen in der Berechnungsmethode der Herstellungskosten ergeben; jede Abweichung von dem beim vorangegangenen Jahresabschluß angewandten Verfahren ist als Methodenänderung im Sinne von § 160 Abs. 2 Satz 4 anzusehen[14].
Im einzelnen handelt es sich um Methodenänderungen, wenn

1. die Zusammensetzung der Herstellungskosten geändert wird, d.h. nicht die gleichen Kostenbestandteile wie im Vorjahr einbezogen werden (z.B. Übergang von variablen Kosten zu „Vollkosten")[15];

---

[7] Ähnlich könnte man die Ausführungen von *Kropff* (Anm. 37 zu § 160), *Mellerowicz* (Anm. 14 zu § 160) und *Wanik* (S. 48) sowie in der IdW-Stellungnahme NA 1/1967 (Nr. 2) und im WPH (S. 543) interpretieren. Jedoch ist zu beachten, daß in den genannten Quellen durch Formulierungen wie „z.B.", „auch" u.ä. die Erläuterungspflichten offenbar umfassender angenommen werden als explizit beschrieben wird.

[8] Zahlenmäßige Angaben werden übereinstimmend als nicht erforderlich angesehen. Vgl. z.B. IdW-Stellungnahme NA 1/1967, Nr. 2.

[9] Vgl. *Gördeler* (S. 117) und *Mellerowicz* (Anm. 14 zu § 160), die diese Ansicht auch mit der Größenordnung der Beträge begründen. *Claussen* fordert: „Angesichts der begrifflichen Unklarheiten und unterschiedlichen Anwendung der Kostenterminologie müssen die Angaben so präzise wie möglich gehalten sein, um Aussagewert zu haben" (Tz. 20 zu § 160).

[10] Vgl. *Castan*, 1969, S. 316, sowie *von Wysocki* et al., S. 327.

[11] Vgl. Rz. 394.

[12] Vgl. *Castan*, 1969, S. 316, sowie *von Wysocki* et al., S. 327.

[13] Vgl. *Castan*, 1969, S. 316, sowie *von Wysocki* et al., S. 327.

[14] Vgl. ADS, Tz. 61 zu § 160, sowie *Knoche*, S. 42.

[15] Vgl. ADS, Tz. 48 zu § 160; *Claussen*, Tz. 30 zu § 160; *Scherpf*, Rz. 398; WPH, S. 549.

2. nicht leistungsabhängige Kosten nach anderen Grundsätzen in die Herstellungskosten eingerechnet werden als im Vorjahr (z.B. Verwendung anderer Schlüsselgrößen)[16];
3. für die Ermittlung der Herstellungskosten die gleichen Kostenarten in die Betriebsabrechnung wie im Vorjahr einbezogen werden und ein unveränderter Zuschlagsatz verwendet wird, obwohl sich der aus der Betriebsabrechnung ergebende Zuschlagsatz geändert hat[17].

Dagegen liegen keine Methodenänderungen vor, wenn

1. der auf Basis einer Normal- oder Optimalbeschäftigung ermittelte Zuschlagsatz für einen längeren Zeitraum angewendet wird, obwohl der sich nach der Betriebsabrechnung ergebende Zuschlagsatz jährlich schwankt[18];
2. eine Änderung des Gemeinkostenzuschlages auf veränderte Verhältnisse, z.B. eine höhere Auslastung der Anlagen, zurückgeht[19];
3. für die Ermittlung der Herstellungskosten die gleichen Kostenarten in die Betriebsabrechnung wie im Vorjahr einbezogen werden und das Verhältnis der sich aus der Betriebsabrechnung jeweils ergebenden Zuschlagsätze zu den tatsächlich angesetzten Zuschlagsätzen unverändert bleibt[20].

Welche Änderungen bei den Herstellungskosten als „wesentlich" im Sinne von § 160 Abs. 2 Satz 4 anzusehen und damit zu erörtern sind, ist generell schwer zu entscheiden. Die betragsmäßigen Auswirkungen können kaum als Kriterium dienen, da sie auch von der Menge des Endbestands abhängen[21]; daher wird der Charakter der Änderung als entscheidend angesehen[22]. „Werden Kostenbestandteile, die bei der Ermittlung der Herstellungskosten bisher nicht berücksichtigt wurden, erstmalig berücksichtigt, oder solche, die bisher einbezogen waren, außer Ansatz gelassen, sollte wohl immer auf 'wesentliche Änderung' erkannt werden"[23]. Diese Ansicht wird auch von *Adler/Düring/Schmaltz* vertreten, die ausdrücklich hierzu den Fall zählen, „daß die Gesellschaft den sachlichen Gehalt des Herstellungskostenbegriffs ... von einem Geschäftsjahr zum anderen ändert"[24].

Da eine Änderung des sachlichen Umfanges der Herstellungskosten im Rahmen des von § 153 Abs. 2 gewährten Bewertungsspielraums stets freiwillig erfolgt, gehen die Auswirkungen in den Unterschiedsbetrag nach § 160 Abs. 2 Satz 5 ein[25].

---

16) Vgl. *Kropff*, Tz. 52 zu § 160; nach ADS (Tz. 61 zu § 160) liegt nur dann eine Methodenänderung vor, wenn Umlageschlüssel ausschließlich aus bilanzpolitischen Überlegungen, nicht aber aus sachlichen Gründen geändert werden.

17) Vgl. ADS, Tz. 61 zu § 160; *Knoche*, S. 42 f.; WPH, S. 549.

18) Vgl. WPH, S. 549.

19) Vgl. *Kropff*, Tz. 52 zu § 160.

20) Vgl. ADS, Tz. 61 zu § 160; WPH, S. 549.

21) Vgl. *Knoche*, S. 43.

22) Vgl. *Knoche*, S. 43, sowie ADS, Tz. 48 zu § 160.

23) *Knoche*, S. 43; *Ertner* (S. 64) fordert in diesem Fall eine Begründung.

24) ADS, Tz. 48 zu § 160. Ob und inwieweit diese Bemerkung auch die Meinung von *Knoche* einschließt, daß „auch bei der Berücksichtigung von einzelnen Kostenarten in anderem Umfang" (S. 43) eine wesentliche Methodenänderung einschließt, bleibt dagegen offen.

25) Vgl. u.a. ADS, Tz. 61 ff. zu § 160.

Tab. 13: Umfang der Berichterstattung über die Herstellungskosten von selbsterstellten Anlagegegenständen

Erhebungsmerkmale	Merkmalshäufigkeit abs.	%
1. Angaben über die Zusammensetzung der Herstellungskosten	44	46,8
2. keine Angaben über die Zusammensetzung der Herstellungskosten	50	53,2
Insgesamt	94	100,0
3. Erörterung von Änderungen bei den Herstellungskosten	2	2,1
4. keine Erörterung von Änderungen bei den Herstellungskosten	92	97,9
Insgesamt	94	100,0
5. Angabe eines Unterschiedsbetrages aufgrund von Änderungen bei den Herstellungskosten	2	2,1
6. keine Angabe eines Unterschiedsbetrages aufgrund von Änderungen bei den Herstellungskosten	92	97,9
Insgesamt	94	100,0

Die empirische Untersuchung zeigt zunächst, daß von den 94 einbezogenen Unternehmen 59 Gesellschaften (62,8 %) (andere) aktivierte Eigenleistungen in der Gewinn- und Verlustrechnung ausweisen und damit über die Zusammensetzung der Herstellungskosten von selbsterstellten Anlagegegenständen berichten müssen. Diesbezügliche Hinweise finden sich in den Geschäftsberichten von 44 Gesellschaften (74,6 % der angabepflichtigen Unternehmen). Damit verstoßen 15 Gesellschaften (25,4 % der angabepflichtigen Unternehmen) gegen die Erläuterungspflichten nach § 160 Abs. 2 Satz 2.

Von den 44 berichtenden Gesellschaften machen 16 Unternehmen ausreichende und 28 Unternehmen unzureichende Angaben über die Zusammensetzung der Herstellungskosten bei selbsterstellten Anlagegegenständen.

Im Einklang mit der herrschenden Literaturmeinung werden solche Aussagen als ausreichend angesehen, die alle in die Herstellungskosten einbezogenen Kostenbestandteile entweder explizit klar beschreiben oder unter Bezugnahme auf steuerliche Vorschriften implizit verdeutlichen.

Tab. 14: Angaben über die Zusammensetzung der Herstellungskosten von selbsterstellten Anlagegegenständen

Erhebungsmerkmale	Merkmalshäufigkeit abs.			%	
1. Ausreichende Angaben			16		36,4
a) Explizite Angaben über die einbezogenen Kostenbestandteile		6		37,5	
(1) Einzelkosten	-				
(2) variable Kosten	1				
(3) "Vollkosten"	3				
(4) Sonstiges	2				
b) Angaben unter Bezugnahme auf steuerliche Regelungen		10		62,5	
(1) niedrigstmöglicher Wertansatz	5				
(2) höchstmöglicher Wertansatz	-				
(3) Sonstiges	5				
2. Unzureichende Angaben			28		63,6
a) keine Präzisierung der Gemeinkosten		14			
b) Nennung nur bestimmter Gemeinkosten		9			
c) Nennung nur der nicht einbezogenen Kosten		1			
d) nur Hinweis auf steuerliche Zulässigkeit		2			
e) Sonstiges		2			
Insgesamt			44		100,0

Sechs Gesellschaften machen ausreichende Angaben durch explizite Nennung der einzelnen Kostenkomponenten.

Drei Gesellschaften liegen bei ihrer Bewertung in der Nähe der „Vollkosten" als Obergrenze der aktienrechtlichen Herstellungskosten.

Beispiel: „Die Herstellungskosten selbsterstellter Anlagen enthalten Material, Fertigungslohn sowie anteilige Material- und Fertigungsgemeinkosten".
(KHD 1980, S. 44)

Offenbar in keinem Fall werden selbsterstellte Sachanlagen zu Einzelkosten angesetzt. Dagegen hat eine Gesellschaft die Bewertung zu variablen Kosten gewählt.

„Die Herstellungskosten der aktivierten Eigenleistungen wurden mit Fertigungsmaterial, Fertigungslohn und leistungsbezogenen Betriebskosten (ohne Abschreibungen und Verwaltungskosten) angesetzt".
(DAIMLER-BENZ 1980, S. 68)

Sonstige ausreichende Angaben finden sich bei zwei Gesellschaften.

Insgesamt zehn Gesellschaften machen ausreichende Angaben unter Bezugnahme auf Abschn. 33 EStR zu § 6 EStG.

Davon wählen fünf Gesellschaften Formulierungen ohne explizite Nennung der einzelnen Kostenkomponenten.

Beispiel: „Eigene Leistungen sind entsprechend der steuerlichen Aktivierungspflicht in den Wertansatz einbezogen".
(VEW 1980, S. 49)

Die Obergrenze der steuerlichen Herstellungskosten wird offenbar von keiner Gesellschaft angesetzt.

Fünf Gesellschaften verbinden explizite Beschreibung und steuerlichen Hinweis zu einer klaren Aussage.

Beispiel: „In den Herstellungskosten sind die direkt zurechenbaren Material- und Lohnkosten sowie die nach steuerlichen Vorschriften anzusetzenden Teile der allgemeinen Betriebskosten einschließlich anteiliger Abschreibungen enthalten. Verwaltungskostenanteile blieben außer Ansatz".
(VW 1977, S. 66)

28 Gesellschaften machen dagegen unzureichende Angaben. Die Gründe dafür sind unterschiedlich.

14 Gesellschaften präzisieren die einbezogenen Gemeinkosten nicht.

Beispiel: „Die Herstellungskosten selbsterstellter Anlagen enthalten neben den direkt zurechenbaren Kosten angemessene Anteile an Gemeinkosten".
(KLÖCKNER-WERKE 1980, S. 38)

Neun Gesellschaften nennen zwar bestimmte Gemeinkosten, aber offenbar nicht sämtliche in die Herstellungskosten einbezogenen Kosten[26].

26) Kurios mutet in diesem Zusammenhang die Formulierung im Geschäftsbericht der BEWAG an: „Die Sachanlagen werden zu Anschaffungs- oder Herstellungskosten zuzüglich anteiliger Baugemeinkosten bewertet" (1979/80, S. 31).

Beispiel: „Die Sachanlagen wurden mit den Anschaffungs- und Herstellungskosten, letztere einschließlich angemessener Baugemeinkosten, aktiviert".
(BADEN-WERK 1979, S. 44)

Eine Gesellschaft nimmt nur eine ungenaue Negativabgrenzung vor.

„Die Zugänge an Sachanlagen wurden ... zu Anschaffungskosten bzw. Herstellungskosten abzüglich nicht aktivierungspflichtiger Kostenbestandteile bewertet".
(KRUPP STAHL 1980, S. 36)

Zwei Gesellschaften erwähnen lediglich die steuerliche Zulässigkeit der Bewertung.

Beispiel: „Im Sachanlagevermögen sind die Zugänge ... mit den Anschaffungskosten bzw. den steuerlich zulässigen Herstellungskosten bewertet worden".
(VDM 1979/80, S. 20)

Zwei Gesellschaften machen sonstige unzureichende Angaben.

Tab. 15: Qualität der Berichterstattung über die Zusammensetzung der Herstellungskosten von selbsterstellten Anlagegegenständen

Angaben gemäß § 160 Abs. 2 Satz 2	abs.	%
A. Ausreichende Angaben	16	27,1
B. Unzureichende Angaben	28	47,5
C. Unzulässig fehlende Angaben	15	25,4
Insgesamt angabepflichtig	59	100,0

Abschließend läßt sich feststellen, daß 72,9% der angabepflichtigen Gesellschaften unzureichend oder gar nicht über die Herstellungskosten selbsterstellter Anlagen berichten, also nur 27,1% ihren Erläuterungspflichten gemäß § 160 Abs. 2 Satz 2 genügen[27].

Zwei Gesellschaften berichten über Änderungen im Zusammenhang mit den Herstellungskosten bei selbsterstellten Anlagen gemäß § 160 Abs. 2 Satz 4 und 5. Im Geschäftsbericht von BREMER VULKAN wird hierzu ausgeführt:

„Die Bewertung der Anlagenzugänge erfolgte zu Anschaffungs- bzw. Herstellungskosten, die mit Beginn des abgelaufenen Geschäftsjahres auch aktivierungsfähige Betriebsgemeinkosten enthalten. Diese Bewertungsänderung ergab eine Ergebnisverbesserung um DM 0,3 Mio".
(1980, S. 11)

[27] In früheren empirischen Untersuchungen wurden die Angaben über die Zusammensetzung der Herstellungskosten selbsterstellter Anlagen nicht analysiert; ein Ergebnisvergleich ist daher nicht möglich.

Da das im Vorjahr angewandte Verfahren nicht beschrieben wird[28], muß diese Erörterung gemäß § 160 Abs. 2 Satz 4 als unzureichend eingestuft werden. Hinzukommt, daß über die Gründe der Bewertungsänderung nicht berichtet wird[29].

Dagegen geht die Berichterstattung bezüglich eines Unterschiedsbetrages gemäß § 160 Abs. 2 Satz 5 über die Mindestanforderungen hinaus: BREMER VULKAN gibt nicht nur die Höhe der durch sämtliche Bewertungsänderungen verursachten Erträge, sondern auch die Ergebnisverbesserung an, die allein auf die geänderte Zusammensetzung der Herstellungskosten bei selbsterstellten Anlagen zurückzuführen ist.

Im Geschäftsbericht von ENKA finden sich folgende Ausführungen:

„In Anpassung an die Handhabung in der Steuerbilanz wurden ..., abweichend gegenüber dem Vorjahr, die Abschreibungen in die Herstellungskosten nach Abschn. 33 EStR einbezogen".
(1980, S. 32)

Hier wird weder präzisiert, ob sich die Bewertungsänderung nur auf selbsterstellte Anlagen, nur auf fertige und unfertige Erzeugnisse oder auf beide Vermögensgruppen bezieht, noch wird die im Vorjahr gewählte Methode ausreichend beschrieben[30], so daß die Erörterung gemäß § 160 Abs. 2 Satz 4 als unzureichend eingestuft werden muß.

Über den daraus resultierenden Unterschiedsbetrag gemäß § 160 Abs. 2 Satz 5 - eine Ergebnisverbesserung - wird dagegen ausreichend berichtet.

Inwieweit Gesellschaften die Zusammensetzung der Herstellungskosten von selbsterstellten Anlagen geändert, darüber jedoch - unzulässigerweise - nicht berichtet haben, kann ein externer Bilanzanalytiker kaum feststellen. Allerdings könnten unterschiedliche Formulierungen in den Geschäftsberichten von zwei Gesellschaften, und zwar bei den STAHLWERKEN PEINE-SALZGITTER:

„in den Herstellungskosten sind Betriebsgemeinkosten in angemessenem Umfang enthalten".
(1979/80, S. 23)

„in den Herstellungskosten sind Betriebsgemeinkosten einschließlich Abschreibungen in angemessenem Umfang enthalten".
(1978/79, S. 21)

---

[28] Im Vorjahr findet sich die unzureichende Angabe: „Die Bewertung der Anlagenzugänge erfolgte zu Anschaffungs- bzw. Herstellungskosten einschließlich steuerlich aktivierungspflichtiger Betriebsgemeinkosten" (1979, S. 11).

[29] Die Begründung für diese und die anderen Bewertungsänderungen liegt jedoch auf der Hand: „Schönung" eines schlechten Jahresergebnisses.

[30] Im Vorjahr werden zu den Herstellungskosten nur einer Vermögensgruppe Angaben gemacht: „Grundlage für die Bewertung der Unfertigen und Fertigen Erzeugnisse sind die Herstellungskosten nach Abschn. 33 EStR, jedoch bleiben Abschreibungen außer Ansatz" (1979, S. 30).

und bei RÜTGERS:

„Die Herstellungskosten selbsterstellter Anlagen umfassen Material- und Lohnkosten sowie Material- und Fertigungskosten, im Inland entsprechend den steuerlichen Bewertungsvorschriften".
(1980, S. 36)
„Bei den selbsterstellten Anlagen wurden die direkt zurechenbaren Material- und Lohnkosten sowie die steuerlich anzusetzenden Gemeinkosten verrechnet".
(1979, S. 50)

als Indiz für „stille Methodenänderungen" hinsichtlich der Zusammensetzung der Herstellungskosten bei selbsterstellten Anlagegegenständen gewertet werden[31].

5.1.2 Berichterstattung über die planmäßigen Abschreibungen und Wertberichtigungen auf abnutzbare Anlagegegenstände

Die Vornahme planmäßiger Abschreibungen oder Wertberichtigungen ist in § 154 Abs. 1 geregelt: „Bei den Gegenständen des Anlagevermögens, deren Nutzung zeitlich begrenzt ist, sind die Anschaffungs- oder Hestellungskosten um planmäßige Abschreibungen oder Wertberichtigungen zu vermindern. Der Plan muß die Anschaffungs- oder Herstellungskosten nach einer den Grundsätzen ordnungsmäßiger Buchführung entsprechenden Abschreibungsmethode auf die Geschäftsjahre verteilen, in denen der Gegenstand voraussichtlich genutzt werden kann".

Diese Vorschrift ist nach herrschender Ansicht so auszulegen, daß für die Unternehmen eine weitgehende Freiheit bei der Wahl der Abschreibungsmethode und der Festlegung der Nutzungsdauer besteht[32].

Hinsichtlich der Berichtspflichten im Rahmen von § 160 Abs. 2 Satz 2 zeigt die Literatur ein weitgehend einheitliches Meinungsbild in bezug auf die Anforderungen, die an die Aussagen über die angewandten Abschreibungsmethoden zu stellen sind.

1. Sofern auf steuerliche Regelungen Bezug genommen wird, reichen Formulierungen aus wie[33]:

   „Abnutzbare Anlagegegenstände werden (wurden) nach Maßgabe der jeweils steuerlich zulässigen Höchstsätze abgeschrieben".
   oder:

„Soweit steuerlich zulässig, wird degressiv abgeschrieben, mit Übergang zur linearen Abschreibung, sobald diese zu höheren Abschreibungsbeträgen führt. Im übrigen wird linear abgeschrieben".

---

[31] Natürlich wäre auch denkbar, daß die Angaben aus einem früheren Berichtsjahr ungenau übernommen wurden oder die Formulierungsänderungen aus stilistischen Gründen erfolgten.

[32] Anderer Ansicht sind z.B. *Leffson* (1980a, S. 283) und *D. Schneider* (1974).

[33] Vgl. ADS, Tz. 33 zu § 160; o.V., 1970, S. 85 ff.; *Castan*, 1969, S. 270; *Kropff*, Anm. 34 zu § 160; *Scherpf*, Rz. 392.

Diese Angaben machen deutlich, daß genau die steuerlich höchstens anerkannten Abschreibungssätze angesetzt worden sind. In diesem Falle ist eine weitere Erläuterung durch Angabe der Nutzungsdauer und der Abschreibungssätze nicht erforderlich.
Als unzureichend sind dagegen einmal jene Angaben anzusehen, aus denen die angewandten Abschreibungsmethoden nicht eindeutig hervorgehen. Hierzu zählen bloße Feststellungen wie[34]:

„Abschreibungen erfolgten unter Ausnutzung aller steuerlichen Möglichkeiten".

Eine solche Formulierung läßt offen, ob über die steuerlich zulässigen Abschreibungen hinausgegangen wurde.
Ebenso wenig reichen Angaben aus wie:

„Abschreibungen erfolgten in steuerlich zulässigem Rahmen".

Hier bleibt offen, ob weniger als das steuerlich höchstens Anerkannte abgeschrieben wurde.
Aus den zuletzt genannten Formulierungen geht ferner nicht einmal hervor, ob sie sich allein auf die planmäßigen Abschreibungen oder etwa auch auf steuerliche Sonderabschreibungen beziehen.

Erst recht als unzureichend sind Aussagen anzusehen wie:

„Abnutzbare Anlagegegenstände werden (wurden) überwiegend nach Maßgabe der jeweils steuerlich zulässigen Höchstsätze abgeschrieben".

Hier kann nämlich bei einigen Anlagegegenständen mehr, bei anderen Anlagegegenständen weniger als steuerlich höchstens anerkannt abgeschrieben worden sein.

2. Sofern kein Bezug auf steuerliche Regelungen genommen wird oder von den steuerlich zulässigen Höchstsätzen abgewichen wird, so sind nähere Angaben erforderlich[35]. Nach *Kropff*[36] muß in diesem Falle der Rahmen der für die einzelnen Bilanzposten angesetzten Nutzungsdauern (z.B. Gebäude von ... bis ... Jahre, Maschinen von ... bis ... Jahre) genannt werden; nach *Gördeler*[37] genügt ein Hinweis auf allgemein zugängliche Abschreibungstabellen. Ersatzweise hält er die Angabe der Abschreibungssätze für notwendig[38]. Dagegen sehen andere Autoren[39] Angaben über die Abschreibungssätze oder die Nutzungsdauern nicht als erforderlich an.

Angaben über die Abschreibungsmethoden wie:

„Die Anlagen werden (wurden) überwiegend degressiv abgeschrieben".

---

[34] Vgl. *Castan*, 1969, S. 270; *Forster*, 1965, S. 596; *Kropff*, Anm. 34 zu § 160; *von Wysocki* et al., S. 315.

[35] Vgl. IdW-Stellungnahme NA 1/1967, Nr. 5.

[36] Vgl. Anm. 36 zu § 160.

[37] Vgl. S. 117. *Litfin* fordert Angaben zur Nutzungsdauer, „soweit eine Abweichung vom Branchenüblichen vorliegt" (S. 75).

[38] Vgl. *Gördeler*, S. 117; *Claussen*, Tz. 21 zu § 160; *von Wysocki* et al., S. 315.

[39] Vgl. *Mellerowicz*, Anm. 16 zu § 160; *Scherpf*, Rz. 393.

oder:

„Die Anlagen werden (wurden) teilweise degressiv, teilweise linear abgeschrieben".

reichen also nicht aus[40].

Die Abschreibungsmethoden müssen für sämtliche Positionen des abnutzbaren Anlagevermögens oder, falls bei mehreren Posten ein einheitliches Verfahren Anwendung findet, für alle Anlagegruppen angegeben werden[41].

Daher sind auch jene Aussagen als unzureichend einzustufen, aus denen die für die genannten Bilanzposten angewandten Abschreibungsmethoden zwar eindeutig hervorgehen, die jedoch nicht sämtliche abnutzbaren Anlagegegenstände umfassen.

Ein noch größerer Verstoß gegen die Berichtspflicht liegt natürlich vor, wenn weder (im Hinblick auf die Abschreibungsmethoden) eindeutige noch (in bezug auf den Kreis der betroffenen Positionen) vollständige Angaben gemacht werden.

Finden für einen Bilanzposten verschiedene Abschreibungsverfahren Anwendung, „so sind Angaben über den relativen Anteil der unterschiedlich bewerteten Vermögensgegenstände erforderlich[42], z.B. eine Aufgliederung des Gesamtbetrages der Abschreibungen nach den Beträgen, die auf die lineare und degressive Methode sowie auf außerplanmäßige Abschreibungen entfallen[43].

Als Methodenänderung im Sinne von § 160 Abs. 2 Satz 4 sind nach herrschender Ansicht anzusehen:

1. ein nicht von vornherein geplanter Wechsel des Abschreibungsverfahrens[44]
2. eine Verlängerung oder Verkürzung der Nutzungsdauer[45]
3. eine Änderung der Abschreibungssätze oder die Aussetzung von Abschreibungen[46]
4. der Ansatz eines Abschreibungsverfahrens oder einer Nutzungsdauer bei einer Ersatz- bzw. Erweiterungsinvestition, der von den Grundsätzen für bisher genutzte Gegenstände gleicher Art abweicht[47].

---

[40] Vgl. *Gördeler*, S. 117; *Mellerowicz*, Anm. 16 zu § 160.

[41] Vgl. *Baumbach/Hueck*, Anm. 8 zu § 160; *Claussen*, Tz. 21 zu § 160; *Gördeler*, S. 117; *Kropff*, Anm. 36 zu § 160; *Mellerowicz*, Anm. 16 zu § 160; *Scherpf*, Rz. 393.

[42] IdW-Stellungnahme NA 1/1967, Nr. 1.

[43] Vgl. WPH, S. 544 f; weitergehend *Claussen* (Tz. 21 zu § 160), der diese Angaben für jede Anlagegruppe fordert.

[44] Der Übergang von der degressiven zur linearen Abschreibungsmethode zählt danach nicht als Methodenwechsel. Vgl. ADS, Tz. 48 und 66 zu § 160; *Gördeler*, S. 118; *Mellerowicz*, Anm. 21 zu § 160; *Scherpf*, Rz. 398; WPH, S. 545; a. A. *Claussen*, Tz. 30 zu § 160.

[45] Vgl. ADS, Tz. 48 zu § 160; *Claussen*, Tz. 30 zu § 160; *Forster*, 1966, S. 556; *Knoche*, S. 40; *Petersen*, S. 251; WPH, S. 545; a. A. *Scherpf*, Rz. 399.

[46] Vgl. *Mellerowicz*, Anm. 21 zu § 160.

[47] Vgl. ADS, Tz. 65 zu § 160; WPH, S. 550.

Diese Methodenänderungen sind nach *Adler/Düring/Schmaltz*[48] grundsätzlich als „wesentlich" anzusehen und damit im Rahmen von § 160 Abs. 2 Satz 4 erörterungspflichtig.

In den Unterschiedsbetrag gemäß § 160 Abs. 2 Satz 5 gehen die Auswirkungen von Methodenänderungen ein, „sofern die Änderung nicht zur Anpassung an den tatsächlichen Nutzungsverlauf notwendig ist"[49], sondern aus bilanzpolitischen Überlegungen erfolgt.

Auf Berichtspflichten im Zusammenhang mit außerplanmäßigen Abschreibungen oder Wertberichtigungen wird erst im nächsten Punkt eingegangen.

Tab. 16: Umfang der Berichterstattung über die planmäßigen Abschreibungen und Wertberichtigungen auf abnutzbare Anlagegegenstände

Erhebungsmerkmale	Merkmalshäufigkeit abs.	%
1. Angaben über planmäßige Abschreibungen und Wertberichtigungen davon Banken: 4	82	87,2
2. keine Angaben über planmäßige Abschreibungen und Wertberichtigungen davon Banken: 6	12	12,8
Insgesamt	94	100,0
3. Erörterung von Änderungen des Abschreibungsplans	-	-
4. keine Erörterung von Änderungen des Abschreibungsplans	94	100,0
Insgesamt	94	100,0
5. Angabe eines Unterschiedsbetrages aufgrund von Änderungen des Abschreibungsplans	-	-
6. keine Angabe eines Unterschiedsbetrages aufgrund von Änderungen des Abschreibungsplans	94	100,0
Insgesamt	94	100,0

48) Vgl. Tz. 48 zu § 160; *Knoche* (S. 40) hält dies nur für notwendig, wenn die Änderungen nicht einzelne Anlagegegenstände, sondern Anlagegruppen betreffen.

49) WPH, S. 549; ähnlich ADS, Tz. 66 f. zu § 160; *Claussen*, Tz. 34 zu § 160; *Kropff*, Anm. 51 zu § 160; *Litfin*, S. 75.

Die empirische Untersuchung zeigt zunächst, daß von den 94 einbezogenen Unternehmen 91 Gesellschaften (96,8 %) abnutzbare Anlagegegenstände in der Bilanz ausweisen[50]; darunter befinden sich die zehn Banken. Eine Gesellschaft (DIERIG) hat keine planmäßigen Abschreibungen vorgenommen. Damit sind 80 Gesellschaften zu Angaben über die planmäßigen Abschreibungen verpflichtet; diese fehlen bei zwei Gesellschaften aus diesem Kreis (MOENUS, MERCEDES) völlig[51]. Freiwillige Angaben finden sich immerhin bei vier von zehn Banken[52]. Damit liegen insgesamt 82 Angaben über planmäßige Abschreibungen vor.

Die Erläuterungen über die planmäßigen Abschreibungen erstrecken sich in den Geschäftsberichten auf Angaben über die verwandten Abschreibungsmethoden, die Höhe der planmäßigen Abschreibungen sowie die Nutzungsdauer und Abschreibungssätze bei den einzelnen Anlagegruppen.

75 Gesellschaften, darunter zwei Banken, machen Angaben über die verwandten Abschreibungsmethoden. Bei 53 Gesellschaften (70,7 % der berichtenden Unternehmen) können die Erläuterungen als eindeutig und vollständig eingestuft werden. Davon beziehen sich 40 Gesellschaften auf steuerliche Regelungen.

Beispiel: „Bei Grundstücken mit Geschäfts-, Fabrik- und anderen Bauten sowie bei Bauten auf fremden Grundstücken wurden die Gebäudewerte mit den steuerlich zulässigen Höchstsätzen abgeschrieben. Die Abschreibung auf bewegliche Anlagegegenstände wurde nach der degressiven Methode ermittelt, mit Ausnahme der Fälle, in denen die lineare Methode eine höhere Abschreibung ergab. Bei Anlagegegenständen mit einer längeren Nutzungsdauer als vier Jahren wurde von der Bestimmung des § 7 Abs. 3 EStG Gebrauch gemacht, die den Übergang von der Absetzung für Abnutzung in fallenden Jahresbeträgen (degressive Abschreibung) zur Absetzung für Abnutzung in gleichen Jahresbeträgen (lineare Abschreibung) gestattet. Vom Zeitpunkt des Übergangs an erfolgt die Abschreibung vom vorhandenen Restwert nach der jeweiligen Restnutzungsdauer. Auf Zugänge des ersten Halbjahres wurde die volle, auf Zugänge des zweiten Halbjahres die halbe Jahresabschreibung verrechnet".
(STRABAG 1980, S. 17)

13 Gesellschaften erläutern die verwandten Abschreibungsmethoden eindeutig und vollständig ohne Bezugnahme auf steuerliche Vorschriften, wobei es sich nahezu ausschließlich um Abschreibungen in gleichen Jahresbeträgen handelt.
Beispiel: „Die Abschreibungen auf Sachanlagen und immaterielle Anlagewerte wurden nach der linearen Methode ermittelt".
(STAHLWERKE PEINE-SALZGITTER 1980, S. 23)

---

[50] CHEMIE-VERWALTUNG, HOESCH und IG FARBEN LIQUIS verfügen über kein Sachanlagevermögen.

[51] Diese beiden Gesellschaften weisen nur ein relativ geringes abnutzbares Anlagevermögen auf; diese Tatsache kann jedoch das Versäumnis keineswegs rechtfertigen.

[52] Nahezu zum gleichen Ergebnis gelangt *Jäger* (S. 64 f.) bei seiner Vollerhebung der Geschäftsberichte der Aktienbanken.

Tab. 17: Angaben über die Abschreibungsmethoden bei abnutzbaren Anlagegegenständen

Erhebungsmerkmale		Merkmalshäufigkeit abs.	%
1. Eindeutige und vollständige Angaben		53	70,7
a) Bezugnahme auf steuerliche Regelungen davon Banken: 1	40		
b) keine Bezugnahme auf steuerliche Regelungen	13		
2. Vollständige, aber nicht eindeutige Angaben davon Banken: 1		16	21,3
3. Eindeutige, aber unvollständige Angaben		4	5,3
4. Nicht eindeutige und unvollständige Angaben		2	2,7
Insgesamt		75	100,0

Tab. 18: Angaben über die Nutzungsdauern und Abschreibungssätze bei abnutzbaren Anlagegegenständen

	Merkmalshäufigkeit			
Erhebungsmerkmale		abs.		%
1. Ausreichende Angaben			23	65,7
a) über die Nutzungsdauern		20		
(1) Nennung der bei den Anlagegruppen zugrundegelegten Nutzungsdauern	9			
(2) Hinweis auf Anwendung der steuerlichen AfA-Tabellen	10			
(3) Sonstiges	1			
b) über die Abschreibungssätze		3		
2. Unzureichende Angaben			12	34,3
a) über die Nutzungsdauern Hinweis auf "vorsichtige Schätzung", branchenübliche Nutzungsdauer u. ä.		11		
b) über die Abschreibungssätze		1		
Insgesamt			35	100,0

Bei 16 Gesellschaften (21,3% der berichtenden Unternehmen) sind die Angaben über die verwandten Abschreibungsmethoden zwar vollständig, aber nicht eindeutig.

Beispiele: „Die Zuführung zu den Wertberichtigungen sowie die direkt vorgenommenen Abschreibungen ... wurden im steuerlich zulässigen Rahmen nach der degressiven und der linearen Methode ermittelt".
(RHEINELEKTRA 1978/79, S. 29)
„Die Sachanlagen wurden überwiegend linear abgeschrieben".
(VEBA 1980, S. 54)

Bei vier Gesellschaften (5,3% der berichtenden Unternehmen) sind die Angaben zwar eindeutig, aber unvollständig. Bei zwei Gesellschaften (2,7% der berichtenden Unternehmen) liegen weder eindeutige noch vollständige Angaben über die verwandten Abschreibungsmethoden vor.

Bei sieben Gesellschaften (8,8% der angabepflichtigen Gesellschaften), die aufgrund des Bilanzausweises abnutzbarer Anlagegegenstände über die verwandten Abschreibungsmethoden berichten müßten, sind keinerlei Angaben hierzu anzutreffen.[53]

Angaben über die Nutzungsdauern der abnutzbaren Anlagegegenstände machen 31 Gesellschaften, darunter eine Bank; vier Gesellschaften berichten über die Abschreibungssätze. Die Erläuterungen dazu sind bei 23 Gesellschaften als ausreichend und bei zwölf Gesellschaften als unzureichend anzusehen.

Nun sind vollständige und eindeutige Hinweise auf Abschreibungsdauer oder -sätze nur notwendig, wenn bei der Erläuterung der Abschreibungsmethoden kein Bezug auf steuerliche Regelungen genommen bzw. von den steuerlich zulässigen Höchstsätzen abgewichen wird; dies trifft, wie oben angeführt, für 13 Gesellschaften zu; davon zählen aber nur drei Gesellschaften zu jenen 23 Gesellschaften, die ausreichend über Nutzungsdauern oder Abschreibungssätze berichten.

Tab. 19: Angaben über die Höhe der planmäßigen Abschreibungen bei abnutzbaren Anlagegegenständen

Erhebungsmerkmale	Merkmalshäufigkeit abs.	%
1. Angabe nur des Gesamtbetrages	5	62,5
2. Aufteilung nach Positionen/Gruppen	2	25,0
3. Aufteilung nach Abschreibungsmethoden	1	12,5
Insgesamt	8	100,0

[53] Dieses Ergebnis liegt über dem Vergleichswert (3%) aus der Untersuchung von *Castan* (1969, S. 271), jedoch unterhalb der in der Münchener Untersuchung (S. 312) ermittelten Bandbreite (13,4 bis 24,6%).

(Freiwillige) Angaben über die Höhe der planmäßigen Abschreibungen bei abnutzbaren Anlagegegenständen machen acht Gesellschaften, wobei drei Gesellschaften sogar noch eine Spezifizierung vornehmen.

Außerdem weisen die Gesellschaften zumeist daraufhin, daß bei Zugängen in der ersten Jahreshälfte die volle Abschreibungsrate, bei Zugängen in der zweiten Jahreshälfte eine halbe Abschreibungsrate verrechnet wird.[54]

Das Gesamturteil über die Qualität der Berichterstattung über planmäßige Abschreibungen bei abnutzbaren Anlagegegenständen geht aus Tab. 20 hervor.

Bezieht man die Summe aus unzureichenden und unzulässig fehlenden Angaben auf die Gesamtheit der angabepflichtigen Unternehmen, so verstoßen immerhin 38 Gesellschaften (47,5% der angabepflichtigen Unternehmen) gegen die Erläuterungspflichten[55] gemäß § 160 Abs. 2 Satz 2.
Satz 2.

Erörterungen über Änderungen des Abschreibungsplans aufgrund von Methodenänderungen[56] gemäß § 160 Abs. 2 Satz 4 sowie dadurch begründete Angaben über einen Unterschiedsbetrag nach § 160 Abs. 2 Satz 5 wurden in den Geschäftsberichten nicht angetroffen. Die Zulässigkeit ihres Fehlens kann von einem externen Bilanzanalytiker im Normalfall nicht beurteilt werden.

Versteckte Hinweise über Änderungen von Abschreibungsmethoden wurden in den Geschäftsberichten nicht vorgefunden.

5.1.3 Berichterstattung im Zusammenhang mit außerplanmäßigen Abschreibungen oder Wertberichtigungen bei Anlagegegenständen

Die Vornahme außerplanmäßiger Abschreibungen sowie die Beibehaltung und Wertaufholung sind in § 154 Abs. 2 geregelt. Danach kommen nach Satz 1 außerplanmäßige Abschreibungen für sämtliche Anlagegegenstände aufgrund eingetretener Wertminderungen (Nr. 1) und aufgrund steuerlicher Vorschriften (Nr. 2) in Frage. Im Falle einer voraussichtlich vorübergehenden Wertminderung besteht ein Abwertungswahlrecht (gemilderte Niederstwertvorschrift), bei einer voraussicht-

[54] Ausnahmen wurden z.B. bei ANZAG, BEWAG und LUFTHANSA angetroffen.

[55] Bei *von Wysocki* et al. (S. 316) liegt der Schätzanteil der Gesellschaften, deren Angaben unzureichend sind oder unzulässig fehlen, zwischen 28,8 und 42,2%. In diesem Bereich bewegt sich auch der von *Castan* (1969, S. 271) ermittelte Anteilswert von 29%.
Das hier vorgelegte Ergebnis liegt am oberen Rand der in der Münchener Untersuchung angegebenen Bandbreite.

[56] Durch außerplanmäßige Abschreibungen oder durch Zuschreibungen veranlaßte Änderungen des Abschreibungsplans wurden an dieser Stelle nicht berücksichtigt (siehe dazu 5.1.4).

Tab. 20: Qualität der Berichterstattung über planmäßige Abschreibungen bei abnutzbaren Anlagegegenständen

Angaben gemäß § 160 Abs. 2 Satz 2		abs.	%
A. Ausreichende Angaben		42	44,7
I. Eindeutige und vollständige Angaben über die Abschreibungsmethoden unter Bezugnahme auf steuerliche Regelungen	39		
II. Eindeutige und vollständige Angaben über die Abschreibungsmethoden ohne Bezugnahme auf steuerliche Regelungen bei vollständiger Nennung der Nutzungsdauern oder der Abschreibungssätze	3		
B. Unzureichende Angaben		36	38,3
I. Eindeutige und vollständige Angaben über die Abschreibungsmethoden ohne Bezugnahme auf steuerliche Regelungen bei fehlender bzw. unvollständiger Nennung der Nutzungsdauern oder der Abschreibungssätze	10		
II. Vollständige aber nicht eindeutige Angaben über die Abschreibungsmethoden	15		
III. Eindeutige aber unvollständige Angaben über die Abschreibungsmethoden	4		
IV. Nicht eindeutige und unvollständige Angaben über die Abschreibungsmethoden	2		
V. Fehlende Angaben über die Abschreibungsmethoden, jedoch Angaben zu Abschreibungssätzen, -höhe oder Nutzungsdauern	5		
Gesamtheit der Angaben über planmäßige Abschreibungen bei angabepflichtigen Gesellschaften		78	
C. Freiwillige Angaben		4	4,3
Gesamtheit der Angaben über planmäßige Abschreibungen		82	
D. Zulässig fehlende Angaben		10	10,6
E. Unzulässig fehlende Angaben		2	2,1
Gesamtheit der einbezogenen Gesellschaften		94	100,0

lich dauernden Wertminderung[57] dagegen eine Abwertungspflicht (strenge Niederstwertvorschrift), wobei der niedrigere beizulegende Wert i.d.R. durch die (fortgeführten) Wiederbeschaffungskosten gebildet wird[58]. Außerplanmäßige Abschreibungen aufgrund steuerlicher Vorschriften können in der Handelsbilanz angesetzt werden, damit die Unternehmen die steuerlichen Abschreibungsmöglichkeiten voll ausnutzen können[59] (Grundsatz der Maßgeblichkeit der Handelsbilanz für die Steuerbilanz); als Abschreibungsgründe kommt eine Vielzahl von Bestimmungen in Betracht (vgl. Abb. 5).

Außerplanmäßige Abschreibungen sind grundsätzlich nach § 160 Abs. 2 Satz 4 erörterungspflichtig; für regelmäßige steuerliche Sonderabschreibungen scheinen jedoch nur Angaben gemäß § 160 Abs. 2 Satz 2 erforderlich zu sein[60] (vgl. dazu 4.3.3). Neben der Vornahme außerplanmäßiger Abschreibungen selbst gehören zu den erörterungspflichtigen Tatbeständen auch Änderungen in bezug auf die Ausnutzung des Wahlrechtes zur Vornahme steuerlicher Sonderabschreibungen[61], wenn diese also – abweichend von der bisherigen Übung – im Geschäftsjahr vorgenommen oder nicht mehr vorgenommen werden.

§ 154 Abs. 2 Satz 2 gestattet die Beibehaltung niedrigerer Wertansätze, wenn die Abwertungsgründe nicht mehr bestehen; daraus folgt, daß eine Wertaufholung ebenfalls zulässig ist.

„Zuschreibungen zu Gegenständen des Anlagevermögens stellen grundsätzlich eine Unterbrechung der Bewertungskontinuität dar und rechnen daher zu den angabepflichtigen Methodenänderungen"[62]. Zu der Frage, ob auch der Verzicht auf eine mögliche Zuschreibung, also die Beibehaltung niedrigerer Wertansätze zu erwähnen ist, äußert sich die Literatur nicht explizit[63].

Konsequenterweise müßten auch Änderungen in bezug auf die Ausnutzung des Beibehaltungswahlrechtes zu den erörterungspflichtigen Tatbeständen zählen; diese Forderung wird jedoch – soweit ersichtlich – bislang im Schrifttum nicht erhoben.

Die empirische Untersuchung zeigt zunächst, daß von den 94 einbezogenen Unternehmen 91 Gesellschaften (96,8 %) Sachanlagen in der Bilanz ausweisen[64]; darunter befinden sich die zehn Banken.

---

57) Darunter ist zu verstehen, daß der „Zeitwert den Wert, der sich aus planmäßigen Abschreibungen ergibt, während eines erheblichen Teils der Restnutzungsdauer nicht erreichen wird" (*Kropff*, Ausschußbericht, S. 245).

58) Vgl. ADS. Tz. 74 ff. zu § 154.

59) Vgl. *Kropff*, Begründung, S. 245 sowie ADS, Tz. 84 f. zu § 154.

60) In diesem Zusammenhang wird gefordert, daß „das Ausmaß der Inanspruchnahme eindeutig deklariert wird" (*Seemann*, S. 114; ähnlich o.V., 1970, S. 86).

61) So *Kropff* (Anm. 51 zu § 160), der annimmt, daß auch ADS (Tz. 46 zu § 160) so zu verstehen seien; ähnlich können auch *Forster* (1966, S. 558) und das WPH (S. 545 f.) interpretiert werden. Allerdings erscheint nicht recht verständlich, warum die Literatur eine solche Erörterung nicht für die anderen unter das Wahlrecht des § 154 Abs. 2 fallenden außerplanmäßigen Abschreibungen fordert.

62) ADS, Tz. 70 zu § 160; ebenso *Knoche*, S. 37 f. sowie WPH, S. 627.

63) Lediglich *Ertner* (S. 57) kann in diesem Sinne verstanden werden.

64) Vgl. FN 50 auf S. 75.

Tab. 21: Umfang der Berichterstattung im Zusammenhang mit außerplanmäßigen Abschreibungen bei Anlagegegenständen

Erhebungsmerkmale	Merkmalshäufigkeit abs.	%
1. Informationen über die Vornahme außerplanmäßiger Abschreibungen nach § 154 Abs. 2 Satz 1 davon Banken: 4	63	67,0
2. keine Informationen über die Vornahme außerplanmäßiger Abschreibungen nach § 154 Abs. 2 Satz 1 davon Banken: 6	31	33,0
Insgesamt	94	100,0
3. Erörterung von Änderungen in bezug auf die Ausnutzung des Wahlrechtes zur Vornahme außerplanmäßiger Abschreibungen nach § 154 Abs. 2 1. Halbsatz	1	1,1
4. keine Erörterung von Änderungen in bezug auf die Ausnutzung des Wahlrechtes zur Vornahme außerplanmäßiger Abschreibungen nach § 154 Abs. 2 1. Halbsatz	93	89,9
Insgesamt	94	100,0
5. Angaben über die Ausnutzung des Beibehaltungswahlrechtes nach § 154 Abs. 2 Satz 2	10	10,6
6. keine Angaben über die Ausnutzung des Beibehaltungswahlrechtes nach § 154 Abs. 2 Satz 2	84	89,4
Insgesamt	94	100,0
7. Erörterung von Änderungen in bezug auf die Ausnutzung des Beibehaltungswahlrechtes nach § 154 Abs. 2 Satz 2	-	-
8. keine Erörterung von Änderungen in bezug auf die Ausnutzung des Beibehaltungswahlrechtes nach § 154 Abs. 2 Satz 2	94	100,0
Insgesamt	94	100,0
9. Angabe eines Unterschiedsbetrages im Zusammenhang mit außerplanmäßigen Abschreibungen	4	4,3
10. keine Angabe eines Unterschiedsbetrages im Zusammenhang mit außerplanmäßigen Abschreibungen	90	95,7
Insgesamt	94	100,0

67 Gesellschaften (71,3%) darunter vier Banken, berichten[65] über die Vornahme außerplanmäßiger Abschreibungen[66], wobei vier Gesellschaften, darunter zwei Banken, darüberhinaus keine Informationen[67] liefern. 63 Gesellschaften, darunter zwei Banken, geben Erläuterungen über den konkreten Anlaß und teilweise auch über die Höhe.

Tab. 22: Informationen über den Anlaß für die Vornahme außerplanmäßiger Abschreibungen auf Anlagegegenstände

Erhebungsmerkmale		Merkmalshäufigkeit abs.	%
1. Außerplanmäßige Abschreibungen aufgrund eingetretener Wertminderungen davon Banken: 1		11	17,5
2. Außerplanmäßige Abschreibungen aufgrund steuerlicher Vorschriften		111	176,2
a) Teilwertabschreibungen	9		
b) Sonderabschreibungen im engeren Sinn	12		
§ 3 ZRFG : 8 § 81 EStDV : 1 § 82a EStDV: 1 § 82f EStDV: 2			
c) Sonderabschreibungen im weiteren Sinn	35		
§ 14 BFG : 13 § 7d EStG : 22			
d) Übertragung stiller Reserven davon Banken: 2	55		
§ 6b EStG : 48 Abschn. 35 EStR: 7			
./. Mehrfachzählungen		59	93,7
Insgesamt		63	100,0

[65] Darunter befinden sich auch zwei Gesellschaften (DIERIG, HAMBORNER BERGBAU), die außerplanmäßige Abschreibungen im Anlagespiegel gesondert ausweisen.

[66] Den folgenden Ausführungen liegt die Begriffssystematik der Abb. 5 zugrunde, da die in den Geschäftsberichten anzutreffenden Bezeichnungen sehr uneinheitlich sind.

[67] Da sich bei außerplanmäßigen Abschreibungen die Berichtspflichten gemäß § 160 Abs. 2 Satz 2 („Angaben") und Satz 4 („Erörterung") überschneiden, wird hier von „Informationen" gesprochen.

Es zeigt sich, daß der Anteil „rein" handelsrechtlich begründeter außerplanmäßiger Abschreibungen sehr gering ist und vor allem der Übertragung stiller Reserven eine große Bedeutung zukommt. Mit durchschnittlich fast zwei Nennungen ist die Berichterstattung erfreulich groß. Alle Informationen sind als ausreichend einzustufen.

55 Gesellschaften, darunter drei Banken, liefern (freiwillige) Informationen über die Höhe der außerplanmäßigen Abschreibungen.

Tab. 23: Informationen über die Höhe der außerplanmäßigen Abschreibungen bei Anlagegegenständen

Erhebungsmerkmale		Merkmalshäufigkeit abs.	%
1. Nennung der Gesamtsumme ohne Aufteilung davon Banken: 1		9	16,4
2. Nennung der Gesamtsumme mit Aufteilung in Einzelbeträge		27	49,1
a) nach den zugrundeliegenden Anlässen davon Banken: 1	22		
b) nach den betroffenen Anlagepositionen / -gruppen	5		
3. Nennung (vermutlich) nur von Einzelbeträgen für einen bestimmten Anlaß bzw. eine bestimmte Anlageposition / -gruppe davon Banken: 1		19	34,5
Insgesamt		55	100,0

Das Ergebnis der Untersuchung überrascht, denn nahezu die Hälfte der Unternehmen nennt nicht nur die Gesamtsumme, sondern differenziert auch nach den zugrundeliegenden Anlässen.

Beispiel: „Die außerplanmäßigen Abschreibungen von insgesamt 44,1 Millionen DM enthalten 19,5 Millionen DM Abschreibungen nach § 3 des Zonenrandförderungsgesetzes (ZRFG), 19,2 Millionen DM Abschreibungen nach § 7 d EStG auf Anlagen, die dem Umweltschutz dienen, 5,3 Millionen DM nach § 6 b EStG wegen Übertragung stiller Reserven auf Sachanlageinvestitionen und 0,1 Millionen DM Teilwertabschreibungen auf stillgelegte Anlagen".
(KALI UND SALZ 1980, S. 24)

oder nach den betroffenen Anlagepositionen / -gruppen, zumeist bei der Übertragung von stillen Reserven nach § 6b EStG.

Beispiel:

(LÖWENBRÄU 1979/80, S. 21)

Abschreibungen auf Zugänge des Sachanlagevermögens in 1979/80

	Zugang einschließlich Umbuchungen TDM	**Abschreibungen darauf** normal TDM	§ 6 b EStG TDM	Abschn. 335 EStR TDM	§ 7 d EStG TDM
Grundstücke mit Geschäfts-, Fabrik- und anderen Bauten	3.509	40	2.528	–	–
Grundstücke mit Wohnbauten	25	–	25	–	–
Grundstücke ohne Bauten	32	–	12	–	–
Bauten auf fremden Grundstücken	28	1	–	–	–
Maschinen und maschinelle Anlagen	7.249	996	–	–	–
Betriebs- u. Geschäftsausstattung einschl. geringw. Anlagegüter	15.114	7.290	–	3	32
Anlagen im Bau und Anzahlungen auf Anlagen	Zugang + 1.511 Umbuchung – 2.734	–	–	–	–
Gewerbliche Schutzrechte u. ähnliche Rechte	4.062	795	–	–	–
		9.122	2.565	3	32
	28.796	11.722			

19 Gesellschaften beschränken sich (vermutlich[68]) auf die Nennung von Einzelbeträgen.

Beispiel: „In den laufenden Abschreibungen sind Sonderabschreibungen gemäß § 14 BerlinFG von 0,1 Mio DM enthalten".
(ANZAG 1980, S. 20)

Immerhin noch neun Gesellschaften geben lediglich die Gesamtsumme an.

Beispiel: „Die in den Gesamtabschreibungen enthaltenen zusätzlichen Abschreibungen nach § 14 des Berlinförderungsgesetzes, § 7 des Einkommensteuergesetzes (für Umweltschutzinvestitionen), § 3 des Zonenrandförderungsgesetzes und sonstigen steuerlichen Bestimmungen belaufen sich auf 26,8 Mio DM".
(SCHERING 1980, S. 42)

22 Gesellschaften geben „Grundsätze" an, nach denen außerplanmäßige Abschreibungen auf Anlagegegenstände erfolgen[69].

Es zeigt sich, daß steuerliche Sonderabschreibungen von einigen Unternehmen offenbar planmäßig vorgenommen werden.

Beispiel: „Darüber hinaus wird planmäßig von den Sonderabschreibungsmöglichkeiten aufgrund steuerlicher Bestimmungen in vollem Umfang Gebrauch gemacht.
(SCHERING 1980, S. 42)

Fehlende Informationen über die Vornahme außerplanmäßiger Abschreibungen bei Anlagegegenständen entziehen sich i.d.R. der Wertung durch einen externen Bilanzanalytiker, da diese weder in der GuV noch im Anlagespiegel gesondert auszuweisen sind. Bei sechs nicht berichtenden Banken und den drei Gesellschaften, die über kein Sachanlagevermögen verfügen, ist eine Informationspflicht eindeutig auszuschließen, während bei den vier Gesellschaften, die über die Vornahme außerplanmäßiger Abschreibungen berichten, ohne den Anlaß dafür anzugeben, ein Verstoß gegen die Erläuterungspflicht gemäß § 160 Abs. 2 Satz 2 und 4 vorliegt.

---

[68] Ob es sich gleichzeitig auch um die Gesamtsumme handelt, ist häufig nicht klar erkennbar.

[69] Darunter befinden sich auch sechs Gesellschaften, die im Geschäftsjahr offenbar keine außerplanmäßigen Abschreibungen vorgenommen haben.

Tab. 24: Angaben über die „Grundsätze" für die Vornahme außerplanmäßiger Abschreibungen bei Anlagegegenständen

Erhebungsmerkmale	Merkmalshäufigkeit abs.	%
1. Vornahme von außerplanmäßigen Abschreibungen, soweit der Ansatz mit einem niedrigeren Wert erforderlich ist	4	18,2
2. Vornahme von außerplanmäßigen Abschreibungen, soweit der Ansatz mit einem niedrigeren Wert erforderlich ist oder steuerliche Sonderabschreibungen möglich sind	5	22,7
3. Vornahme von steuerlichen Sonderabschreibungen in vollem Umfang	10	45,5
4. Sonstiges	3	13,6
Insgesamt	22	100,0

Tab. 25: Qualität der Berichterstattung über die Vornahme außerplanmäßiger Abschreibungen bei Anlagegegenständen

Angaben / Erörterung gemäß § 160 Abs. 2 Satz 2 und 4	abs.	%
A. Ausreichende Informationen	63	67,0
B. Unzureichende Informationen	-	-
C. Fehlende Informationen	31	33,0
davon eindeutig unzulässig: 4		
davon eindeutig zulässig: 9		
Insgesamt	94	100,0

Möglicherweise als Erörterung einer Änderung in Bezug auf die Ausnutzung des Wahlrechtes zur Vornahme außerplanmäßiger Abschreibungen ist der Austausch von Begriffen im Geschäftsbericht von AEG - TELEFUNKEN anzusehen:

„Wirtschaftlich bedingten Wertminderungen wird durch außerplanmäßige Abschreibungen Rechnung getragen".
(1980, S. 38)
„Wirtschaftlich bedingten Wertminderungen wird durch Sonderabschreibungen Rechnung getragen".
(1979, S. 46)

Zehn Gesellschaften (10,6 %), darunter zwei Banken, weisen im Anlagespiegel Zuschreibungen bei Anlagegegenständen aus[70]. Mit einer Ausnahme (BAYER) wird diese Bewertungsmaßnahme begründet, und zwar ausnahmslos mit einer Anpassung der Handelsbilanz- an die Steuerbilanzwerte. Als - soweit ersichtlich - einzige Gesellschaft berichtet BBC (1980, S. 57) über die Beibehaltung niedrigerer Wertansätze bei Anlagegegenständen. Sämtliche vorhandenen Angaben sind als ausreichend anzusehen.

Erörterungen von Änderungen in bezug auf die Ausnutzung des Beibehaltungswahlrechtes wurden in den Geschäftsberichten nicht angetroffen.

Im Zusammenhang mit außerplanmäßigen Abschreibungen werden Unterschiedsbeträge gemäß § 160 Abs. 2 Satz 5 von folgenden Gesellschaften deutlich[71] angegeben:

- BEWAG aufgrund von „Änderungen der Bewertungs- und Abschreibungsmethoden einschließlich der Vornahme von außerplanmäßigen Abschreibungen" (1979/80, S. 36)
- DEGUSSA „infolge vorgenommener Bewertungsänderungen und bei Berücksichtigung außerplanmäßiger Abschreibungen" (1979/80, S. 57)
- VW „hauptsächlich durch die Vornahme von Abschreibungen nach § 3 Zonenrandförderungsgesetz und die Berücksichtigung von Risiken im Beteiligungsbereich" (1980, S. 76)
- LUFTHANSA „fast ausschließlich [aufgrund von] Sonderabschreibungen" (1980, S. 23).

Die Untersuchung der Angaben über einen Unterschiedsbetrag im Zusammenhang mit außerplanmäßigen Abschreibungen wirft mehr Fragen auf als sie beantwortet.

In ähnlichem Maße wie VW und LUFTHANSA scheint ein gutes Dutzend der einbezogenen Unternehmen außerplanmäßige Abschreibungen in beträchtlichem Umfang vorgenommen zu haben, ohne eine Angabe gemäß § 160 Abs. 2 Satz 5

---

70) In diese Zahl nicht einbezogen sind jene Gesellschaften, bei denen die Zuschreibung in Verbindung mit Festwerten erfolgte.

71) Bei einer Gesellschaft (GELSENWASSER) ist unklar, ob eine Zahlenangabe als Unterschiedsbetrag im Sinne von § 160 Abs. 2 Satz 5 verstanden werden soll und kann:
„Ohne die Inanspruchnahme von Sonderabschreibungen wäre der Jahresüberschuß um 5,1 Mio DM höher ausgefallen mit einer zusätzlichen Steuerbelastung von 8,4 Mio DM" (1980, S. 21). In dem hier genannten Fall sind die Kriterien des § 160 Abs. 2 Satz 5 erfüllt.

zu machen; so belaufen sich die außerplanmäßigen Abschreibungen auf Anlagegegenstände und Beteiligungen bei PREUSSAG auf 104,5 % des Jahresüberschusses und 25,1 % des Grundkapitals. Anscheinend hat die Auslegung dieser Vorschrift zu einer sehr unterschiedlichen Handhabung in der Praxis geführt, die den Aussagewert der Angabe eines Unterschiedsbetrages stark verwässert.

Möglicherweise liegt ein Grund dafür in dem sprachlichen „Wirrwarr", der in den Geschäftsberichten herrscht, wenn es um den Begriffsumfang, die Abgrenzung und das Verhältnis von außerplanmäßigen Abschreibungen und Sonderabschreibungen u.ä. geht.

Nur wenige Gesellschaften verwenden die in der Literatur übliche, hier zugrundegelegte Einteilung.

Zumeist werden außerplanmäßige Abschreibungen und Sonderabschreibungen nebeneinander gestellt.

Beispiel: „Außerplanmäßige Abschreibungen werden vorgenommen, soweit der Ansatz mit einem niedrigeren Wert erforderlich ist. Von der Möglichkeit steuerlicher Sonderabschreibungen wird Gebrauch gemacht".
(BABCOCK 1979/80, S. 38)

Dabei wird die Übertragung stiller Reserven fast ausschließlich den Sonderabschreibungen zugeordnet.

Einige Einteilungen fallen völlig aus dem Rahmen. So wird bei BAYER (1980, S. 63 und 65) die Summe aus Abschreibungen auf Wirtschaftgüter, die dem Umweltschutz dienen, Abschreibungen nach § 6 b EStG / Abschnitt 35 EStR und außerplanmäßigen Abschreibungen als Sonderabschreibungen bezeichnet. SÜDZUCKER (1979/80, S. 26 f.) differenziert zwischen planmäßigen Abschreibungen, zu denen auch steuerliche Sonderabschreibungen zählen, und außerplanmäßigen Abschreibungen.

Diese unterschiedlichen Sprachgepflogenheiten der Praxis erlangen vor dem Hintergrund, daß in den Kommentaren für regelmäßige Sonderabschreibungen nur Angabepflichten nach § 160 Abs. 2 Satz 2 – abweichend von den grundsätzlichen Erörterungspflichten für außerplanmäßige Abschreibungen nach § 160 Abs. 2 Satz 4 – angenommen werden, besondere Bedeutung. Zur Beantwortung der Frage, ob und inwieweit daraus ein Einfluß auf die Praxis der Angabe von Unterschiedsbeträgen nach § 160 Abs. 2 Satz 5 ausgeht, wäre eine ausführliche Analyse vonnöten, die den Rahmen dieser Arbeit sprengen würde.

5.1.4 Berichterstattung über Festwerte bei Anlagegegenständen

Nach § 40 Abs. 4 Nr. 2 HGB können bei der Aufstellung des Inventars und der Bilanz, „soweit dies den Grundsätzen ordnungsmäßiger Buchführung entspricht, ... Gegenstände des Anlagevermögens sowie Roh-, Hilfs-und Betriebsstoffe des Vor-

Beispiel:

(DU-SCHULTHEISS 1980, S. 22)

Abschreibungen auf Sachanlagen und immaterielle Anlagewerte

Die Abschreibungen auf das Sachanlagevermögen und die immateriellen Anlagewerte betrugen 54,7 Mio DM und verteilen sich wie folgt:

	TDM
Planmäßige Abschreibungen	35 737
Vollabschreibung geringwertiger Anlagegüter	8 604
Außerplanmäßige Abschreibungen	
Übertragung gemäß § 6b EStG	7 400
Erhöhte Absetzungen gemäß § 14 BerlinFG	1 751
Teilwertabschreibungen	1 215
	54 707

ratsvermögens mit einer gleichbleibenden Menge und mit einem gleichbleibenden Wert angesetzt werden, wenn ihr Bestand in seiner Größe, seinem Wert und seiner Zusammensetzung nur geringen Veränderungen unterliegt. Jedoch ist in der Regel alle drei Jahre eine körperliche Bestandsaufnahme durchzuführen".

Obwohl der Regierungsentwurf erhebliche Bedenken gegen die Festbewertung vorgebracht hatte[72], wird die Zulässigkeit dieses Verfahrens schon seit längerem nicht mehr angezweifelt[73].

Was die Berichtspflichten nach § 160 Abs. 2 Satz 2 anbelangt, so ist die „Höhe ... in der Bilanz – soweit nicht gesondert ausgewiesen – bei der betreffenden Bilanzposition zu vermerken oder zumindest im Geschäftsbericht anzugeben, damit der vom Gesetzgeber verlangte sichere Einblick in die Vermögens- und Ertragslage der Gesellschaft gewahrt bleibt"[74]. Darüber hinaus kann „je nach Bedeutung der Festwertgruppen ... eine Erörterung der angewandten Methoden der Festwertbildung (Bemessungsgrundlage, Höhe des Festwertansatzes z.B. in % der Anschaffungs- oder Herstellungskosten) erforderlich sein"[75].

Ein gemäß § 160 Abs. 2 Satz 4 berichtspflichtiger Methodenwechsel liegt vor:

1. bei Übergang zur Bewertung mit Festwerten[76]
2. bei Aufgabe der Bewertung zu Festwerten[77]
3. bei Veränderung der Festwerthöhe[78]
4. bei einer wesentlichen Änderung der Festwertbildung (z.B. einer Änderung der Bemessungsgrundlage)[79].

In den Unterschiedsbetrag nach § 160 Abs. 2 Satz 5 gehen die betragsmäßigen Auswirkungen der geschilderten Methodenwechsel dagegen nur ein, „soweit die Beibehaltung der bisherigen Methode zulässig gewesen wäre"[80].

Die empirische Untersuchung zeigt zunächst, daß vier Gesellschaften Festwerte in der Bilanz aufführen, was als vorbildlich einzustufen ist; davon weisen MANNESMANN und MANNESMANN-DEMAG Festwerte als eigene Position im Anlagespiegel aus, PREUSSAG und STAHLWERKE PEINE-SALZGITTER gesondert bei einzelnen Positionen des Sachanlagevermögens[81].

---

72) Vgl. Begründung zu § 146 RegE (Bundestagsdrucksache IV/171, S. 178).

73) Vgl. IdW 1966, S. 25, unter Hinweis auf § 149 Abs. 2 und den Ausschußbericht zu § 155.

74) IdW-Stellungnahme NA 3/1966, ebenso NA 1/1967, Nr. 4; gleicher Ansicht *Mellerowicz*, Anm. 14 zu § 160. Nach ADS (Tz. 35 zu § 160) ist eine Zahlenangabe jedoch nur bei größeren Festwerten erforderlich; gleicher Ansicht WPH, S. 544.

75) *Mellerowicz*, Anm. 14 zu § 160; gleicher Ansicht *Litfin* (S. 76). Mellerowicz verwendet durchgehend den unzutreffenden Ausdruck „Herstellkosten". Diese ungenaue Bezeichnung ist auch in einigen Geschäftsberichten anzutreffen.

76) Vgl. *Mellerowicz*, Anm. 21 zu § 160; gleicher Ansicht *Knoche*, S. 40, sowie *Litfin*, S. 76.

77) Vgl. *Mellerowicz*, Anm. 21 zu § 160; gleicher Ansicht *Knoche*, S. 40, sowie *Litfin*, S. 76.

78) Vgl. ADS, Tz. 35 zu § 160; gleicher Ansicht IdW-Stellungnahme NA 3/1966.

79) Vgl. *Mellerowicz*, Anm. 21 zu § 160; gleicher Ansicht *Knoche*, S. 40, sowie *Litfin*, S. 76.

80) ADS, Tz. 60 zu § 160.

81) PREUSSAG bei Schächten, Grubenbauen, Bohrungen sowie Maschinen und maschinellen Anlagen sowie Betriebs- und Geschäftsausstattung; STAHLWERKE PEINE-SALZGITTER bei Gleisanlagen und Streckenausrüstungen sowie Reserveteilen und Werksgeräten.

Tab. 26: Umfang der Berichterstattung über Festwerte (incl. des Bilanzausweises) bei Anlagegegenständen

Erhebungsmerkmale	Merkmalshäufigkeit abs.	%
1. Angaben über Festwerte	12	12,8
2. keine Angaben über Festwerte	82	87,2
Insgesamt	94	100,0
3. Erörterung von Änderungen im Zusammenhang mit Festwerten	6	6,4
4. keine Erörterung von Änderungen im Zusammenhang mit Festwerten	88	93,6
Insgesamt	94	100,0
5. Angabe eines Unterschiedsbetrages aufgrund von Änderungen im Zusammenhang mit Festwerten	1	1,1
6. keine Angabe eines Unterschiedsbetrages aufgrund von Änderungen im Zusammenhang mit Festwerten	93	98,9
Insgesamt	94	100,0

Von den verbleibenden 90 Gesellschaften erwähnen nur acht Gesellschaften Festwerte im Geschäftsbericht, und zwar unter Nennung der betreffenden Bilanzpositionen. Vier Gesellschaften geben auch die Höhe der Festwerte an; die gleiche Anzahl verzichtet darauf, was wohl[82] unzulässig ist.

Betrachtet man den Bilanzausweis von Festwerten und den Hinweis auf eine Festbewertung mit Nennung der betreffenden Bilanzpositionen als in etwa äquivalent, so machen also zwölf Gesellschaften (12,8 %) Angaben über Festwerte. Bei acht Gesellschaften sind die Angaben als ausreichend anzusehen.

Zusätzlich über die Methode der Festwertbildung berichten sechs Gesellschaften. Zumeist findet sich der Hinweis, daß die betreffenden Vermögensgegenstände „nach dem mit der Finanzverwaltung festgelegten Festwertgrundsätzen bewertet [sind], d.h. im Regelfall mit 40 % der Anschaffungs-oder Herstellungskosten" (MANNESMANN 1980, S. 43).

82) Vgl. FN auf S.

Tab. 27: Angaben über Festwerte bei Anlagegegenständen

Erhebungsmerkmale		Merkmalshäufigkeit abs.		%
1. Ausreichende Angaben			8	66,7
a) Ausweis von Festwerten im Anlagespiegel		4		
(1) als eigene Position	2			
(2) gesondert bei einer Position	2			
b) Nennung der betreffenden Bilanzpositionen und der Höhe der Festwerte im Geschäftsbericht		4		
2. Unzureichende Angaben			4	33,3
a) Nennung der betreffenden Bilanzpositionen ohne Angabe der Höhe der Festwerte		4		
b) nur allgemeiner Hinweis auf das Vorhandensein von Festwerten		-		
Insgesamt			12	100,0

Bei 82 Gesellschaften (87,2%) fehlen Angaben über Festwerte gemäß § 160 Abs. 2 Satz 2. Die Gründe dafür können sein, daß Festwerte bestehen, jedoch darüber nicht berichtet wird, oder keine Festbewertung erfolgt. Da Fehlanzeigen für nicht erforderlich angesehen werden, kann ein externer Bilanzanalytiker die (Un-)Zulässigkeit bei nicht vorhandener Erläuterung kaum[83] beurteilen[84].

Bei den drei Gesellschaften (CHEMIE-VERWALTUNG, HOESCH, IG FARBEN LIQUIS), die über kein Sachanlagevermögen verfügen, sind Festwerte allerdings auszuschließen; das gleiche dürfte auch für die zehn Banken gelten.

Tab. 28: Qualität der Berichterstattung über Festwerte bei Anlagegegenständen

Angaben gemäß § 160 Abs. 2 Satz 2	abs.	%
A. Ausreichende Angaben	8	8,5
B. Unzureichende Angaben	4	4,3
C. Fehlende Angaben davon eindeutig zulässig: 13	82	87,2
Insgesamt	94	100,0

Bei den vier Gesellschaften, die in der Bilanz Festwerte ausweisen, ergeben sich auch Veränderungen der Höhe der Festwerte, ohne daß – mit Ausnahme von MANNESMANN – eine Erörterung im Geschäftsbericht gemäß § 160 Abs. 2 Satz 4 erfolgt[85], was nach herrschender Meinung zulässig ist.

Drei Gesellschaften erläutern im Geschäftsbericht Änderungen im Zusammenhang mit Festwerten gemäß § 160 Abs. 2 Satz 4. KALI UND SALZ erwähnen die Aufgabe des Festwertverfahrens im Untertagebereich (1980, S. 24); MANNESMANN weist im Anlagespiegel Abgänge aus, die „auch die Minderungen aus der Anpassung der Festwerte für neue Betriebe an den endgültigen Wertansatz enthalten" (1980, S. 43). STRABAG weist im Geschäftsbericht über die geänderten Jahresabschlüsse für die Geschäftsjahre 1973 – 1980 darauf hin, daß sich die Position Betriebs- und Geschäftsausstattung durch Aktivierung des Festwertes für genormtes Rüst- und Schalmaterial erhöht hat (S. 4).

[83] Anhaltspunkte könnten allenfalls aus der Branchenzugehörigkeit gewonnen werden.

[84] In früheren empirischen Untersuchungen wurden die Angaben über Festwerte bei Anlagegegenständen nicht analysiert; ein Ergebnisvergleich ist daher nicht möglich.

[85] Bei MANNESMANN-DEMAG beruht die Veränderung auf Zugängen und Abgängen, bei MANNESMANN zusätzlich auf Umbuchungen. Bei PREUSSAG lassen sich die Gründe nicht feststellen. Bei den STAHLWERKEN PEINE-SALZGITTER sind Festwertänderungen auf den teilweisen Übergang von der Fest- zur Einzelbewertung (bei Reserveteilen, Werksgeräten), auf den teilweisen Übergang von der Einzel- zur Festbewertung (bei Gleisanlagen, Streckenausrüstungen), aber auch auf Zuschreibungen (bei Werksgeräten) zurückzuführen.

Wertet man sich aus der Bilanz ergebende Veränderungen der Festwerthöhe annähernd wie eine Erläuterung im Geschäftsbericht, dann läßt sich bei sechs Gesellschaften eine ausreichende Erörterung gemäß § 160 Abs. 2 Satz 4 feststellen.

Bei KALI UND SALZ war die Aufgabe des Festwertverfahrens im Untertagebereich mit ziemlicher Sicherheit ein Grund für die Entstehung eines Unterschiedsbetrages nach § 160 Abs. 2 Satz 5, der von der Gesellschaft angegeben wird (1980, S. 28), ohne daß die Ursachen dargelegt werden.

Für die Beurteilung einer fehlenden Berichterstattung gemäß § 160 Abs. 2 Satz 4 und 5 gelten in verstärktem Maße die Ausführungen zur Überprüfbarkeit der Angabepflichten gemäß § 160 Abs. 2 Satz 2.

Versteckte Hinweise auf Änderungen im Zusammenhang mit Festwerten wurden in den Geschäftsberichten nicht vorgefunden.

5.1.5 Berichterstattung über geringwertige Anlage-(Wirtschafts-)güter

Unter geringwertigen Wirtschaftsgütern sind abnutzbare bewegliche Wirtschaftsgüter des Anlagevermögens zu verstehen, deren Anschaffungs-und Herstellungskosten DM 800 nicht überschreiten und die selbständig nutzbar sind. Sie sind zwar grundsätzlich wie andere materielle Wirtschaftsgüter aktivierungspflichtig; nach § 6 Abs. 2 EStG besteht für sie jedoch ein Wahlrecht, die Anschaffungs- oder Herstellungskosten mit einer der steuerlich zulässigen Abschreibungsmethoden auf die Nutzungsdauer zu verteilen oder im Jahr der Anschaffung bzw. der Fertigstellung voll abzuschreiben. Die Sofortabschreibung in der Steuerbilanz setzt zwingend voraus, daß von der Möglichkeit auch in der Handelsbilanz Gebrauch gemacht wird (Grundsatz der Maßgeblichkeit).

Im aktienrechtlichen Anlagespiegel sind die Zugänge mit ihren Anschaffungs- oder Herstellungskosten sowie die Abschreibungen aufzuführen[86]; eine eigene Position für geringwertige Anlagegüter[87] wird in der Literatur nicht verlangt.

Hinsichtlich der Anforderungen an die Berichterstattung besteht im Schrifttum große Einigkeit[88]:

1. Gemäß § 160 Abs. 2 Satz 2 ist zu erwähnen, ob geringwertige Anlagegüter sofort abgeschrieben werden oder nicht; im letztgenannten Fall muß die Abschreibungsmethode genannt werden. Wird die steuerlich zulässige Höchstgrenze von 800 DM nicht eingehalten, so sind nähere Angaben erforderlich.
2. Die Sofortabschreibung geringwertiger Anlagegüter hat nicht den Charakter einer außerplanmäßigen Abschreibung[89]; daher löst sie keine Erörterungspflicht

---

86) Vgl. ADS, Tz. 34 zu § 160.

87) Im handelsrechtlichen Schrifttum wird in diesem Zusammenhang der Terminus „Wirtschaftsgut" zumeist durch „Anlagegut" ersetzt. Vgl. u.a. WPH, S. 544.

88) Vgl. u.a. ADS, Tz. 34 zu § 160; *Claussen*, Tz. 26 zu § 160; IdW-Stellungnahme NA 2/1966; WPH, S. 544; *Knoche*, S. 34; *von Wysocki* et al., S. 320.

89) A. A. nur *Mellerowicz*, Anm. 16 zu § 160, und *Mutze*, S. 149.

gemäß § 160 Abs. 2 Satz 4 aus. Die Abschreibungshöhe ist für die Berechnung des Unterschiedsbetrages gemäß § 160 Abs. 2 Satz 5 ohne Belang.
3. Bei Sofortabschreibung geringwertiger Wirtschaftsgüter im Jahr des Zugangs muß gemäß § 160 Abs. 2 Satz 3 der Abschreibungsbetrag angegeben werden.
4. Eine Änderung des Abschreibungsmodus fällt, falls wesentlich, unter die Erörterungspflicht nach § 160 Abs. 2 Satz 4 und führt, falls freiwillig vorgenommen, zur Einbeziehung in den Unterschiedsbetrag nach § 160 Abs. 2 Satz 5.

Die empirische Untersuchung ergibt, daß von den 94 einbezogenen Unternehmen 74 Gesellschaften (78,7 %), davon sechs Banken, Angaben über die Behandlung geringwertiger Anlage-(Wirtschafts-)güter gemäß § 160 Abs. 2 Satz 2 machen.

Tab. 29: Umfang der Berichterstattung über geringwertige Anlage-(Wirtschafts-)güter

Erhebungsmerkmale	Merkmalshäufigkeit abs.	%
1. Angaben über geringwertige Anlage-(Wirtschafts-)güter davon Banken: 6	74	78,7
2. keine Angaben über geringwertige Anlage-(Wirtschafts-)güter davon Banken: 4	20	21,3
Insgesamt	94	100,0
3. Erörterung von Änderungen im Zusammenhang mit geringwertigen Anlage-(Wirtschafts-)gütern	-	-
4. keine Erörterung von Änderungen im Zusammenhang mit geringwertigen Anlage-(Wirtschafts-)gütern	94	100,0
Insgesamt	94	100,0
5. Angabe eines Unterschiedsbetrages aufgrund von Änderungen im Zusammenhang mit geringwertigen Anlage-(Wirtschafts-)gütern	-	-
6. keine Angabe eines Unterschiedsbetrages aufgrund von Änderungen im Zusammenhang mit geringwertigen Anlage-(Wirtschafts-)gütern	94	100,0
Insgesamt	94	100,0

Tab. 30: Angaben über geringwertige Anlage-(Wirtschafts-)güter

Erhebungsmerkmale	Merkmalshäufigkeit abs.		%
1. Ausreichende Angaben		14	18,9
a) Vollabschreibung im Jahr des Zugangs mit Angabe der Abschreibungshöhe davon Banken: 3	14		
b) Planmäßige Abschreibung über die Nutzungsdauer mit Angabe der Abschreibungsmethode und der Höhe der Abschreibungen auf Zugänge	-		
2. Unzureichende Angaben		60	81,1
a) Vollabschreibung im Jahr des Zugangs ohne Angabe der Abschreibungshöhe davon Banken: 3	59		
b) Planmäßige Abschreibung über die Nutzungsdauer ohne Angabe der Abschreibungsmethode und/oder der Höhe der Abschreibungen auf Zugänge	-		
c) nur Angabe der Höhe der Abschreibungen auf Zugänge	1		
Insgesamt		74	100,0

Ausnahmslos wird über eine Vollabschreibung im Jahr des Zugangs berichtet. Allerdings erwähnen nur 14 Gesellschaften auch die Höhe der Abschreibungen auf Zugänge gemäß § 160 Abs. 2 Satz 3 im Geschäftsbericht; eine Gesellschaft (BEWAG) weist die geringwertigen Anlage-(Wirtschafts-)güter im Anlagespiegel aus[90]. Damit können nur bei 18,9% der berichtenden Gesellschaften bzw. 14,9% der einbezogenen Gesellschaften ausreichende Angaben über die Behandlung geringwertiger Anlage-(Wirtschafts-)güter festgestellt werden[91]; darunter befinden sich immerhin drei Banken. 60 Gesellschaften (81,1% der berichtenden bzw. 63,8% der einbezogenen Unternehmen) machen unzureichende Angaben.

Das Fehlen jeglicher Angaben bei 20 Gesellschaften (21,3%) dürfte - mit Ausnahme der vier nicht berichtenden Banken[92] sowie der drei Gesellschaften, die über keinerlei Sachanlagevermögen verfügen - fast ausnahmslos als unzulässig einzustufen sein, da wohl davon auszugehen ist, daß nahezu alle Unternehmen unter die 800 DM-Grenze fallende abnutzbare bewegliche Anlagegegenstände besitzen und daher zu Angaben gemäß § 160 Abs. 2 Satz 2 und eventuell Satz 3 verpflichtet sind.

Tab. 31: Qualität der Berichterstattung über geringwertige Anlage-(Wirtschafts-)güter

Angaben gemäß § 160 Abs. 2 Satz 2 und 3	abs.	%
A. Ausreichende Angaben	14	14,9
B. Unzureichende Angaben	60	63,8
C. Fehlende Angaben davon eindeutig zulässig: 7	20	21,3
Insgesamt	94	100,0

Über Änderungen in der Behandlung geringwertiger Anlage-(Wirtschafts-)güter finden sich in den Geschäftsberichten keinerlei Anhaltspunkte. Eine entsprechende Berichterstattung nach § 160 Abs. 2 Satz 4 und 5 erfolgt nicht. Versteckte Hinweise auf Änderungen im Zusammenhang mit geringwertigen Anlage-(Wirtschafts-)gütern wurden nicht angetroffen.

---

90) Und zwar bei der Bilanzposition Betriebs- und Geschäftsausstattung gesondert unter den Abgängen.

91) Der hier ermittelte Anteil ausreichender Angaben (14,9%) liegt zwischen den Ergebnissen (6,7 bis 13,7%) der Münchener Untersuchung (S. 320) und der von *Castan* (1969, S. 271) ermittelten Zahl (17%).

92) Die von *Jäger* (S. 76) durchgeführte Vollerhebung der Geschäftsberichte der Aktienbanken ergab mit 52,9% für 1971 ein gegenüber dieser Untersuchung (40%) höheren Anteil.

5.1.6 Berichterstattung über die Höhe der Abschreibungen und Wertberichtigungen auf Anlagezugänge des Geschäftsjahres

Der zumeist bedeutsamste Teil der Angaben über die Abschreibungshöhe von Anlagezugängen des Geschäftsjahres nach § 160 Abs. 2 Satz 3 entfällt auf die Posten des Sachanlagevermögens; bezüglich der Anforderungen kann auf die Ausführungen zu 4.3.2 verwiesen werden.

Die empirische Untersuchung zeigt zunächst, daß in den Geschäftsberichten der Banken - mit Ausnahme der METALLGESELLSCHAFT - weder ein Anlagespiegel noch Angaben über die Abschreibungen auf Anlagezugänge anzutreffen sind[93]. Drei Gesellschaften (CHEMIE-VERWALTUNG, HOESCH, IG FARBEN LIQUIS) verfügen über keinerlei Sachanlagevermögen, so daß nur bei 82 Gesellschaften Angaben nach § 160 Abs. 2 Satz 3 erwartet werden können.

Bei der Auswertung der Geschäftsberichte fallen einige Besonderheiten auf. So weisen drei Gesellschaften (BMW, CONTINENTAL und KALI CHEMIE) zwar Zugänge bei den Positionen 1 bis 3 im Anlagespiegel differenziert aus, die Abschreibungen auf Anlagezugänge werden jedoch nur aggregiert im Erläuterungsbericht angegeben[94]. Bei BEWAG (1979/80, S. 35) wird ebenso undifferenziert berichtet; hier sind ferner die Angaben über die Abschreibungen auf Anlagezugänge unvollständig. ALTANA (1980, S. 30) nennt, obwohl bei den Positionen 2, 3, 6 und 7 Zugänge zu verzeichnen sind, nur den Gesamtbetrag der Abschreibungen auf Anlagezugänge.

Während das Vorgehen dieser fünf Gesellschaften durch die Literatur nicht gestützt wird und daher als unzulässig einzustufen ist, hebt sich die Berichterstattung von einigen Gesellschaften positiv ab[95]. Bei CASSELLA werden im Anlagespiegel die Abschreibungen auf Zugänge des Geschäftsjahres und früherer Jahre getrennt ausgewiesen; bei HOECHST werden sie in Klammern aufgeführt. HAMBORNER BERGBAU und SALAMANDER teilen die Gesamtabschreibungen im Anlagespiegel und die Abschreibungen auf Anlagezugänge in Normal- und Sonderabschreibungen auf; GELSENWASSER und LÖWENBRÄU differenzieren im Geschäftsbericht bei den Abschreibungen auf Anlagezugänge in „normale" Abschreibungen und Abschreibungen nach § 6b EStG.

Bei der Würdigung der in Tab. 32 abgebildeten Ergebnisse ist zu beachten, daß fehlende Angaben trotz ersichtlicher Zugänge häufig nicht eindeutig zu beurteilen sind, da aufgrund der nicht notwendigen Fehlanzeige unbekannt ist, ob auf diese Zugänge überhaupt Abschreibungen vorgenommen worden sind; dies gilt insbesondere für die Positionen 3, 7 und 9, für die bekanntlich planmäßige Abschreibungen nicht in Frage kommen. Bei Position 1 erklären sich vier der fünf fehlenden Angaben

---

[93] Ein mit 8,7 % ähnlich schlechtes Ergebnis lieferte die Untersuchung von *Jäger* (S. 62 f.) für 1971.

[94] Bei BMW unter „Grundstücke ohne Bauten und mit Geschäfts-, Fabrik- und anderen Bauten" (1980, S. 50), bei CONTINENTAL unter „Grundstücke und Gebäude" (1980, S. 25) und bei KALI-CHEMIE unter „Grundstücke mit Geschäfts-, Fabrik- und anderen Bauten (einschließlich Wohnbauten und Grundstücke ohne Bauten)" (1980, S. 36).

[95] An diesen Beispielen zeigt sich, daß der Anlagespiegel durch die Differenzierung nicht unübersichtlicher wird.

Tab. 32: Umfang der Berichterstattung über die Höhe der Abschreibungen und Wertberichtigungen auf Zugänge und Umbuchungen im Sachanlagevermögen

1	2		3		4	
Bilanzpositionen	Ausweis von Zugängen und Umbuchungen		Angaben über die Höhe der Abschreibungen auf Zugänge und Umbuchungen		fehlende Angaben über die Höhe der Abschreibungen auf Zugänge und Umbuchungen	
	abs.	rel.[1]	abs.	rel.[1]	abs.	rel.[2]
1. Grundstücke und grundstücksgleiche Rechte mit Geschäfts-, Fabrik- und anderen Bauten	71	75,5	66	70,2	5	7,0
2. Grundstücke und grundstücksgleiche Rechte mit Wohnbauten	46	48,9	33	35,1	13	28,3
3. Grundstücke und grundstücksgleiche Rechte ohne Bauten	50	53,2	21	22,3	29	58,0
4. Bauten auf fremden Grundstücken	37	39,4	30	31,9	7	18,9
5. Maschinen und maschinelle Anlagen	57	60,6	57	60,6	0	-
6. Betriebs- und Geschäftsausstattung	80	85,1	79	84,0	1	1,3
7. Anlagen im Bau und Anzahlungen auf Anlagen	67	71,3	22	23,4	45	69,2
8. Sonstige Positionen des abnutzbaren Sachanlagevermögens	16	17,0	16	17,0	0	-
9. Sonstige Positionen des nicht abnutzbaren Sachanlagevermögens	6	6,4	-	-	6	-

Anmerkungen: 1 bezogen auf die Gesamtheit der einbezogenen Gesellschaften
2 bezogen auf die Gesamtheit der Gesellschaften, die Zugänge und Umbuchungen ausweisen

durch die unzureichende Differenzierung bei den oben genannten Gesellschaften[96]; ähnliches gilt auch für die Positionen 2 und 3. Während bei den Positionen 5 und 8 die Angaben vollständig vorliegen, fehlt bei Position 6 lediglich eine Angabe, was darauf zurückzuführen ist, daß ALTANA bei den Abschreibungen auf Anlagezugänge nicht nach einzelnen Positionen differenziert.

Die Berichterstattung über die Abschreibungen auf Zugänge im Sachanlagevermögen gemäß § 160 Abs. 2 Satz 3 bietet insgesamt also ein erfreuliches Bild[97].

5.2 Berichterstattung über immaterielle Anlagewerte und Sonderposten des Anlagevermögens

Nach § 153 Abs. 3 darf für immaterielle Anlagewerte ein Aktivposten nur gebildet werden, wenn sie entgeltlich erworben wurden. Diese Vorschrift beinhaltet nach herrschender Ansicht ein Aktivierungswahlrecht[98]. Im Falle der Aktivierung sind die Bestimmungen des § 154 über Abschreibungen und Wertberichtigungen zu beachten.

Die Alternative zur Aktivierung kann bilanztechnisch in zwei Formen ausgeübt werden: durch Verzicht auf die Aktivierung der Anschaffungskosten oder dadurch, daß die Anschaffungskosten ganz oder teilweise unter den Zugängen vermerkt, gleichzeitig aber in dieser Höhe bzw. bis auf einen Erinnerungswert wieder abgeschrieben werden[99].

Das Aktivierungswahlrecht besteht für jeden einzelnen immateriellen Anlagegegenstand für sich und muß nicht einmal für alle Zugänge eines Geschäftsjahres einheitlich ausgeübt werden[100].

Im Rahmen der Angaben über die Bewertungs- und Abschreibungsmethoden gemäß § 160 Abs. 2 Satz 2 besteht nach herrschender Ansicht Berichtspflicht darüber, ob im Geschäftsjahr entgeltlich erworbene immaterielle Anlagewerte aktiviert oder ganz bzw. teilweise nicht aktiviert worden sind[101].

---

[96] Bei NECKERMANN wurden anscheinend keine Abschreibungen auf Zugänge zu Position 1 vorgenommen.

[97] Ähnliche Ergebnisse lieferten auch die Untersuchungen von *Castan* (1969, S. 271) und *von Wysocki* et al. (S. 317).

[98] A. A. z.B. *Döllerer*, S. 1408.

[99] Vgl. ADS, Tz. 118 zu § 153.

[100] Vgl. ADS, Tz. 118 zu § 153.

[101] Vgl. ADS, Tz. 29 und 40 zu § 160; *Baumbach/Hueck*, Anm. 8 zu § 160; *Kropff*, Anm. 36 zu § 160; *Litfin*, S. 62; IdW-Stellungnahme NA 1/1967, Nr. 12.
Nach dem WPH (S. 544) ist dagegen der entgeltliche Erwerb immaterieller Anlagewerte im Geschäftsbericht nur anzugeben, „sofern diese Werte wesentlich sind und nicht aktiviert wurden"; mit einer solchen Einschränkung, die sich nicht aus § 160 Abs. 2 Satz 2 ableiten läßt, stehen die Autoren in der Literatur allerdings allein.

Für den Fall der Aktivierung gelten weiterhin die gleichen Berichtspflichten hinsichtlich der planmäßigen Abschreibungen wie bei den abnutzbaren Gegenständen des Sachanlagevermögens[102]; ferner sind gemäß § 160 Abs. 2 Satz 3 Angaben über die Höhe der Abschreibungen auf Zugänge zu machen.

Als Methodenwechsel im Sinne von § 160 Abs. 2 Satz 4 sind nach herrschender Ansicht in bestimmten Fällen Abweichungen in der Ausübung des Beibehaltungswahlrechtes sowie Änderungen des Abschreibungsplans bei aktivierten immateriellen Anlagewerten anzusehen. Im einzelnen formuliert die Literatur folgende Grundsätze:

1. Eine wesentliche Änderung liegt auf jeden Fall dann vor, wenn immaterielle Anlagewerte „mit einer gewissen Regelmäßigkeit" erworben werden und grundsätzlich oder im Einzelfall ein Übergang von der Verbuchung über Aufwand zur Aktivierung oder in umgekehrter Richtung erfolgt[103].
2. „Wenn das Vorkommen immaterieller Anlagewerte nur eine Ausnahme darstellt"[104], ist eine von einem früheren Fall abweichende Behandlung eines Zugangs nicht als Methodenänderung anzusehen.
3. Änderungen des Abschreibungsplans sowie außerplanmäßige Abschreibungen und Zuschreibungen sind bei aktivierten immateriellen Anlagewerten im Hinblick auf die Erörterungspflichten nach § 160 Abs. 2 Satz 4 und die Einbeziehung in den Unterschiedsbetrag nach § 160 Abs. 2 Satz 5 genauso zu behandeln wie bei abnutzbaren Gegenständen des Sachanlagevermögens[105].

Angaben gemäß § 160 Abs. 2 Satz 2 und 3 über immaterielle Anlagewerte finden sich bei 37 Gesellschaften (39,4 %); sie beziehen sich auf die Ausnutzung des Aktivierungswahlrechtes sowie den Abschreibungsplan und die Abschreibungen auf Zugänge des Geschäftsjahres im Falle der Aktivierung. Während die Auswertung bei vorhandener Berichterstattung wenig Probleme bereitet, stellt sich bei den 57 nicht berichtenden Gesellschaften (60,6 %) die Frage, ob die Angaben zu Recht unterlassen wurden oder nicht.

Zunächst sei auf die Ausnutzung des Aktivierungswahlrechtes eingegangen. Angabepflichtig nach § 160 Abs. 2 Satz 2 sind jene Unternehmen, die im Geschäftsjahr immaterielle Anlagewerte erworben haben.

19 Gesellschaften (20,2 %) berichten über die Ausnutzung des Aktivierungswahlrechtes. Demnach fehlen entsprechende Angaben bei 75 Gesellschaften (79,8 %); dies kann auf zwei Gründe zurückzuführen sein:

- Immaterielle Anlagewerte wurden im Geschäftsjahr nicht erworben, so daß keine Angaben erforderlich waren;
- Immaterielle Anlagewerte wurden erworben und aktiviert oder sofort als Aufwand verbucht, ohne daß die erforderlichen Angaben gemacht wurden.

---

102) Vgl. u.a. WPH, S. 550. Siehe dazu im einzelnen 5.1.2.

103) Vgl. ADS, Tz. 72 zu § 160; ebenso *Knoche*, S. 25; *Kropff*, Anm. 51 zu § 160; *Litfin*, S. 61 f.; WPH, S. 550.

104) ADS, Tz. 72 zu § 160; ebenso WPH, S. 550; *Litfin*, S. 61 f. Hier wird nach *Knoche* „nur bei Kenntnis und Berücksichtigung näherer Einzelheiten zu entscheiden sein" (S. 25).

105) Siehe dazu im einzelnen 5.1.3.

Tab. 33: Umfang der Berichterstattung über immaterielle Anlagewerte

Erhebungsmerkmale	Merkmalshäufigkeit abs.	%
1. Angaben über immaterielle Anlagewerte	37	39,4
2. keine Angaben über immaterielle Anlagewerte davon Banken: 10	57	60,6
Insgesamt	94	100,0
3. Erörterung von Änderungen im Zusammenhang mit immateriellen Anlagewerten	3	3,2
4. keine Erörterung von Änderungen im Zusammenhang mit immateriellen Anlagewerten	91	96,8
Insgesamt	94	100,0
5. Angabe eines Unterschiedsbetrages aufgrund von Änderungen im Zusammenhang mit immateriellen Anlagewerten	-	-
6. keine Angabe eines Unterschiedsbetrages aufgrund von Änderungen im Zusammenhang mit immateriellen Anlagewerten	94	100,0
Insgesamt	94	100,0

Nun kann ein externer Bilanzanalytiker – da Fehlanzeigen nicht vorgeschrieben sind – die Gesamtzahl der angabepflichtigen Gesellschaften nicht ermitteln. Der Erwerb kann nur dann als sicher unterstellt werden, wenn im Anlagespiegel ein Zugang ausgewiesen ist. Die Zulässigkeit fehlender Angaben kann also nicht geprüft werden, wenn kein Bilanzposten „Immaterielle Anlagewerte" existiert oder bei einem solchen Posten lediglich ein Anfangsbestand verzeichnet ist.

Bei 40 Gesellschaften (42,6 %) fehlt die Position „Immaterielle Anlagewerte" in der Bilanz. Von den verbleibenden 54 Gesellschaften (57,4 %) weisen 53 Gesellschaften einen Anfangsbestand auf[106], wobei es sich in 21 Fällen offenbar um Erinnerungswerte handelt.

106) Bei einer Gesellschaft (BREMER VULKAN) besteht zwar kein Anfangsbestand, jedoch ein Zugang.

Tab. 34: Höhe des Anfangsbestandes an immateriellen Anlagewerten

Erhebungsmerkmale	Merkmalshäufigkeit abs.		%
1. Ansatz von Erinnerungswerten		21	39,6
1 DM	16		
2 DM	2		
3 DM	1		
4 DM	1		
5 DM	1		
2. höherer Wertansatz		32	60,4
Gesamtheit der Gesellschaften mit Anfangsbestand		53	100,0

Tab. 35: Höhe der Zugänge an immateriellen Anlagewerten

Erhebungsmerkmale	Merkmalshäufigkeit abs.		%
1. Zugang		33	61,1
a) mit Anfangsbestand (kein Erinnerungswert)	27		
b) mit Anfangsbestand (Erinnerungswert)	5		
c) ohne Anfangsbestand	1		
2. kein Zugang		21	38,9
a) mit Anfangsbestand (kein Erinnerungswert)	5		
b) mit Anfangsbestand (Erinnerungswert)	16		
Gesamtheit der Gesellschaften mit Bilanzausweis		54	100,0

33 Gesellschaften weisen im Anlagespiegel bei immateriellen Anlagewerten einen Zugang[107] aus und müssen damit auf jeden Fall Angaben über die Ausnutzung des Aktivierungswahlrechtes machen. Tatsächlich berichten jedoch aus diesem Kreis nur elf Unternehmen[108].

Angaben zur Ausnutzung des Aktivierungswahlrechtes finden sich darüber hinaus bei sieben Gesellschaften, die als Anfangsbestand Erinnerungswerte, aber keinen Zugang ausweisen, sowie bei einer Gesellschaft (BBC)[109], in deren Bilanz immaterielle Anlagewerte nicht enthalten sind. Diese Gesellschaften weisen darauf hin, daß bei immateriellen Anlagewerten eine Sofortabschreibung im Jahr des Erwerbs erfolgte.

Damit liegen insgesamt 19 Angaben zur Ausnutzung des Aktivierungswahlrechtes vor.

Als eindeutig können jene Angaben bezeichnet werden, aus denen die Behandlung immaterieller Anlagewerte im Jahresabschluß im Jahr des Erwerbs unmißverständlich hervorgeht; dies war bei 17 Gesellschaften der Fall.

Die zwei unter „Sonstiges" eingeordneten Angaben ließen die geforderte Eindeutigkeit vermissen[110]. Bei den 22 Gesellschaften, bei denen trotz Zugängen über die Ausnutzung des Aktivierungswahlrechtes nicht berichtet wird, liegt ein Verstoß gegen § 160 Abs. 2 Satz 2 vor.

Die fehlenden Angaben bei den zehn Banken sind als zulässig anzusehen[111]; damit kann die Berichtsqualität in diesem Punkt bei insgesamt 43 Gesellschaften (45,7 %) nicht beurteilt werden.

Immerhin läßt sich feststellen, daß die Angaben zur Ausnutzung des Aktivierungswahlrechtes bei 24 Gesellschaften (25,5 %) eindeutig nicht den Anforderungen gemäß § 160 Abs. 2 Satz 2 entsprechen.

---

107) Von den fünf Gesellschaften, die Zugänge mit Erinnerungswerten als Anfangsbestände ausweisen, entsprechen bei drei Gesellschaften (BADENWERK, RÜTGERS, SEL) die Abschreibungen den Anschaffungskosten des Zugangs. Eine Gesellschaft (DEGUSSA) weist Zugang und Abschreibungen mit 1,- DM aus. Bei einer anderen Gesellschaft (MAIN-KRAFTWERKE) verbirgt sich dahinter eine Methodenänderung (Übergang von Erinnerungswerten zur Vollaktivierung).

108) Als Voll-Aktivierung wurden Angaben wie:
„Die entgeltlich erworbenen immateriellen Anlagewerte (Patente, Lizenzen usw.) werden aktiviert" (FELTEN & GUILLEAUME 1979, S. 21),
als Nicht-Aktivierung Angaben wie:
„Immaterielle Anlagewerte sind mit einem Erinnerungswert angesetzt" (RÜTGERS 1980, S. 36),
als Teil-Aktivierung die unterschiedliche Behandlung von verschiedenen Arten immaterieller Anlagewerte (GOLDSCHMIDT 1980, S. 23)
und unter „Sonstiges" zwei Angaben eingeordnet.

109) „Immaterielle Anlagewerte wurden nicht aktiviert" (1979, S. 57).

110) Bei RWE bleibt das tatsächlich gewählte Vorgehen zum Teil offen:
„Vollabschreibung der entgeltlich erworbenen Konzessionen, Grunddienstbarkeiten und Wassernutzungsrechte im Jahr des Zugangs. Abschreibung der übrigen immateriellen Anlagewerte im Falle der Ausübung des Aktivierungswahlrechtes direkt und linear". (1978/79, S. 44)
Dies gilt auch für die Berichterstattung von ANZAG:
„Entgeltlich erworbene immaterielle Anlagewerte werden, soweit sie gemäß § 153 Abs. 3 AktG aktiviert werden, entsprechend der betriebsgewöhnlichen Nutzungsdauer abgeschrieben". (1980, S. 19).

111) Nach *Birck/Meyer* werden immaterielle Anlagewerte „von Banken kaum jemals aktiviert" (S. VI 10).

Tab. 36: Angaben zur Ausnutzung des Aktivierungswahlrechtes bei immateriellen Anlagewerten

Erhebungsmerkmale		Merkmalshäufigkeit abs.	%
1. Angaben über die Ausnutzung des Aktivierungswahlrechtes bei Ausweis eines Zugangs		11	33,3
a) Voll-Aktivierung	4		
b) Teil-Aktivierung	1		
c) Nicht-Aktivierung bzw. Ansatz eines Erinnerungswertes	4		
d) Sonstiges	2		
2. keine Angaben über die Ausnutzung des Aktivierungswahlrechtes bei Ausweis eines Zugangs		22	67,7
Gesamtheit der aufgrund eines Zugangs angabepflichtigen Gesellschaften		33	100,0
3. Angaben über die Ausnutzung des Aktivierungswahlrechtes ohne Ausweis eines Zugangs (Sofortabschreibung)		8	
Gesamtheit der Angaben		41	

Tab. 37: Qualität der Berichterstattung über die Ausnutzung des Aktivierungswahlrechtes bei immateriellen Anlagewerten

Erhebungsmerkmale		Merkmalshäufigkeit abs.	%
A. Ausreichende Angaben		17	18,1
B. Unzureichende Angaben		2	2,1
C. Fehlende Angaben		25	79,8
davon eindeutig unzulässig:	22		
davon eindeutig zulässig:	10		
Insgesamt		94	100,0

Nun sei auf den Abschreibungsplan im Falle der Aktivierung immaterieller Anlagewerte eingegangen. Angabepflichtig nach § 160 Abs. 2 Satz 2 sind jene Unternehmen, die im Anlagespiegel aufgrund eines Anfangsbestandes und/oder eines Zugangs Abschreibungen ausweisen.

Insgesamt 37 Gesellschaften haben Abschreibungen auf immaterielle Anlagewerte vorgenommen; darunter befinden sich die bereits zuvor erfaßten vier Gesellschaften, bei denen die Höhe der Abschreibungen mit den Anschaffungskosten des Zugangs übereinstimmt. Von den verbleibenden 33 Gesellschaften machen jedoch nur elf Gesellschaften (33,3 % der angabepflichtigen Unternehmen) Angaben über die planmäßigen Abschreibungen.

Zumeist beschränken sich die Angaben auf Hinweise entweder zur Abschreibungsdauer, ohne die Methode zu nennen:

Beispiel: „Die Abschreibung erfolgt nach der vertraglichen Laufzeit oder einer voraussichtlich kürzeren wirtschaftlichen Nutzungsdauer".
(VEW 1980, S. 51)

oder zur Abschreibungsmethode, ohne die Nutzungsdauer zu nennen:

Beispiel: „... nach der linearen Methode"
(STAHLWERKE PEINE-SALZGITTER 1979/80, S. 23).

Als unzureichend sind auch die übrigen Angaben einzustufen.

Lediglich bei BREMER VULKAN (1980, S. 11) und LUFTHANSA (1980, S. 23) sind Abschreibungsmethode und -dauer konkret angegeben.

Bei 22 Gesellschaften (66,7 % der angabepflichtigen Unternehmen) fehlen Angaben über planmäßige Abschreibungen völlig.

Tab. 38: Qualität der Berichterstattung über die planmäßigen Abschreibungen bei immateriellen Anlagewerten

Erhebungsmerkmale		Merkmalshäufigkeit abs.	Merkmalshäufigkeit %
A. Ausreichende Angaben		2	2,1
B. Unzureichende Angaben		9	9,6
C. Fehlende Angaben		83	88,3
davon eindeutig unzulässig:	22		
davon eindeutig zulässig:	61		
Insgesamt		94	100,0

Damit entsprechen bei 31 Gesellschaften (93,9 % der angabepflichtigen Unternehmen) die Angaben über planmäßige Abschreibungen auf immaterielle Anlagewerte nicht den Anforderungen gemäß § 160 Abs. 2 Satz 2.

Abschließend sollen die Urteile hinsichtlich der Qualität der Berichterstattung über die Ausnutzung des Aktivierungswahlrechtes und über den Abschreibungsplan zusammengefaßt werden.

Als ausreichend sind zunächst die zwölf Angaben anzusehen, die einen eindeutigen Hinweis auf die Nicht-Aktivierung mit Sofortabschreibung beinhalten (vgl. Nr. 1 c und 3 aus Tab. 36). Von den fünf Gesellschaften, die eindeutige Abgaben über die Aktivierung machen (vgl. Nr. 1 a und b aus Tab. 36), beschreibt nur eine Gesellschaft auch den Abschreibungsplan ausreichend. Damit entspricht die Berichterstattung über immaterielle Anlagewerte insgesamt nur in 13 Fällen[112] den Anforderungen gemäß § 160 Abs. 2 Satz 2.

Tab. 39: Qualität der Berichterstattung über immaterielle Anlagewerte

Angaben gemäß § 160 Abs. 2 Satz 2		abs.	%
A. Ausreichende Angaben		13	13,8
1. Eindeutiger Hinweis auf Nicht-Aktivierung bzw. Ansatz eines Erinnerungswertes	12		
2. Eindeutiger Hinweis auf Aktivierung rung und ausreichende Angaben zum Abschreibungsplan	1		
B. Unzureichende Angaben		10	10,6
1. Eindeutiger Hinweis auf Aktvierung und unzureichende Angaben zum Abschreibungsplan	4		
2. Ausreichende Angaben zum Abschreibungsplan und kein eindeutiger Hinweis auf Aktivierung	-		
3. Kein eindeutiger Hinweis auf Aktivierung und unzureichende Angaben zum Abschreibungsplan	2		
4. Unzureichende Angaben zum Abschreibungsplan und fehlender Hinweis auf Aktivierung	3		
5. Ausreichende Angaben zum Abschreibungsplan und fehlender Hinweis auf Aktivierung	1		
C. Fehlende Angaben		71	75,6
Insgesamt		94	100,0

Was die Berichterstattung nach § 160 Abs. 2 Satz 3 anbetrifft, so machen von den 33 Gesellschaften, die Zugänge bei den immateriellen Anlagewerten ausweisen, 25 Gesellschaften Zahlenangaben über die Abschreibungen auf Zugänge des Geschäftsjahres.

Bei vier Gesellschaften sind in der Tabelle der gesamten Anlagezugänge auch Zugänge immaterieller Anlagewerte aufgeführt, jedoch findet sich in der Rubrik der

[112] In früheren empirischen Untersuchungen wurden die Angaben über immaterielle Anlagewerte nicht analysiert; ein Ergebnisvergleich ist daher nicht möglich.

Abschreibungen auf Zugänge ein Strich bzw. ein Leerraum[113], was als Fehlanzeige zu werten und im Sinne der Klarheit zu begrüßen ist.

Bei vier Gesellschaften fehlen jegliche Angaben trotz unzweifelhafter Zugänge; dies bedeutet jedoch nicht automatisch einen Verstoß gegen die Berichtspflicht[114].

Damit bietet die Berichterstattung über die Höhe der Abschreibungen auf Zugänge an immateriellen Anlagewerten gemäß § 160 Abs. 2 Satz 3 kaum Anlaß zu Beanstandungen.

Tab. 40: Umfang und Qualität der Berichterstattung über die Höhe der Abschreibungen und Wertberichtigungen auf Zugänge an immateriellen Anlagewerten

	Merkmalshäufigkeit	
Erhebungsmerkmale	abs.	%
1. Zahlenangaben	25	75,8
2. Fehlanzeigen	4	12,1
3. keine Angaben	4	12,1
Insgesamt angabepflichtig	33	100,0

In bezug auf die Erörterungspflichten nach § 160 Abs. 2 Satz 4 läßt sich feststellen, daß zwei Gesellschaften über Änderungen bei der Ausnutzung des Aktivierungswahlrechtes berichten.

Bei BREMER VULKAN heißt es dazu:

„Die Position 'Entwicklungs- und Konstruktions-Know-how' enthält die ... Anschaffungskosten der Investitionen ... Die Aktivierung erfolgte abweichend von der bisherigen Handhabung, da es sich um eine Investition für die Zukunft des Bremer Vulkan handelt".
(1980, S. 11)

Diese Methodenänderung führte zusammen mit weiteren bilanzpolitischen Maßnahmen auch zu einem Unterschiedsbetrag nach § 160 Abs. 2 Satz 5.

Bei den MAIN-KRAFTWERKEN heißt es lediglich:

„Geleistete Baukostenzuschüsse für Gasleitungen wurden erstmals innerhalb der Vertragslaufzeit abgeschrieben".
(1979/80, S. 29)

---

113) Bei KAUFHOF (1980, S. 26), PWA (1980, S. 38), THYSSEN-INDUSTRIE (1980, S. 11) bzw. bei MANNESMANN (1980, S. 44).

114) Bei DEGUSSA liegt insoweit eine Besonderheit vor, als diese Gesellschaft den Zugang und die Abschreibungen im Anlagespiegel mit 1,- DM ausweist. Bei BEWAG sind die fehlenden Angaben über Abschreibungen auf Zugänge dadurch zu erklären, daß die Gesellschaft im Geschäftsjahr überhaupt keine Abschreibungen auf immaterielle Anlagewerte vorgenommen hat, wie aus dem Anlagespiegel hervorgeht. Bei KALI UND SALZ und VDM sind als Zugänge nur geringe Beträge ausgewiesen, ob Abschreibungen darauf vorgenommen wurden, läßt sich nicht erkennen.

Einen Unterschiedsbetrag weist die Gesellschaft nicht aus.

Zwei Gesellschaften berichten – mit Begründung – über außerplanmäßige Abschreibungen auf Nutzungsrechte.

Die Berichterstattung über die oben genannten Abweichungen entspricht den Anforderungen gemäß § 160 Abs. 2 Satz 4 und 5.

Versteckte Hinweise auf Änderungen im Zusammenhang mit immateriellen Anlagewerten waren in einem Fall deutlich zu erkennen. So weist LEW im Anlagespiegel einen Anfangsbestand und auch Abschreibungen auf Anlagenrechte aus; unter den sonstigen Aufwendungen findet sich der Hinweis:

„Enthalten sind ... außerdem ein Aufwand von 0,46 Mio DM für die nach § 153 Abs. 3 AktG zulässige Nichtaktivierung erworbener Vertragsrechte".

Hier liegt offenbar eine von Vorjahren abweichende Ausübung des Aktivierungswahlrechtes vor.

Zu den Sonderposten des Anlagevermögens, für die ein Aktivierungswahlrecht besteht, zählen der derivative Geschäfts- oder Firmenwert (§ 153 Abs. 5), die Kosten der Ingangsetzung des Geschäftsbetriebs (§ 153 Abs. 4) sowie der Verschmelzungsmehrwert (§ 348 Abs. 2); im Falle ihrer Aktivierung sind diese Posten gesondert auszuweisen – zweckmäßigerweise im Anschluß an die immateriellen Anlagewerte[115] – und innerhalb von fünf Jahren durch Abschreibungen zu tilgen.

Für die Berichterstattung nach § 160 Abs. 2 Satz 2, 4 und 5 gelten die „gleichen Überlegungen"[116] wie bei den immateriellen Anlagewerten. Im Falle der Aktivierung ist die Einbeziehung der Sonderposten in den Anlagespiegel nach § 152 Abs. 1 und damit auch die Angabe der Abschreibungen und Wertberichtigungen auf Zugänge des Geschäftsjahres nach § 160 Abs. 2 Satz 3 erforderlich[117].

In den untersuchten Jahresabschlüssen und Geschäftsberichten fanden sich keinerlei Hinweise auf Sonderposten des Anlagevermögens.

5.3 Berichterstattung über das Finanzanlagevermögen

Zum Finanzanlagevermögen zählen nach der Gliederungsvorschrift des § 151 Abs. 1 Beteiligungen, Wertpapiere des Anlagevermögens, die keine Beteiligungen darstellen, sowie Ausleihungen mit einer Laufzeit von mindestens vier Jahren. Diese Vermögenspositionen sind nach § 152 Abs. 1 in die horizontale Entwicklung des Anlagevermögens einzubeziehen, wobei bei Beteiligungen und Wertpapieren Wertminderungen anstatt durch Abschreibungen auch in Form von Wertberichtigungen kenntlich gemacht werden können (§ 152 Abs. 6).

---

[115] Vgl. ADS, Tz. 113 zu § 151.

[116] ADS, Tz. 72 zu § 160; ähnlich WPH, S. 550; konkreter *Knoche*, S. 26 f. und *Litfin*, S. 62. *Claussen* (Tz. 23 zu § 160) und *Scherpf* (Rz. 384) äußern sich dahingehend nur bezogen auf den derivativen Geschäfts- oder Firmenwert.

[117] Vgl. ADS, Tz. 113 zu § 151 sowie Tz. 10 zu § 152.

Die Gegenstände des Finanzanlagevermögens sind grundsätzlich mit ihren Anschaffungskosten anzusetzen (§ 153 Abs. 1). Ihre Ermittlung bereitet bei Beteiligungen und Wertpapieren kaum Probleme; dies ist bei langfristigen Ausleihungen, auf die im folgenden jedoch nicht eingegangen wird, anders.

Die Vornahme außerplanmäßiger Abschreibungen (§ 154 Abs. 2 Satz 1) stellt für Gegenstände des Finanzanlagevermögens die einzige Möglichkeit zur Berücksichtigung von Wertminderungen dar. Als niedrigere Werte kommen in erster Linie der Ertragswert bei Beteiligungen und die Wiederbeschaffungskosten bei Wertpapieren in Betracht.

Bei Wegfall des Abwertungsgrundes kann der niedrigere beizulegende Wert bzw. der niedrigere steuerliche Wert beibehalten oder durch eine Zuschreibung nach oben korrigiert werden (§ 154 Abs. 2 Satz 2).

Hinsichtlich der Erläuterungspflichten zu § 160 Abs. 2 Satz 3 kann auf die Anmerkungen in 5.1.6, zu § 160 Abs. 2 Satz 2, 4 und 5 auf die Ausführungen in 5.1.3 verwiesen werden[118]. Spezielle Anforderungen an die Erläuterungen zu den Gegenständen des Finanzanlagevermögens gehen aus der Literatur kaum hervor, vermutlich, weil es „selbstverständlich"[119] ist, auch über Abschreibungen auf diese Positionen zu berichten. Ausdrücklich fordern *Ertner*[120] und *Claussen*[121] gerade bei Beteiligungen und Wertpapieren eine Begründung für die Vornahme außerplanmäßiger Abschreibungen. *Knoche*[122] spricht sich auch bei Zuschreibungen für die Angabe von Gründen aus. Die Beibehaltung niedrigerer Wertansätze in Ausübung des Wahlrechtes aus § 154 Abs. 2 Satz 2 löst nach seiner Ansicht ebenfalls Berichtspflicht aus.

Zunächst soll auf die Publizitätspraxis bei Beteiligungen eingegangen werden.

Die empirische Untersuchung zeigt, daß sämtliche 94 Gesellschaften über Beteiligungen verfügen. Abschreibungen auf Beteiligungen gehen bei 37 Gesellschaften aus dem Anlagespiegel hervor; zudem ist bei acht Banken ein entsprechender Posten in der Gewinn- und Verlustrechnung ausgewiesen[123].

Damit sind 37 Gesellschaften (39,4 %) zu Angaben über Abschreibungen auf Beteiligungen verpflichtet; diese fehlen bei fünf Gesellschaften aus diesem Kreis völlig. Freiwillige Angaben finden sich immerhin bei fünf der acht Banken, die Abschreibungen auf Beteiligungen ausweisen.

Damit liefern insgesamt 37 Gesellschaften Informationen über die Vornahme außerplanmäßiger Abschreibungen.

---

118) Zu den weiteren Berichtspflichten gemäß § 160 Abs. 3 Nr. 11 vgl. *Bernhardt.*

119) *Gördeler*, S. 117.

120) Vgl. S. 64.

121) „Der Verzicht auf Einzelheiten bedeutet das Absehen z.B. von ... detaillierten Ursachen für Beteiligungsabschreibungen, nicht aber das Absehen davon, allgemein und kurz den Grund anzuführen, z.B. 'Auf unsere Engagements in Übersee hielten wir wegen der besonderen Risiken Einzelwertberichtigungen für notwendig'". (Tz. 32 zu § 160).

122) Vgl. S. 37 f.

123) Bei der BHF-Bank fehlt eine Betragsangabe in der entsprechenden Zeile der GuV; bei der METALLGESELLSCHAFT, die einen ähnlichen Anlagespiegel wie Nicht-Banken zeigt, erfolgt in der Rubrik Abschreibungen eine Fehlanzeige.

Tab. 41: Umfang der Berichterstattung über Beteiligungen

Erhebungsmerkmale	Merkmalshäufigkeit abs.	%
1. Informationen über die Vornahme außerplanmäßiger Abschreibungen nach § 154 Abs. 2 Satz 1 davon Banken: 6	37	39,4
2. keine Informationen über die Vornahme außerplanmäßiger Abschreibungen nach § 154 Abs. 2 Satz 1 davon Banken: 4	57	60,6
Insgesamt	94	100,0
3. Angaben über die Abschreibungen auf Zugänge des Geschäftsjahres	3	3,2
4. keine Angaben über die Abschreibungen auf Zugänge des Geschäftsjahres	91	96,8
Insgesamt	94	100,0
5. Erörterung von Änderungen in bezug auf die Ausnutzung des Wahlrechtes zur Vornahme außerplanmäßiger Abschreibungen nach § 154 Abs. 2 1. Halbsatz	-	-
6. keine Erörterung von Änderungen in bezug auf die Ausnutzung des Wahlrechtes zur Vornahme außerplanmäßiger Abschreibungen nach § 154 Abs. 2 1. Halbsatz	94	100,0
Insgesamt	94	100,0
7. Angaben über die Ausnutzung des Beibehaltungswahlrechtes nach § 154 Abs. 2 Satz 2	5	5,3
8. keine Angaben über die Ausnutzung des Beibehaltungswahlrechtes nach § 154 Abs. 2 Satz 2	89	94,7
Insgesamt	94	100,0
9. Erörterung von Änderungen in bezug auf die Ausnutzung des Beibehaltungswahlrechtes nach § 154 Abs. 2 Satz 2	-	-
10. keine Erörterung von Änderungen in bezug auf die Ausnutzung des Beibehaltungswahlrechtes nach § 154 Abs. 2 Satz 2	94	100,0
Insgesamt	94	100,0
11. Angabe eines Unterschiedsbetrages im Zusammenhang mit außerplanmäßigen Abschreibungen	1	1,1
12. keine Angabe eines Unterschiedsbetrages im Zusammenhang mit außerplanmäßigen Abschreibungen	93	98,9
Insgesamt	94	100,0

25 Gesellschaften (67,6% der berichtenden Unternehmen), darunter eine Bank, geben Erläuterungen über den konkreten Anlaß. Davon führen fünf Gesellschaften steuerliche Vorschriften an, fünf Gesellschaften berufen sich auf das Niederstwertprinzip und 18 Gesellschaften schildern verbal die Gründe (zumeist wirtschaftliche Probleme)[124].

22 Gesellschaften (59,5% der berichtenden Unternehmen), darunter drei Banken, geben Auskünfte über die Beteiligungen, auf die (im wesentlichen) Abschreibungen entfallen; überwiegend werden die Firmennamen genannt, ansonsten erfolgt eine Bezeichnung des Landes oder der Region, in der die betroffenen Beteiligungen ihren Firmensitz haben.

Zwölf Gesellschaften (32,4% der berichtenden Unternehmen), darunter zwei Banken, definieren den niedrigeren Wertansatz; zumeist handelt es sich um den Teilwert.

30 Gesellschaften[125] (31,9%) berichten über ihre „Abschreibungsgrundsätze" bei Beteiligungen[126]; diesen Namen verdienen jedoch – streng genommen – nur neun Angaben[127].

Tab. 42: Angaben über die „Abschreibungsgrundsätze" bei Beteiligungen

Erhebungsmerkmale	Merkmalshäufigkeit abs.	Merkmalshäufigkeit %
1. Vornahme von Abschreibungen, soweit der Ansatz mit einem niedrigeren Wert erforderlich ist	7	22,6
2. Vornahme von Abschreibungen, soweit der Ansatz mit einem niedrigeren Wert zulässig ist	2	6,5
3. Ansatz der Anschaffungskosten oder eines niedrigeren Wertes	15	48,4
4. Ansatz der Anschaffungskosten oder eines steuerlich zulässigen niedrigeren Wertes	6	19,3
5. Ansatz der Anschaffungskosten oder eines Erinnerungspostens	1	3,2
Insgesamt	31	100,0

124) Drei Gesellschaften beziehen sich auf steuerliche Vorschriften und beschreiben zugleich die Gründe.

125) Darunter befinden sich auch 13 Gesellschaften, die im Geschäftsjahr offenbar keine Abschreibungen vorgenommen haben.

126) Es liegt eine Doppelnennung vor: „Beteiligungen ... werden zu Anschaffungskosten abzüglich steuerlich zulässiger bzw. aktienrechtlich notwendiger Abschreibungen bewertet" (KALI-CHEMIE 1979, S. 30).

127) Vgl. Nr. 1 und 2 der Tab. 42.

Insgesamt bietet also die Berichterstattung über die Vornahme außerplanmäßiger Abschreibungen bei Beteiligungen ein erfreuliches Bild[128].

Zuschreibungen auf Beteiligungen sind aus dem Anlagespiegel von vier Gesellschaften (4,3 %), darunter eine Bank[129], ersichtlich; bei neun Banken lassen sich Zuschreibungen im Jahresabschluß nicht erkennen.

Nur zwei Gesellschaften erläutern die vorgenommenen Zuschreibungen. Darüberhinaus finden sich bei drei Gesellschaften Angaben zur Ausnutzung des Beibehaltungswahlrechtes, die auf den Verzicht möglicher Zuschreibungen hindeuten.

Beispiel: „Die Beteiligungen sind zu Anschaffungskosten bewertet, soweit nicht in früheren Jahren Abschreibungen vorgenommen wurden".
(VDM 1979/80, S. 20)

Sämtliche vorhandenen Angaben sind als ausreichend anzusehen.

Tab. 43: Qualität der Berichterstattung über die Vornahme außerplanmäßiger Abschreibungen bei Beteiligungen

Angaben / Erörterung gemäß § 160 Abs. 2 Satz 2 und 4		abs.	%
A. Ausreichende Informationen		37	39,4
B. Unzureichende Informationen		-	-
C. Fehlende Informationen		57	60,6
davon eindeutig unzulässig:	5		
davon eindeutig zulässig:	52		
Insgesamt		94	100,0

Erörterungen von Änderungen in bezug auf die Ausnutzung des Wahlrechtes zur Vornahme außerplanmäßiger Abschreibungen nach § 154 Abs. 2 1. Halbsatz sowie des Beibehaltungswahlrechtes nach § 154 Abs. 2 Satz 2 wurden in den Geschäftsberichten nicht vorgefunden; die Zulässigkeit ihres Fehlens kann der externe Bilanzanalytiker aus den bekannten Gründen nicht überprüfen.

In einem Fall (VW) führten u.a. Abschreibungen auf Beteiligungen zur Angabe eines Unterschiedsbetrages gemäß § 160 Abs. 2 Satz 5.

128) Zu dieser Vermögensposition liegt bislang nur die empirische Untersuchung von *Jäger* (hier S. 92 f.) vor, die sich ausschließlich mit Aktienbanken beschäftigt; ein Ergebnisvergleich zeigt eine auffallende Übereinstimmung in der Häufigkeit von Informationen über außerplanmäßige Abschreibungen bei Beteiligungen in dieser Erhebung (40 %) und der von Jäger (zwischen 31,3 % für 1968 und 42,9 % für 1971).

129) Die METALLGESELLSCHAFT ist aufgrund ihres besonderen Status dazu nicht verpflichtet.

Tab. 44: Umfang der Berichterstattung über Wertpapiere des Anlagevermögens

Erhebungsmerkmale	Merkmalshäufigkeit abs.	%
1. Informationen über die Vornahme außerplanmäßiger Abschreibungen nach § 154 Abs. 2 Satz 1	5	6,0
2. keine Informationen über die Vornahme außerplanmäßiger Abschreibungen nach § 154 Abs. 2 Satz 1	79	94,0
Insgesamt	84	100,0
3. Angaben über die Abschreibungen auf Zugänge des Geschäftsjahres	1	1,2
4. keine Angaben über die Abschreibungen auf Zugänge des Geschäftsjahres	83	98,8
Insgesamt	84	100,0
5. Erörterung von Änderungen in bezug auf die Ausnutzung des Wahlrechtes zur Vornahme außerplanmäßiger Abschreibungen nach § 154 Abs. 2 1. Halbsatz	-	-
6. keine Erörterung von Änderungen in bezug auf die Ausnutzung des Wahlrechtes zur Vornahme außerplanmäßiger Abschreibungen nach § 154 Abs. 2 1. Halbsatz	84	100,0
Insgesamt	84	100,0
7. Angaben über die Ausnutzung des Beibehaltungswahlrechtes nach § 154 Abs. 2 Satz 2	3	3,6
8. keine Angaben über die Ausnutzung des Beibehaltungswahlrechtes nach § 154 Abs. 2 Satz 2	81	96,4
Insgesamt	84	100,0
9. Erörterung von Änderungen in bezug auf die Ausnutzung des Beibehaltungswahlrechtes nach § 154 Abs. 2 Satz 2	-	-
10. keine Erörterung von Änderungen in bezug auf die Ausnutzung des Beibehaltungswahlrechtes nach § 154 Abs. 2 Satz 2	84	100,0
Insgesamt	84	100,0
11. Angabe eines Unterschiedsbetrages im Zusammenhang mit außerplanmäßigen Abschreibungen	-	-
12. keine Angabe eines Unterschiedsbetrages im Zusammenhang mit außerplanmäßigen Abschreibungen	84	100,0
Insgesamt	84	100,0

Nun soll auf die Publizitätspraxis bei Wertpapieren des Anlagevermögens, die nicht zu den Beteiligungen zählen, eingegangen werden.

Die empirische Untersuchung zeigt, daß 28 Nicht-Banken solche Vermögensposten im Anlagespiegel ausweisen. Aus diesem Kreis haben neun Gesellschaften Abschreibungen vorgenommen; Zuschreibungen sind anscheinend nicht erfolgt. Bei 56 Nicht-Banken fehlt ein solcher Bilanzposten.

In den Bilanzen der zehn Banken ist die Position Wertpapiere, die keine Beteiligungen darstellen, weit aufgefächert, ohne daß die Zugehörigkeit zum Anlagevermögen sichtbar wird[130]. Da ihnen zudem in Bankbilanzen eine völlig andere Bedeutung zukommt, erweist sich eine Untersuchung im Zusammenhang mit Nicht-Banken als wenig sinnvoll.

Von den neun angabepflichtigen Gesellschaften liefern nur fünf Unternehmen Informationen über die Vornahme von außerplanmäßigen Abschreibungen.

Alle berichtenden Gesellschaften geben als Anlaß für die Vornahme von Abschreibungen das Niederstwertprinzip an und machen auch deutlich, ob eine Abwertung notwendig oder zulässig war:

Beispiele: „Die Bewertung erfolgt nach dem strengen Niederstwertprinzip".
(DEGUSSA 1979/80, S. 53)

„Die Bewertung ... erfolgte zu Anschaffungskosten bzw. zu aktienrechtlich zulässigen niedrigeren Werten".
(SÜDZUCKER 1979/80, S. 28)

Nur zwei Gesellschaften geben Auskünfte über die Wertpapiere des Anlagevermögens, auf die (im wesentlichen) Abschreibungen entfallen.

Sieben Gesellschaften[131] berichten über ihre „Abschreibungsgrundsätze".

Tab. 45: Qualität der Berichterstattung über die Vornahme außerplanmäßiger Abschreibungen bei Wertpapieren des Anlagevermögens

Angaben/Erörterung gemäß § 160 Abs. 2 Satz 2 und 4	abs.	%
A. Ausreichende Informationen	5	6,0
B. Unzureichende Informationen	-	-
C. Fehlende Informationen	79	94,0
davon eindeutig unzulässig: 9		
davon eindeutig zulässig: 70		
Insgesamt	84	100,0

130) Vgl. dazu auch *Jäger*, S. 99.

131) Darunter befinden sich auch fünf Gesellschaften, die im Geschäftsjahr offenbar keine Abschreibungen vorgenommen haben.

Eine Gesellschaft (DAT) gibt die Höhe der Abschreibungen auf Zugänge gemäß § 160 Abs. 2 Satz 3 an.

Drei Gesellschaften machen Angaben über die Ausnutzung des Beibehaltungswahlrechtes, aus denen sich der Verzicht auf Zuschreibungen bei Wegfall des Abwertungsgrundes ergibt und die als ausreichend anzusehen sind.

Beispiel: „Als Wertpapiere des Anlagevermögens ist unser Altbestand an Aktien bilanziert. Er ist mit den Anschaffungskosten oder dem niedrigsten Jahresschlußkurs nach dem Zeitpunkt des Erwerbs bewertet".
(HOLZMANN 1980, S. 40)

Erörterungen von Änderungen in bezug auf die Ausnutzung des Wahlrechtes zur Vornahme außerplanmäßiger Abschreibungen nach § 154 Abs. 2 1. Halbsatz sowie des Beibehaltungswahlrechtes nach § 154 Abs. 2 Satz 2 wurden in den Geschäftsberichten ebenso wenig vorgefunden wie ein mit außerplanmäßigen Abschreibungen bei Wertpapieren begründeter Unterschiedsbetrag gemäß § 160 Abs. 2 Satz 5.

5.4 Berichterstattung über das Vorratsvermögen

Nach der Muster-Gliederung der Jahresbilanz (§ 151 Abs. 1) umfaßt das Vorratsvermögen Roh-, Hilfs- und Betriebsstoffe, unfertige Erzeugnisse, fertige Erzeugnisse und Waren.

Grundsätzlich sind Roh-, Hilfs- und Betriebsstoffe sowie Waren mit den Anschaffungskosten, fertige und unfertige Erzeugnisse mit den Herstellungskosten anzusetzen (§ 155 Abs. 1 Satz 1 1. Halbsatz).

Der Inhalt der Anschaffungskosten ist im Aktiengesetz nicht präzisiert; dagegen wird der Umfang der Herstellungskosten in § 153 Abs. 2 (i. V. m. § 155 Abs. 1 Satz 2) näher beschrieben[132].

Wegen des unterschiedlichen Charakters der einzelnen Vorratspositionen muß hinsichtlich der Bewertung und der Berichterstattung darüber differenziert werden.

Eine pauschale Berichterstattung wie: „Vorräte werden zu Anschaffungs- oder Herstellungskosten angesetzt" reicht nicht aus; „es ist daher notwendig, die Grundsätze, nach denen zumindest die Roh-, Hilfs- und Betriebsstoffe einerseits und die unfertigen und fertigen Erzeugnisse andererseits bewertet worden sind, erkennbar zu machen"[133].

Bei Roh-, Hilfs- und Betriebsstoffen kommen als Methoden zur Ermittlung der Anschaffungskosten in Frage:

- Einzelbewertung mit faktischen Preisen
- Sammelbewertung (§ 155 Abs. 1 Satz 2)
- Gruppenbewertung (§ 40 Abs. 4 Nr. 1 HGB)
- Festbewertung (§ 40 Abs. 4 Nr. 2 HGB).

---

132) Vgl. dazu 5.1.1.

133) ADS, Tz. 37 zu § 160; ebenso u.a. *Gördeler*, S. 116; *Scherpf*, Rz. 394.

Im Rahmen der Erläuterungspflichten nach § 160 Abs. 2 Satz 2 sind bei Roh-, Hilfs- und Betriebsstoffen Angaben über die Methode der Anschaffungskosten-Ermittlung erforderlich. Aussagen, daß diese Vorratsgruppe „nach dem Einstandswert, dem Durchschnittswert, dem Lifo-, Fifo-, Festwert- oder Gruppenbewertungsverfahren usw. bewertet sind"[134], werden in der Literatur übereinstimmend als ausreichend angesehen[135]. Keine klaren Äußerungen finden sich in der Literatur zu der Frage, ob sämtliche oder nur die wichtigsten Methoden zu nennen sind. Bei Anwendung mehrerer Methoden zur Anschaffungskosten-Ermittlung von Roh-, Hilfs- und Betriebsstoffen äußern sich *Adler/Düring/Schmaltz* dahingehend, daß es „von den Umständen des Einzelfalls abhängt, inwieweit es einer weitergehenden Darstellung bedarf"[136].

Für die Erläuterung der Herstellungskosten von fertigen und unfertigen Erzeugnissen gelten die früheren Ausführungen entsprechend[137].

Soweit bei der Bewertung der Vorräte die Vorschriften des § 155 Abs. 2 eine niedrigere Bewertung als zu den Anschaffungs- oder Herstellungskosten erforderlich gemacht haben, ist dies gemäß § 160 Abs. 2 Satz 2 anzugeben[138]. Bei unfertigen und fertigen Erzeugnissen ist zusätzlich über die Art der Errechnung des niedrigeren Wertes zu berichten, wenn dieser Wert nach verschiedenen Methoden ermittelt werden kann[139].

Ferner sind Angaben darüber erforderlich, für welche Vermögensteile ein noch niedrigerer Wert nach § 155 Abs. 3 Nr. 1 („Zukunftstageswert") oder Nr. 2 (steuerlicher Wert) gewählt worden ist[140]. Im letztgenannten Fall „ist unter Nennung des Vermögensgegenstandes bzw. der Gruppe darüber zu berichten, ob die steuerlich zulässigen Bewertungserleichterungen in vollem Umfang oder nur teilweise in Anspruch genommen wurden"[141]; wird etwa von der Möglichkeit des Importwarenabschlags gemäß § 80 EStDV Gebrauch gemacht, so ist hierauf ausdrücklich hinzuweisen[142].

Über Zuschreibungen gemäß § 155 Abs. 4 ist ebenfalls unter Nennung der betroffenen Positionen des Vorratsvermögens zu berichten[143].

---

[134] ADS, Tz. 37 zu § 160.

[135] Vgl. *Castan*, 1969, S. 315; *Claussen*, Tz. 22 zu § 160; *Forster*, 1965, S. 596; *Godin/Wilhelmi*, Anm. 37 zu § 160; *Gördeler*, S. 116; *Kropff*, Anm. 37 zu § 160; *Mellerowicz*, Anm. 15 zu § 160; *Scherpf*, Rz. 394.

[136] Tz. 37 zu § 160; ähnlich *Gördeler*, S. 116. Vgl. die Diskussion darüber zwischen *Albach* (1968, S. 12), *Forster* (1968, S. 11) und *E. Geßler* (S. 11) sowie die Ausführungen dazu in 4.3.2.

[137] Vgl. dazu 5.1.1.

[138] Vgl. ADS, Tz. 39 und 48 zu § 160; *Claussen*, Tz. 22 zu § 160; *Gördeler*, S. 116, FN 28; IdW-Stellungnahme NA 1/1967, Nr. 10; *Kropff*, Anm. 37 zu § 160; *Mellerowicz*, Anm. 15 zu § 160.

[139] Vgl. ADS, Tz. 39 zu § 160; *Kropff*, Anm. 37 zu § 160; *Mellerowicz*, Anm. 25 zu § 160; WPH, S. 544.

[140] Vgl. IdW-Stellungnahme NA 1/1967, Nr. 3; ebenso *Castan*, 1969, S. 315; *Knoche*, S. 35; *Mellerowicz*, Anm. 15 zu § 160.

[141] *Mellerowicz*, Anm. 15 zu § 160; etwas schwächer IdW-Stellungnahme NA 1/1967, Nr. 3.

[142] Vgl. o.V., 1970, S. 86.

[143] Vgl. *Claussen*, Tz. 22 zu § 160; *Knoche*, S. 38; WPH, S. 544.

Erörterungspflicht nach § 160 Abs. 2 Satz 4 besteht bei Änderungen in bezug auf:

1. die Methode der Anschaffungskosten-Ermittlung[144]
2. die Ausnutzung des Wahlrechtes zur Vornahme außerplanmäßiger Abschreibungen (nach § 155 Abs. 3 Ziff. 1 und 2)[145], wenn entgegen der bisherigen Übung
   a) Ansatz eines niedrigeren Wertes nach Ziff. 1 (Zukunftstageswert)
   b) kein Ansatz eines niedrigeren Wertes nach Ziff. 1 (Zukunftstageswert)
   c) Ansatz eines niedrigeren Wertes nach Ziff. 2 (Vornahme steuerlicher Sonderabschreibungen)
   d) kein Ansatz eines niedrigeren Wertes nach Ziff. 2 (Verzicht auf Vornahme steuerlicher Sonderabschreibungen)
3. den Berechnungsmodus für einen niedrigeren Wert (nach § 155 Abs. 2)[146]
4. die Ausnutzung des Beibehaltungswahlrechtes (nach § 155 Abs. 4)[147], wenn entgegen der bisherigen Übung bei Wegfall des Abwertungsgrundes
   a) Beibehaltung eines niedrigeren Wertes
   b) keine Beibehaltung eines niedrigeren Wertes

Diese freiwilligen Änderungen sind auch in den Unterschiedsbetrag nach § 160 Abs. 2 Satz 5 einzubeziehen[148].

Im folgenden soll nun zunächst die Praxis der Berichterstattung über Roh-, Hilfs- und Betriebsstoffe dargestellt werden.

Die empirische Untersuchung zeigt zunächst, daß von den 94 einbezogenen Unternehmen 63 Gesellschaften (67 %) Roh-, Hilfs- und Betriebsstoffe in ihrer Bilanz ausweisen und somit Angaben über die Methode der Anschaffungskosten-Ermittlung gemäß § 160 Abs. 2 Satz 2 machen müssen; es berichten jedoch nur 46 Gesellschaften (73 % der angabepflichtigen Unternehmen).

Bei weitem am häufigsten ist die Durchschnittsbewertung anzutreffen, gefolgt von dem – streng genommen nichtssagenden[149] – Hinweis auf eine Bewertung zu Anschaffungskosten etc. Die Lifo-Methode wird nur von sechs Gesellschaften erwähnt[150]; davon wendet anscheinend lediglich eine Gesellschaft (HEIDELBERGER ZEMENT) ausschließlich dieses Verfahren an. Der Fifo-Methode kommt anscheinend überhaupt keine praktische Bedeutung zu; das gleiche gilt für die preisbestimmten Verbrauchsfolge-Verfahren (Hifo, Lofo). Das Festwertverfahren wird – neben anderen Verfahren – von sechs Gesellschaften angewandt. Unter „Sonstiges"

144) Vgl. *Kropff*, Anm. 52 zu § 160, sowie WPH, S. 549.

145) Vgl. *Kropff*, Anm. 52 zu § 160; ähnlich *Knoche*, S. 46, und *Mellerowicz*, Anm. 21 zu § 160.

146) Vgl. ADS, Tz. 39 zu § 160, sowie WPH, S. 550.

147) Vgl. *Kropff*, Anm. 52 zu § 160; ähnlich ADS, Tz. 75 zu § 160, sowie WPH, S. 551.

148) Vgl. ADS, Tz. 75 zu § 160; *Kropff*, Anm. 52 zu § 160; WPH, S. 551.

149) Hier bleibt die Ermittlungsmethode (Einzel-, Gruppen-, Sammel-, Festbewertung) völlig offen, wenn keine zusätzlichen Angaben vorhanden sind.

150) Hierzu zählen auch Angaben wie: „Die ... Mindestbestände an ... haben wir .. in analoger Anwendung der Lifo-Methode (last in - first out) nach den Grundsätzen der Eisernen Bestandsrechnung bewertet" (METALLGESELLSCHAFT 1979/80, S. 44).

Tab. 46: Umfang der Berichterstattung über die Methode der Anschaffungskosten-Ermittlung von Roh-, Hilfs- und Betriebsstoffen

Erhebungsmerkmale	Merkmalshäufigkeit abs.	%
1. Angaben über die Methode der Anschaffungskosten-Ermittlung	46	48,9
2. keine Angaben über die Methode der Anschaffungskosten-Ermittlung	48	51,1
Insgesamt	94	100,0
3. Erörterung von Änderungen bei der Methode der Anschaffungskosten-Ermittlung	-	-
4. keine Erörterung von Änderungen bei der Methode der Anschaffungskosten-Ermittlung	94	100,0
Insgesamt	94	100,0
5. Angabe eines Unterschiedsbetrages aufgrund von Änderungen bei der Methode der Anschaffungskosten-Ermittlung	-	-
6. keine Angabe eines Unterschiedsbetrages aufgrund von Änderungen bei der Methode der Anschaffungskosten-Ermittlung	94	100,0
Insgesamt	94	100,0

wurde die Aussage eingeordnet, daß die Bewertung „vorwiegend entsprechend der Verbrauchsfolge" (MANNESMANN 1980, S. 43) erfolgte[151].

Sechs Gesellschaften nennen jeweils zwei Methoden, vier Gesellschaften jeweils sogar drei Methoden, die zur Ermittlung der Anschaffungskosten von Roh-, Hilfs- und Betriebsstoffen zur Anwendung gelangen. Daraus ergeben sich insgesamt 14 Mehrfachzählungen. Angaben über den relativen Anteil der unterschiedlich bewerteten Vermögensgegenstände erfolgten in keinem Fall.

Da die Anforderungen an die Berichterstattung hier von der Literatur relativ niedrig angesetzt werden, sind die vorhandenen Angaben über die Anschaffungskosten-Ermittlung als ausreichend gemäß § 160 Abs. 2 Satz 2 einzustufen[152].

151) Damit wird – wie auch von der Münchener Untersuchung (vgl. S. 325) – die Feststellung von *Castan* bestätigt, daß „die Lifo- und Fifo-Bewertung eine größere literarische als praktische Bedeutung haben" (S. 315).

152) Bei dem unter „Sonstiges" beschriebenen Verfahren könnten gegen diese Einstufung Bedenken bestehen; diese wurden jedoch hintangestellt, da von der Gesellschaft noch zwei andere Verfahren genannt werden.

Tab. 47: Angaben über die Methode der Anschaffungskosten-Ermittlung von Roh-, Hilfs- und Betriebsstoffen

Erhebungsmerkmale	Merkmalshäufigkeit abs.	%
1. Anschaffungskosten bzw. Anschaffungspreise, Einstandspreise, Einkaufspreise	10	21,7
2. (fortgeschriebene) durchschnittliche Anschaffungskosten bzw. Anschaffungspreise, Einstandspreise, Einkaufspreise	35	76,1
3. Lifo-Verfahren	6	13,0
4. Fifo-, Hifo-, Lofo-Verfahren	-	-
5. Festwertverfahren	8	17,4
6. Sonstiges	1	2,2
./. Mehrfachnennungen	14	30,4
Insgesamt	46	100,0

17 Gesellschaften (27% der angabepflichtigen Unternehmen) verstoßen gegen die Berichtspflichten[153] nach § 160 Abs. 2 Satz 2. Darin eingeschlossen sind drei Gesellschaften, die nur pauschal über Vorräte berichten, obwohl in ihrer Bilanz unterschiedliche Vorratsposten aufgeführt sind.

Beispiel: „Die Bewertung der Vorräte beruht auf durchschnittlichen Anschaffungspreisen unter Berücksichtigung des Niederstwertprinzips".
(HARPENER 1980, S. 41)

Bei den übrigen 31 Gesellschaften (33%) ist das Fehlen jeglicher Angaben dagegen als zulässig anzusehen.

Tab. 48: Qualität der Berichterstattung über die Methode der Anschaffungskosten-Ermittlung von Roh-, Hilfs- und Betriebsstoffen

Angaben gemäß § 160 Abs. 2 Satz 2	abs.	%
A. Ausreichende Angaben	46	73,0
B. Unzureichende Angaben	-	-
C. Unzulässig fehlende Angaben	17	27,0
Insgesamt angabepflichtig	63	100,0

153) Das hier vorgelegte Ergebnis bewegt sich innerhalb der in der Münchener Untersuchung (S. 325) angegebenen Bandbreite (18,2 bis 30,6%). Der bei *Castan* (S. 315) genannte Anteilswert (3%) fällt dagegen völlig aus dem Rahmen.

Tab. 49: Umfang der Berichterstattung im Zusammenhang mit außerplanmäßigen Abschreibungen bei Roh-, Hilfs- und Betriebsstoffen

Erhebungsmerkmale	Merkmalshäufigkeit abs.	%
1. Angaben über die Vornahme außerplanmäßiger Abschreibungen nach § 155 Abs. 2 und 3	57	60,6
2. keine Angaben über die Vornahme außerplanmäßiger Abschreibungen nach § 155 Abs. 2 und 3	37	39,4
Insgesamt	94	100,0
3. Erörterung von Änderungen in bezug auf die Ausnutzung des Wahlrechtes zur Vornahme außerplanmäßiger Abschreibungen nach § 155 Abs. 3 Nr. 1 und 2	1	1,1
4. keine Erörterung von Änderungen in bezug auf die Ausnutzung des Wahlrechtes zur Vornahme außerplanmäßiger Abschreibungen nach § 155 Abs. 3 Nr. 1 und 2	93	98,9
Insgesamt	94	100,0
5. Angaben über die Ausnutzung des Beibehaltungswahlrechtes nach § 155 Abs. 4	1	1,1
6. keine Angaben über die Ausnutzung des Beibehaltungswahlrechtes nach § 155 Abs. 4	93	98,9
Insgesamt	94	100,0
7. Erörterung von Änderungen in bezug auf die Ausnutzung des Beibehaltungswahlrechtes nach § 155 Abs. 4	-	-
8. keine Erörterung von Änderungen in bezug auf die Ausnutzung des Beibehaltungswahlrechtes nach § 155 Abs. 4	94	100,0
Insgesamt	94	100,0
9. Angabe eines Unterschiedsbetrages im Zusammenhang mit außerplanmäßigen Abschreibungen	1	1,1
10. keine Angabe eines Unterschiedsbetrages im Zusammenhang mit außerplanmäßigen Abschreibungen	93	98,9
Insgesamt	94	100,0

Erörterungen aufgrund von Änderungen bei der Methode der Anschaffungskosten-Ermittlung gemäß § 160 Abs. 2 Satz 4 und darauf zurückgehende Angaben über einen Unterschiedsbetrag gemäß § 160 Abs. 2 Satz 5 wurden in den Geschäftsberichten ebenso wenig angetroffen wie versteckte Hinweise auf Änderungen.

Die Vornahme außerplanmäßiger Abschreibungen bei Roh-, Hilfs-und Betriebsstoffen macht ebenfalls Angaben gemäß § 160 Abs. 2 Satz 2 erforderlich. Von den 63 Gesellschaften, die Roh-, Hilfs- und Betriebsstoffe in der Bilanz ausweisen, erwähnen 57 Gesellschaften niedrigere Wertansätze.

Tab. 50: Angaben über die Vornahme außerplanmäßiger Abschreibungen bei Roh-, Hilfs- und Betriebsstoffen

Erhebungsmerkmale	Merkmalshäufigkeit abs.	%
1. Bewertung zu Anschaffungskosten oder niedrigeren Tageswerten (Marktpreisen, Wiederbeschaffungskosten)	38	66,7
2. Bewertung zu Anschaffungskosten unter Beachtung des Niederstwertprinzips	19	33,3
3. Vornahme von Abschlägen aufgrund von Lagerrisiken (längerer Lagerdauer, verminderter Verwertbarkeit u. ä.)	26	45,6
4. Hinweis auf Bewertung zum Zukunftstageswert	3	5,3
5. Bewertung zu Anschaffungskosten oder niedrigerem Teilwert	3	5,3
6. Vornahme eines Importwarenabschlags (nach § 80 EStDV)	18	31,6
7. allgemeiner Hinweis auf Wertabschläge	5	8
8. Hinweis auf Abschreibungsbetrag	-	-
9. Sonstiges	1	1,7
./. Mehrfachnennungen	56	98,3
Insgesamt	57	100,0

Allerdings sind die Formulierungen zumeist so gehalten, daß nicht ersichtlich ist, ob im Geschäftsjahr tatsächlich außerplanmäßige Abschreibungen auf den niedrigeren Wert nach § 155 Abs. 2 vorgenommen wurden. Beispielhaft seien hier folgende Formulierungen genannt:

„Roh-, Hilfs- und Betriebsstoffe sind zu Durchschnittspreisen oder zu niedrigeren Tagespreisen angesetzt".
(DLW 1980, S. 19)

oder:
„Die Bewertung erfolgte ... mit durchschnittlichen Einstandspreisen unter Beachtung des Niederstwertprinzips".
(BREMER VULKAN 1980, S. 12)

In der einen oder anderen Form, die letztlich ohne Aussagekraft sind, berichten 51 Gesellschaften; drei Gesellschaften kombinieren die obigen beiden Formulierungen.
26 Gesellschaften treffen Aussagen wie:

„Bei Bestandsrisiken, z.B. wegen geminderter Verwertbarkeit nach längerer Lagerdauer oder nach Konstruktionsänderungen, sind angemessene Abschläge vorgenommen worden".
(DAIMLER-BENZ 1980, S. 68)

Nur eine Gesellschaft (ANZAG) beschränkt sich auf eine solche Angabe; dagegen taucht sie bei 23 Gesellschaften in Verbindung mit einer der beiden erstgenannten Formulierungen auf, wohingegen drei Gesellschaften eine Kombination aller drei genannten Berichtselemente verwenden, wie z.B.:

„Die Roh-, Hilfs- und Betriebsstoffe werden mit den durchschnittlichen Anschaffungskosten oder, soweit nach dem Niederstwertprinzip niedrigere Marktpreise zu berücksichtigen waren, mit diesen bewertet. Den Bestandsrisiken aus langer Lagerdauer und mangelnder Verwertbarkeit ist durch angemessene Abschläge Rechnung getragen worden".
(KLÖCKNER-WERKE 1979/80, S. 40)

(Vage) Hinweise auf den Ansatz eines noch niedrigeren Wertes nach § 155 Abs. 3 Nr. 1 (Zukunftstageswert) finden sich nur bei drei Gesellschaften.

Beispiel: „Das Umlaufvermögen wird zu Anschaffungs- oder Herstellungskosten bzw. zu den gebotenen oder zulässigen niedrigeren Werten angesetzt".
(FELTEN & GUILLEAUME 1979, S. 21)

Dagegen berichten 21 Gesellschaften über den Ansatz eines steuerlich zulässigen Wertes nach § 155 Abs. 3 Nr. 2, wobei 18 Gesellschaften den Bewertungsabschlag gemäß § 80 EStDV (Importwarenabschlag) vorgenommen und drei Gesellschaften den Teilwert angesetzt haben.

Fünf Gesellschaften äußern sich allgemein über ausreichende oder angemessene oder steuerlich zulässige Wertabschläge; lediglich bei einer Gesellschaft (LUFTHANSA) ist dies der einzige Hinweis auf die Vornahme außerplanmäßiger Abschreibungen.

Angaben über die Höhe der außerplanmäßigen Abschreibungen waren in keinem Geschäftsbericht zu finden.

Unter „Sonstiges" wurde die Information von MANNESMANN[154] eingeordnet, daß ein Importwarenabschlag nicht angesetzt wurde.

Wie die hohe Zahl an Mehrfachnennungen zeigt, wurden im Durchschnitt etwa zwei Hinweise im Zusammenhang mit der Vornahme außerplanmäßiger Abschreibungen gegeben.

Angesichts der geringen Anforderungen, die in der Literatur an die Berichterstattung über die Vornahme außerplanmäßiger Abschreibungen bei Roh-, Hilfs- und Betriebsstoffen gestellt werden, sind die vorhandenen Angaben als ausreichend gemäß § 160 Abs. 2 Satz 2 anzusehen[155].

Nur eine Gesellschaft (CONTINENTAL) berichtet - soweit ersichtlich - gemäß § 160 Abs. 2 Satz 4 über Änderungen in bezug auf die Ausnutzung des Wahlrechtes zur Vornahme außerplanmäßiger Abschreibungen (§ 155 Abs. 3). Hier wurde - offenbar im Gegensatz zum Vorjahr - „von den steuerlichen Wahlmöglichkeiten zur Vornahme eines Importwarenabschlags gemäß § 80 EStDV ... Gebrauch gemacht" (1980, S. 23). Diese Änderung führte - zusammen mit anderen erstmals vorgenommenen steuerlichen Maßnahmen[156] - auch zu einem Unterschiedsbetrag gemäß § 160 Abs. 2 Satz 5.

Angaben gemäß § 160 Abs. 2 Satz 2 über die Ausnutzung des Beibehaltungswahlrechtes (§ 155 Abs. 4) finden sich explizit[157] nur bei einer Gesellschaft (BBC):

„Von der Möglichkeit, niedrigere Wertansätze aus Vorjahren beizubehalten, haben wir beim Anlagevermögen ebenso wie bei allen anderen Vermögensgegenständen Gebrauch gemacht".
(1979, S. 57)

Hinweise auf Änderungen in bezug auf die Ausnutzung des Beibehaltungswahlrechtes, die eine Erörterung gemäß § 160 Abs. 2 Satz 4 erforderlich gemacht hätten, waren den Geschäftsberichten nicht zu entnehmen.

Die vorhandenen Erläuterungen gemäß § 160 Abs. 2 Satz 4 und 5 genügen den Anforderungen.

Bei fehlender Berichterstattung gemäß § 160 Abs. 2 Satz 2 bis 5 - trotz des Bilanzausweises von Roh-, Hilfs- und Betriebsstoffen - ist keine Beurteilung durch einen externen Bilanzanalytiker möglich.

Versteckte Hinweise auf Unstetigkeiten im Zusammenhang mit niedrigeren Wertansätzen bei Roh-, Hilfs- und Betriebsstoffen wurden in den Geschäftsberichten nicht entdeckt.

---

[154] 1980, S. 43.

[155] In den Untersuchungen von *Castan* (1969) und *von Wysocki* et al. wurden die Angaben über den Ansatz niedrigerer Werte nicht eingehend analysiert, so daß ein Ergebnisvergleich nicht möglich ist.

[156] Hierbei handelt es sich um die Bildung eines Sonderpostens mit Rücklageanteil gemäß § 3 AuslInvG und § 6 b EStG.

[157] Die häufig anzutreffende Angabe, daß Roh-, Hilfs- und Betriebsstoffe mit den Anschaffungskosten oder einem niedrigeren Wert angesetzt worden sind, kann - streng genommen - auch so interpretiert werden, daß von einem niedrigeren Wert aus dem Vorjahr auf die höheren Anschaffungskosten übergegangen wurde, was als implizierter Hinweis auf die Ausnutzung des Beibehaltungswahlrechtes angesehen werden kann.

Abschließend soll nun die Praxis der Berichterstattung über fertige und unfertige Erzeugnisse beleuchtet werden.

Tab. 51: Umfang der Berichterstattung über die Herstellungskosten von fertigen und unfertigen Erzeugnissen

Erhebungsmerkmale	Merkmalshäufigkeit abs.	%
1. Angaben über die Zusammensetzung der Herstellungskosten	49	52,1
2. keine Angaben über die Zusammensetzung der Herstellungskosten	45	47,9
Insgesamt	94	100,0
3. Erörterung von Änderungen bei den Herstellungskosten	3	3,2
4. keine Erörterung von Änderungen bei den Herstellungskosten	91	96,8
Insgesamt	94	100,0
5. Angabe eines Unterschiedsbetrages aufgrund von Änderungen bei den Herstellungskosten	2	2,1
6. keine Angabe eines Unterschiedsbetrages aufgrund von Änderungen bei den Herstellungskosten	92	97,9
Insgesamt	94	100,0

Die empirische Untersuchung zeigt zunächst, daß von den 94 einbezogenen Unternehmen 58 Gesellschaften (61,7%) fertige und/oder unfertige Erzeugnisse[158)] in der Bilanz ausweisen und damit über die Zusammensetzung der Herstel-

158) Vergleichbare Positionen, z.B. in Ausführung befindliche Aufträge, werden hierunter subsumiert.

Tab. 52: Angaben über die Zusammensetzung der Herstellungskosten von fertigen und unfertigen Erzeugnissen

Erhebungsmerkmale	Merkmalshäufigkeit abs.			%
1. Ausreichende Angaben			22	44,9
a) Explizite Angaben über die einbezogenen Kostenbestandteile		16		
(1) Einzelkosten	3			
(2) variable Kosten	5			
(3) "Vollkosten"	3			
(4) Sonstiges	5			
b) Angaben unter Bezugnahme auf steuerliche Regelungen		6		
(1) niedrigstmöglicher Wertansatz	5			
(2) höchstmöglicher Wertansatz	-			
(3) Sonstiges	1			
2. Unzureichende Angaben			27	55,1
a) keine Präzisierung der Gemeinkosten	4			
b) Nennung nur bestimmter Gemeinkosten	6			
c) Nennung nur der nicht einbezogenen Kosten	5			
d) nur Hinweis auf steuerliche Zulässigkeit	6			
e) Sonstiges	6			
Insgesamt			49	100,0

lungskosten gemäß § 160 Abs. 2 Satz 2 berichten müssen. Diesbezügliche Hinweise finden sich in den Geschäftsberichten von 49 Gesellschaften (84,5 % der angabepflichtigen Unternehmen). Damit verstoßen neun Gesellschaften (15,5 % der angabepflichtigen Unternehmen) gegen die Erläuterungspflichten.

Von den 49 berichtenden Gesellschaften machen 22 Unternehmen ausreichende und 27 Unternehmen unzureichende Angaben über die Zusammensetzung der Herstellungskosten bei fertigen und unfertigen Erzeugnissen. Im Hinblick auf die Einteilung und Wertung der Aussagen kann auf die früheren Ausführungen verwiesen werden[159].

Der Anteil der Gesellschaften, die explizit die in die Herstellungskosten einbezogenen Kostenbestandteile beschreiben, ist hier wesentlich größer als bei den selbsterstellten Anlagegegenständen. Dieser Befund findet eine Parallele in der Qualität der Berichterstattung.

Abschließend läßt sich feststellen, daß 36 Gesellschaften (62,1 % der angabepflichtigen Unternehmen) unzureichend oder überhaupt nicht über die Herstellungskosten von fertigen und unfertigen Erzeugnissen berichten, also nur 37,9 % ihren Erläuterungspflichten gemäß § 160 Abs. 2 Satz 2 genügen[160].

Tab. 53: Qualität der Berichterstattung über die Zusammensetzung der Herstellungskosten von fertigen und unfertigen Erzeugnissen

Angaben gemäß § 160 Abs. 2 Satz 2	abs.	%
A. Ausreichende Angaben	22	37,9
B. Unzureichende Angaben	27	46,6
C. Unzulässig fehlende Angaben	9	15,5
Insgesamt angabepflichtig:	58	100,0

159) Vgl. dazu 5.1.1.

160) Der hier ermittelte Anteil unzulässig fehlender Angaben (15,5 %) stimmt mit dem von *Castan* (1969, S. 316) ermittelten Wert (15 %) nahezu überein und liegt unterhalb der Bandbreite (20,3 bis 32,9 %) der Münchener Untersuchung (S. 327). Der Anteil der ausreichenden bzw. unzureichenden Angaben läßt sich kaum vergleichen, da die Maßstäbe in den früheren Untersuchungen (zu) niedrig angesetzt wurden. So haben *von Wysocki* et al. allein die Nennung wesentlicher Kalkulationsbestandteile als ausreichend akzeptiert (S. 327); *Castan* ist sogar „davon ausgegangen, daß die Formulierung 'Abschreibungen wurden nur teilweise in die Bemessung der Herstellungskosten einbezogen' so auszulegen ist, daß im übrigen alle Material-, Fertigungs- und Verwaltungsgemeinkosten neben den Einzelkosten angesetzt worden sind" (1969, S. 316).

Drei Gesellschaften berichten über Änderungen im Zusammenhang mit den Herstellungskosten von fertigen und unfertigen Erzeugnissen gemäß § 160 Abs. 2 Satz 4; in zwei Fällen resultiert daraus auch ein Unterschiedsbetrag nach § 160 Abs. 2 Satz 5.
Im Geschäftsbericht von BREMER VULKAN wird hierzu ausgeführt:

„Bewertet wurde der Bestand zu Herstellungskosten, die die jeweiligen Einzelkosten und mit Beginn des Berichtsjahres auch die aktivierungsfähigen Gemeinkosten enthalten. Im Unterschied zu den im Vorjahr angesetzten aktivierungspflichtigen Gemeinkosten ergab sich eine Ergebnisverbesserung von 4,8 Mio".
(1980, S. 12)

Abgesehen von der fehlenden Begründung ist diese Erörterung gemäß § 160 Abs. 2 Satz 4 als ausreichend anzusehen, da alte und neue Methode klar beschrieben werden. Die Berichterstattung bezüglich eines Unterschiedsbetrages gemäß § 160 Abs. 2 Satz 5 geht sogar über die Mindestanforderungen hinaus[161].

Bezüglich des Wortlauts und der Beurteilung der Berichterstattung gemäß § 160 Abs. 2 Satz 4 und 5 von ENKA (1980, S. 32) kann auf die früheren Ausführungen[162] verwiesen werden.

Bei PREUSSAG „wurde im Gegensatz zum Vorjahr von der Aktivierung anteiliger Verwaltungskosten bei den unfertigen und fertigen Erzeugnissen sowie den noch nicht abgerechneten Leistungen und Bauaufträgen abgesehen" (1980, S. 80).

Abgesehen von der fehlenden Begründung ist zu bemängeln, daß alte und neue Methode im Geschäftsbericht des Jahres 1980 nicht deutlich werden[163], so daß die Erörterung gemäß § 160 Abs. 2 Satz 4 als unzureichend eingestuft werden muß. Über einen daraus resultierenden Unterschiedsbetrag wird nicht berichtet.

Ob auch andere Gesellschaften aufgrund von Änderungen der Herstellungskosten von fertigen und unfertigen Erzeugnissen erörterungspflichtig gewesen wären, kann ein externer Bilanzanalytiker in der Regel nicht prüfen. Allerdings könnten unterschiedliche Formulierungen in den Geschäftsberichten von zwei Gesellschaften, und zwar bei der DORTMUNDER UNION-SCHULTHEISS BRAUEREI:

„Die unfertigen und fertigen Erzeugnisse sind zu Herstellungskosten bewertet. Sie enthalten die Rohstoff- sowie die Fertigungskosten".
(1980, S. 23)

161) Vgl. dazu die Ausführungen in 4.3.4.

162) Vgl. dazu die Ausführungen in 4.3.4.

163) Im Geschäftsbericht des Vorjahres (1979, S. 83) wird auf das Jahr 1978 verwiesen, wo es heißt: „Unfertige und fertige Erzeugnisse sowie noch nicht abgerechnete Leistungen ... enthalten neben den nach steuerlichen Vorschriften aktivierungspflichtigen Material- und Fertigungskosten auch anteilige Verwaltungskosten" (S. 76).

„Unfertige und fertige Erzeugnisse sind zu Herstellungskosten bewertet, die im wesentlichen Rohstoff- und Fertigungskosten enthalten".
(1979, S. 23)
sowie bei ROSENTHAL:
„Die Wertansätze für die Erzeugnisse liegen unter den steuerlich zulässigen Herstellkosten".
(1980, S. 43)
„Die Bilanzansätze der Erzeugnisse liegen erheblich unter den steuerlich zulässigen Werten".
(1979, S. 43)
als Indiz für „stille Methodenänderungen" hinsichtlich der Zusammensetzung der Herstellungskosten bei fertigen und unfertigen Erzeugnissen gewertet werden.

Von den 57 Gesellschaften, die fertige und unfertige Erzeugnisse in der Bilanz ausweisen, erwähnen 42 Gesellschaften (72 % der angabepflichtigen Unternehmen) niedrigere Wertansätze.

Auch hier sind die Formulierungen zumeist so gehalten, daß nicht ersichtlich ist, ob im Geschäftsjahr tatsächlich außerplanmäßige Abschreibungen auf den niedrigeren Wert nach § 155 Abs. 2 vorgenommen wurden[164]. Beispielhaft seien hier folgende Formulierungen genannt:

„Übersteigen die Herstellungskosten die zu Vertragspreisen ermittelte Leistung, stellt diese die Obergrenze für die Bewertung dar".
(HOLZMANN 1980, S. 40 f.)
oder:
„Unfertige und fertige Erzeugnisse ... sind zu den Herstellungskosten unter Beachtung des Niederstwertprinzips bewertet".
(PREUSSAG 1978, S. 76)

23 Gesellschaften berichten in der einen oder anderen Form; eine Gesellschaft kombiniert die obigen Formulierungen:

„Die Bewertung ... der unfertigen und fertigen Erzeugnisse wurde zu Herstellungskosten ... bzw. unter Beachtung des Niederstwertprinzips zu Verkaufserlösen abzüglich anteiliger Vertriebskosten vorgenommen".
(STAHLWERKE PEINE-SALZGITTER 1979/80, S. 25)

---

164) BAYER (1979, S. 59) gibt in diesem Zusammenhang § 155 Abs. 2 fast wörtlich im Geschäftsbericht wieder.

Tab. 54: Umfang der Berichterstattung im Zusammenhang mit außerplanmäßigen Abschreibungen bei fertigen und unfertigen Erzeugnissen

Erhebungsmerkmale	Merkmalshäufigkeit abs.	%
1. Angaben über die Vornahme außerplanmäßiger Abschreibungen nach § 155 Abs. 2 und 3	42	44,7
2. keine Angaben über die Vornahme außerplanmäßiger Abschreibungen nach § 155 Abs. 2 und 3	52	55,3
Insgesamt	94	100,0
3. Erörterung von Änderungen in bezug auf die Ausnutzung des Wahlrechtes zur Vornahme außerplanmäßiger Abschreibungen nach § 155 Abs. 3 Nr. 1 und 2	-	-
4. keine Erörterung von Änderungen in bezug auf die Ausnutzung des Wahlrechtes zur Vornahme außerplanmäßiger Abschreibungen nach § 155 Abs. 3 Nr. 1 und 2	94	100,0
Insgesamt	94	100,0
5. Angaben über die Ausnutzung des Beibehaltungswahlrechtes	1	1,1
6. keine Angaben über die Ausnutzung des Beibehaltungswahlrechtes	93	98,9
Insgesamt	94	100,0
7. Erörterung von Änderungen in bezug auf die Ausnutzung des Beibehaltungswahlrechtes	-	-
8. keine Erörterung von Änderungen in bezug auf die Ausnutzung des Beibehaltungswahlrechtes	94	100,0
Insgesamt	94	100,0
9. Angabe eines Unterschiedsbetrages im Zusammenhang mit außerplanmäßigen Abschreibungen	-	-
10. keine Angabe eines Unterschiedsbetrages im Zusammenhang mit außerplanmäßigen Abschreibungen	94	100,0
Insgesamt	94	100,0

Tab. 55: Angaben über die Vornahme außerplanmäßiger Abschreibungen bei fertigen und unfertigen Erzeugnissen

Erhebungsmerkmale	Merkmalshäufigkeit abs.	%
1. Bewertung zu Herstellungskosten, höchstens zum Verkaufserlös, abzüglich noch anfallender Kosten	20	47,6
2. Bewertung zu Herstellungskosten unter Beachtung des Niederstwertprinzips	11	26,2
3. Vornahme von Abschlägen aufgrund von Lagerrisiken (längerer Lagerdauer, verminderte Verwertbarkeit u. ä.)	26	61,9
4. Hinweis auf Bewertung zum Zukunftstageswert	3	7,1
5. Bewertung zu Herstellungskosten oder dem niedrigeren Teilwert	2	4,8
6. Vornahme eines Importwarenabschlags (nach § 80 EStDV)	8	19,1
7. allgemeiner Hinweis auf Wertabschläge	4	9,5
8. Hinweis auf Abschreibungsbetrag	-	-
9. Sonstiges	-	-
./. Mehrfachnennungen	32	76,2
Insgesamt	42	100,0

Aussagen über Wertabschläge aufgrund von Lagerrisiken wurden bei 26 Gesellschaften vorgefunden; darunter sind auch elf Gesellschaften, die schon eine der zuvor beschriebenen Angaben gemacht haben, sowie drei Gesellschaften, die bei ihrer Berichterstattung alle drei genannten Merkmale verwenden wie z.B.:

„Das Niederstwertprinzip wurde eingehalten; dabei ist die verlustfreie Bewertung wiederum beachtet worden. Im einzelnen nicht erkennbare Wertminderungen durch Qualitätsmängel, Verderb u.ä. ist durch ausreichende ... Berichtigungsposten Rechnung getragen".
(CASSELLA 1980, S. 23)

Hinweise auf den Ansatz eines noch niedrigeren Wertes nach § 155 Abs. 3 Nr. 1 (Zukunftstageswert) finden sich bei drei Gesellschaften. Dagegen berichten zehn Gesellschaften über den Ansatz eines steuerlich zulässigen Wertes nach § 155 Abs. 3 Nr. 2.

Vier Gesellschaften berichten über ausreichende oder angemessene oder steuerlich zulässige Wertabschläge, jedoch ergänzend zu anderen Hinweisen auf niedrigere Wertansätze.

Angaben über die Höhe der außerplanmäßigen Abschreibungen erfolgen in keinem Geschäftsbericht.

Angesichts der geringen Anforderungen, die in der Literatur an die Berichterstattung über die Vornahme außerplanmäßiger Abschreibungen bei fertigen und unfertigen Erzeugnissen gestellt werden, und der zahlreichen Mehrfachnennungen sind die vorhandenen Angaben als ausreichend gemäß § 160 Abs. 2 Satz 2 anzusehen[165].

Angaben über die Ausnutzung des Beibehaltungswahlrechtes (§ 155 Abs. 4) finden sich explizit bei einer Gesellschaft (BBC)[166].

Hinweise auf Änderungen in bezug auf die Ausnutzung des Beibehaltungswahlrechtes zur Vornahme außerplanmäßiger Abschreibungen und des Beibehaltungswahlrechtes sowie auf einen abweichenden Berechnungsmodus für einen niedrigeren Wert, die eine Erörterung gemäß § 160 Abs. 2 Satz 4 erforderlich gemacht hätten, waren den Geschäftsberichten nicht zu entnehmen.

Eine Verbindung zwischen der Angabe eines Unterschiedsbetrages gemäß § 160 Abs. 2 Satz 5 und Unstetigkeiten im Zusammenhang mit niedrigeren Wertansätzen bei fertigen und unfertigen Erzeugnissen war nicht ersichtlich. „Stille Methodenänderungen" wurden nicht aufgespürt.

5.5 Berichterstattung über Wertberichtigungen auf Forderungen

Forderungen sind nach § 153 Abs. 1 sowie § 155 Abs. 1 grundsätzlich mit ihrem Nominalbetrag anzusetzen[167]. „Zweifelhafte Forderungen sind nach ihrem wahrscheinlichen Werte, uneinbringliche Forderungen abzuschreiben" (§ 40 Abs. 3 HGB). Bei vernünftiger kaufmännischer Beurteilung zu erwartende Ausfälle der nächsten beiden Jahre können nach § 155 Abs. 3 Nr. 1 berücksichtigt werden[168].

Der Ausweis von Einzelwertberichtigungen zu Forderungen auf der Passivseite der Bilanz ist gemäß § 152 Abs. 6 nicht zulässig; diese sind vielmehr aktivisch abzusetzen. Dabei kommen - neben Einzelabwertungen - bei unsicheren Forderungen mit gleichartigen Risiken auch Pauschalabwertungen in Betracht. Zu der Frage, ob darüber hinaus eine Pauschalwertberichtigung gebildet werden muß, soweit all-

---

[165] In den Untersuchungen von *Castan* (1969) und *von Wysocki* et al. wurden die Angaben über den Ansatz niedrigerer Werte nicht analysiert, so daß ein Ergebnisvergleich entfällt.

[166] Vgl. dazu die Ausführungen auf S. 125.

[167] Vgl. ADS, Tz. 15 zu § 155.

[168] Vgl. ADS, Tz. 207 ff. zu § 155; WPH, S. 647; *Mellerowicz*, Anm. 36 f. zu § 155.

gemeine Kreditrisiken bestehen, finden sich in der Literatur kontroverse Stellungnahmen. Während *Adler/Düring/Schmaltz*[169] und das *Wirtschaftsprüfer-Handbuch*[170] offenbar von einem Wahlrecht ausgehen, scheint *Kropff*[171] für eine Passivierungspflicht einzutreten.

In der Gewinn- und Verlustrechnung sind die Erträge aus der Herabsetzung der Pauschalwertberichtigung zu Forderungen getrennt zu erfassen und unter Nr. 12 auszuweisen; während die entsprechenden Einstellungen in die Pauschalwertberichtigung zu Forderungen in den Posten „Verluste aus Wertminderungen oder dem Abgang von Gegenständen des Umlaufvermögens außer Vorräten (§ 151 Abs. 1 Aktivseite III B) und Einstellung in die Pauschalwertberichtigung zu Forderungen" (Nr. 21) einzubeziehen sind.

Da für die Bemessung von individuellen und pauschalen Ausfallrisiken das Vorsichtsprinzip zur Anwendung gelangt, das in der Praxis längst nicht so genau eingegrenzt wird wie in einem Teil der Literatur[172], ergeben sich für die Unternehmensleitungen zwangsläufig erhebliche bilanzpolitische Spielräume.

Über die Angabepflichten nach § 160 Abs. 2 Satz 2 finden sich im Schrifttum kaum präzise Stellungnahmen im Zusammenhang mit Forderungen. Nur ein Kommentar äußert sich zu Einzelwertberichtigungen: „Auch für sonstige Posten können Erläuterungspflichten bestehen, z.B. pauschale oder Einzelabschreibungen auf Forderungen"[173]. Ansonsten ist noch die Forderung zu erwähnen: „Soweit nicht zum Nennwert bewertet ist, müßten Maßstab und Ausmaß für die Wertberichtigung genannt werden"[174]. Hinsichtlich der Pauschalwertberichtigung zu Forderungen wird von einigen Autoren die Angabe von Grundsätzen „bei der Dotierung"[175] verlangt; dagegen ist die Äußerung im *Wirtschaftsprüfer-Handbuch* wesentlich zurückhaltender[176].

Die Berichtspflichten nach § 160 Abs. 2 Satz 4 und 5 sind nach *Adler/Düring/Schmaltz*[177] nur für die Pauschalwertberichtigung zu Forderungen relevant, da in bezug auf die Forderungsbewertung lediglich bei der Bemessung der Pauschalwertberichtigung verschiedene Bewertungsmethoden in Betracht kommen.

---

169) Vgl. Tz. 223 zu § 155.

170) Hier heißt es: „Für das allgemeine Kreditrisiko ist die Bildung einer Pauschalwertberichtigung auf der Passivseite der Bilanz möglich" (S. 647, ähnlich S. 673).

171) Vgl. Anm. 44 zu § 152.

172) Vgl. u.a. *Leffson*, 1980a, S. 420 ff. sowie *Baetge*, 1970.

173) *Claussen*, Tz. 23 zu § 160. Weiter heißt es bei Claussen im Zusammenhang mit den Berichtspflichten nach § 160 Abs. 2 Satz 4: „Der Verzicht auf Einzelheiten bedeutet das Absehen z.B. von Namensangaben bei Forderungsausfällen und deren Stückzahl" (Tz. 32 zu § 160).

174) *Litfin*, S. 78.

175) *Gördeler*, S. 117; ähnlich *Baumbach/Hueck*, Anm. 8 zu § 160 sowie *Claussen*, Tz. 22 zu § 160.

176) Danach „kommen Angaben ... zur Pauschalwertberichtigung zu Forderungen ... in Betracht" (S. 544). Noch unverbindlicher ist die Äußerung: „Auch für die Passivposten kommt ... die Erläuterung von Bewertungsmethoden in Betracht" (ADS, Tz. 41 zu § 160).

177) Vgl. Tz. 76 zu § 160.

Als berichtspflichtige Änderungen werden in diesem Zusammenhang genannt:

- die erstmalige Bildung einer Pauschalwertberichtigung,
- die Änderung des für die Höhe der Pauschalwertberichtigung relevanten Satzes bei gleicher Sachlage,
- die Beibehaltung des für die Höhe der Pauschalwertberichtigung relevanten Satzes bei Änderung der Sachlage.

Eine durch sachliche Gründe bedingte Erhöhung oder Ermäßigung der Pauschalwertberichtigung (höhere oder niedrigere Einschätzung des allgemeinen Kreditrisikos) wird dagegen als nicht berichtspflichtig angesehen[178].

Demgegenüber verneinen *Adler/Düring/Schmaltz* offenbar die Notwendigkeit, über Methodenänderungen bei der Bemessung von Einzelwertberichtigungen zu berichten.

Tab. 56: Umfang der Berichterstattung über Wertberichtigungen auf Forderungen

Erhebungsmerkmale	Merkmalshäufigkeit abs.	%
1. Angaben über die Berücksichtigung von Forderungsrisiken	67	71,3
2. keine Angaben über die Berücksichtigung von Forderungsrisiken	27	28,7
Insgesamt	94	100,0
3. Erörterung von Änderungen bei der Berücksichtigung von Forderungsrisiken	1	1,1
4. keine Erörterung von Änderungen bei der Berücksichtigung von Forderungsrisiken	93	98,9
Insgesamt	94	100,0
5. Angabe eines Unterschiedsbetrages im Zusammenhang mit Wertberichtigungen auf Forderungen	-	-
6. keine Angabe eines Unterschiedsbetrages im Zusammenhang mit Wertberichtigungen auf Forderungen	94	100,0
Insgesamt	94	100,0

178) Vgl. ADS, Tz. 76 zu § 160; ebenso *Litfin*, S. 78, und WPH, S. 551; a.A. *Knoche*, S. 47 f.

Von den 94 in die Untersuchung einbezogenen Gesellschaften weisen 79 Unternehmen (83 %) Lieferungen und Leistungen bzw. Kundenforderungen (bei Banken) aus; von dieser Forderungsgruppe ist anzunehmen, daß auf sie der Hauptteil eventueller Wertberichtigungen entfällt. 86 Unternehmen (91,5 %) verfügen über Forderungen gegenüber verbundenen Unternehmen[179]. Bei nur drei Gesellschaften ist keine der beiden erwähnten Forderungsarten in der Bilanz anzutreffen.

50 Gesellschaften (53,2 %) haben auf der Passivseite eine Pauschalwertberichtigung gebildet. In zwei Fällen (CONTINENTAL, PEGULAN) wurde sie erstmals angesetzt, wobei allerdings bei einer Gesellschaft (PEGULAN) aufgrund struktureller Änderungen ein Vergleich mit dem Vorjahr nicht möglich ist. Von den 48 Gesellschaften, bei denen im Vorjahr eine Pauschalwertberichtigung vorhanden war, ergab sich bei sechs Unternehmen keine Veränderung; dagegen hat sich dieser Posten bei 22 Gesellschaften erhöht und bei 20 Gesellschaften vermindert. Die Veränderungen bewegten sich in folgendem Rahmen:[180]

44 Gesellschaften (46,8 %), darunter acht Banken, haben keine passivische Pauschalwertberichtigung angesetzt.

Tab. 57: Veränderung der Pauschalwertberichtigung zu Forderungen

	bis 10 %	11 bis 25 %	26 bis 40 %	über 40 %	Σ
Erhöhung	9	7	4	2	22
Verringerung	13	4	(1)	1 (1)	20

Im Gegensatz zu den Pauschalwertberichtigungen zu Forderungen läßt sich aus dem Jahresabschluß nicht erkennen, ob und gegebenenfalls in welchem Umfang aktivische Einzel- oder Pauschalabwertungen bei Forderungen vorgenommen wurden, da § 152 Abs. 6 den Ansatz von Einzelwertberichtigungen auf der Passivseite verbietet.

Die empirische Untersuchung kommt zu dem Ergebnis, daß von 91 Gesellschaften, die zumindest eine der beiden oben genannten Forderungsarten ausweisen, 67 Gesellschaften (71,3 %) überhaupt Angaben über die Berücksichtigung von Forderungsrisiken machen. Davon berichten 63 Gesellschaften allgemein und 17 Gesellschaften konkret, wobei 50 Gesellchaften ausschließlich allgemeine, 13 Gesellschaften sowohl allgemeine als auch konkrete und vier Gesellschaften nur konkrete Angaben machen. Bei 27 Gesellschaften (28,7 %) finden sich keinerlei Hinweise auf die Berücksichtigung von Forderungsrisiken.

Von den 63 Unternehmen, bei denen im Erläuterungsbericht allgemeine Angaben anzutreffen sind, gebrauchen 16 Gesellschaften (25,4 % der berichtenden Gesellschaften), darunter zwei Banken, etwa folgende Formulierung:

„Forderungen ... bewerten wir unter Berücksichtigung aller erkennbaren Risiken". (SIEMENS 1980, S. 52)

179) Bei Banken werden diese unter dem Bilanzstrich angegeben.

180) Bei den Angaben in Klammern wird die Vergleichbarkeit mit dem Vorjahr durch strukturelle Änderungen beeinträchtigt.

Konkreter äußern sich zehn Gesellschaften (15,9% der berichtenden Unternehmen), darunter 5 Banken, die immerhin Hinweise auf die Art und Weise der Forderungsabwertung geben. Hier werden in etwa folgende Formulierungen gewählt:[181]

„Risiken im Forderungsbestand sind durch Einzel- und Pauschalabwertungen ausreichend berücksichtigt".

35 Gesellschaften (55,5% der berichtenden Unternehmen) informieren über aktivische Wertkorrekturen und zugleich über den Ansatz einer passivischen Pauschalwertberichtigung etwa durch den folgenden Hinweis:

„Den erkennbaren Risiken bei den Forderungen aus Lieferungen und Leistungen wurde in Höhe ihres wahrscheinlichen Ausfalls durch entsprechende aktivische Absetzung von Wertberichtigungen Rechnung getragen, während das allgemeine Forderungsrisiko in der passivierten Pauschalwertberichtigung berücksichtigt wurde". (BREMER VULKAN 1980, S. 12)

Die Angaben von zwei Gesellschaften (3,2% der berichtenden Unternehmen) wurden unter „Sonstiges" eingeordnet.

Konkrete Angaben über individuelle Wertabschläge bei Forderungen wurden nur von vier Gesellschaften gemacht. Positiv zu erwähnen sind in diesem Zusammenhang die Berichterstattung der VEW (1980, S. 53), die als einzige Gesellschaft die Höhe der zweifelhaften Forderungen sowie der Abschreibungen darauf angibt, und von KARSTADT (1980, S. 28), die den größten Einzelposten und den ungefähren Betrag der Wertherabsetzung nennt.

181) Hier werden auch bei Banken anzutreffende Formulierungen eingeordnet wie: „Für sämtliche erkennbaren Risiken des Kreditgeschäfts haben wir durch Wertberichtigungen und Rückstellungen sowohl für einzelne Kreditnehmer als auch für Länderrisiken ausreichende Vorsorge getroffen. Latenten Risiken wurde durch Bildung der vorgeschriebenen Sammelwertberichtigung Rechnung getragen" (DEUTSCHE BANK 1980, S. 51). Im übrigen findet sich in diesem Zusammenhang nur bei dieser Gesellschaft der Hinweis: „Darüber hinaus besteht eine stille Rücklage gemäß §26a KWG" (ebenda). Angaben über die absolute und relative Höhe der Sammelwertberichtigung finden sich bei der BHF-Bank (siehe 1980, S. 29).

Tab. 58: Angaben über die Berücksichtigung von Forderungsrisiken

Erhebungsmerkmale			Merkmalshäufigkeit abs.	%
1. Allgemeine Angaben			63	67,0
a) Aussagen wie: "Forderungen sind unter Berücksichtigung aller erkennbaren Risiken bewertet"		16		
b) Aussagen wie: "Risiken im Forderungsbestand sind durch Einzel- und Pauschalabwertungen ausreichend berücksichtigt"		10		
c) Aussagen wie: "Allen erkennbaren Einzelrisiken wird durch individuelle aktivische Wertabschläge und dem allgemeinen Kreditrisiko durch eine passiv ausgewiesene Pauschalwertberichtigung angemessen Rechnung getragen"		35		
d) Sonstiges		2		
davon Banken: 9				
2. keine allgemeinen Angaben			31	33,0
davon Banken: 1				
Insgesamt			94	100,0
3. Konkrete Angaben			17	18,1
a) über individuelle Wertabschläge		4		
(1) Nennung von wesentlichen Einzelposten	2			
(2) Nennung von wesentlichen Einzelbeträgen	1			
(3) Sonstiges	2			
./. Doppelzählungen	1			
b) über die Bemessung der Pauschalwertberichtigung		13		
(1) Darstellung des Berechnungsmodus'	6			
(2) Begründung für eine Veränderung	8			
davon Banken: 1				
./. Doppelzählungen	1			
4. keine konkreten Angaben			77	81,9
davon Banken: 9				
Insgesamt			94	100,0

Die von einigen Autoren geforderten Angaben über die Bemessung der Pauschalwertberichtigung sind lediglich bei 13 von 50 Gesellschaften, die einen solchen Posten ausweisen, anzutreffen. Hinweise zum Berechnungsmodus machen sechs Gesellschaften. Die Automobil-Unternehmen BMW[182], DAIMLER-BENZ[183] und VW[184] nennen sogar die Prozentsätze; die Berichterstattung dieser Gesellschaften kann – auch unter Berücksichtigung ihrer allgemeinen Angaben – als vorbildlich eingestuft werden[185].

Die anderen drei Gesellschaften gebrauchen etwa die folgende Formulierung:

„Pauschalwertberichtigungen werden in Höhe der im Inland steuerlich für zulässig gehaltenen Sätze gebildet".
(MANNESMANN 1980, S. 43)[186]

Die Gründe für eine Erhöhung bzw. Verringerung der Pauschalwertberichtigung gegenüber dem Vorjahr geben nur acht von jenen 42 Gesellschaften an, bei denen sich die Pauschalwertberichtigung verändert hat. In allen Fällen wird auf eine entsprechende Erhöhung bzw. Verringerung des Forderungsbestandes hingewiesen. Bei einigen Gesellschaften, die überhaupt keine konkreten Angaben über die Bemessung der Pauschalwertberichtigung machen, hat sich die Höhe dieser Posten beträchtlich verändert, z.B. eine Erhöhung bei ROSENTHAL um ca. das 13-fache des Vorjahresniveaus und bei den PAPIERWERKEN WALDHOF-ASCHAFFENBURG um 273%, eine Verringerung bei den KLÖCKNER-WERKEN um 46%.

Hinweise auf Änderungen bei der Berücksichtigung von Forderungsrisiken, die nach § 160 Abs. 2 Satz 4 zu erörtern wären, finden sich nur bei CONTINENTAL; diese Gesellschaft weist ohne Begründung auf die erstmalige Bildung der Pauschalwertberichtigung hin[187]. Angaben über einen Unterschiedsbetrag gemäß § 160 Abs. 2 Satz 5 wurden in Verbindung mit Forderungen bei der Durchsicht der Geschäftsberichte nicht angetroffen.

Abschließend läßt sich festhalten, daß angesichts der geringen Anforderungen der Literatur

- die vorhandenen Angaben zur Berücksichtigung von Forderungsrisiken als ausreichend,
- die fehlenden Angaben über die Bemessung der Pauschalwertberichtigung auch bei vorhandener Bilanzposition als zulässig

angesehen werden müssen und fehlende Angaben über Einzelabschreibungen von Forderungen sich jeglicher Beurteilung durch einen externen Bilanzanalytiker entziehen; letzteres gilt selbstverständlich auch für die Erörterung nach Satz 4 des § 160 Abs. 2 und die Einbeziehung in den Unterschiedsbetrag nach Satz 5.

---

182) 2,5% für inländische, 5% für ausländische Forderungen (1980, S. 52).
183) 10% der Forderungen (1980, S. 71).
184) 8% der Forderungen (1980, S. 73).
185) Darüber hinaus geben diese Gesellschaften den relativen Anteil der Auslandsforderungen an.
186) Eine identische Formulierung findet sich bei MANNESMANN-DEMAG (1980, S. 27); ähnlich RHEINELEKTRA (1979/80, S. 28).
187) Sie macht allerdings nicht deutlich, daß es sich um eine Methodenänderung handelt.

5.6 Berichterstattung über Pensionsrückstellungen

Pensionsverpflichtungen zählen zu den „ungewissen Verbindlichkeiten", für die nach § 152 Abs. 7 Rückstellungen gebildet werden „dürfen". Obwohl diese Formulierung auf ein Passivierungswahlrecht hindeutet, geht die herrschende Ansicht grundsätzlich von einer Passivierungspflicht für Rückstellungen für ungewisse Verbindlichkeiten aus[188]; eine Ausnahme bilden allerdings die Pensionsrückstellungen, für deren Ansatz nach dem BGH-Urteil vom 27. 2. 1961 ein Wahlrecht besteht[189]. „Unter dem Posten 'Pensionsrückstellungen' sind die Rückstellungen für laufende Pensionen und die für Anwartschaften auf Pensionen auszuweisen" (§ 152 Abs. 7 Satz 4), und zwar nach § 151 Abs. 1 gesondert[190] von den „anderen Rückstellungen".

Die Bildung von Pensionsrückstellungen erfolgt nach § 157 Abs. 1 über die Position „Aufwendungen für Altersversorgung und Unterstützung" (Nr. 18). Die willkürliche Auflösung früher gebildeter Pensionsrückstellungen wird als nicht zulässig angesehen[191]; ansonsten ist sie über die Position „Erträge aus der Auflösung von Rückstellungen" (Nr. 13) vorzunehmen.

Ferner sind nach § 159 im Jahresabschluß „der Betrag der im Geschäftsjahr geleisteten Pensionszahlungen einschließlich der Zahlungen an rechtlich selbständige Versorgungskassen und in Vom-Hundert-Sätzen dieses Betrags die in jedem der folgenden fünf Geschäftsjahre voraussichtlich zu leistenden Zahlungen zu vermerken". Damit wird bei Unternehmen, die zwar Pensionszahlungen leisten, aber in Ausübung des Wahlrechts Pensionsverpflichtungen nicht passivieren, wenigstens das Faktum einer künftigen Belastung erkennbar[192].

Zur Bewertung von Pensionsrückstellungen heißt es in § 156 Abs. 2: „..., Rentenverpflichtungen [sind] zu ihrem Barwert anzusetzen".

---

188) Vgl. u.a. ADS, Tz. 158 ff. zu § 152.

189) Obgleich dieses Urteil die damals üblichen, widerruflichen Pensionszusagen betraf, heute jedoch Pensionszusagen selbst nach dem Wechsel des Arbeitsplatzes i.d.R. nicht mehr verfallen, besteht nach herrschender Ansicht das Passivierungswahlrecht weiter (vgl. IdW-Stellungnahme HFA 3/1977) – trotz der nahezu einhelligen und heftigen „Urteilsschelte" (vgl. u.a. *Leffson*, 1980a, S. 128). Unter dem Eindruck des „Falles AEG", der den Pensions-Sicherungs-Verein im Jahre 1982 allein 950 Millionen DM gekostet hat, verstärkt sich auch der öffentliche Druck auf den Gesetzgeber, eine Passivierungspflicht für Pensionsrückstellungen vorzuschreiben.

190) Der gesonderte Ausweis der Pensionsrückstellungen erfolgt, „weil diesen Rückstellungen dem Umfang nach eine große Bedeutung zukommt und auch ihr wirtschaftlicher Charakter von dem anderer Rückstellungen abweicht" (*Kropff*, Begründung RegE, S. 229 f.).

191) Vgl. ADS, Tz. 162 zu § 152; IdW-Stellungnahme HFA 3/1977.

192) Vgl. *Seemann*, S. 145; *Jäger*, S. 152 FN 206. Nach der Absicht des Gesetzgebers soll diese „Kompromißvorschrift" (ADS, Tz. 1 zu § 159) offenbar die nicht eingeführte Passivierungspflicht kompensieren (vgl. *Kropff*, Ausschußbericht, S. 255 f.).

Aufgrund der überragenden Bedeutung[193], die Pensionsrückstellungen im Jahresabschluß und damit auch für die Berichterstattung im Geschäftsbericht zukommt, sollen im folgenden die Grundsätze für Ansatz und Bewertung etwas ausführlicher dargestellt werden[194].

Zunächst besteht handels- wie steuerrechtlich ein für jede Pensionszusage individuell auszuübendes Passivierungswahlrecht; im Falle der Passivierung ist nach dem Grundsatz der Einzelbewertung jede Versorgungsverpflichtung für sich zu bewerten.

Der Wert einer Pensionsrückstellung bei Eintritt des Versorgungsfalles entspricht dem Barwert der künftigen Rentenzahlungen in diesem Zeitpunkt. Diese – auch als Deckungskapital bezeichnete – Größe wird auf versicherungsmathematischer Grundlage, d.h. unter Verwendung einer sog. „Sterbetafel", berechnet. Ihre Höhe hängt von dem Rechnungszinsfuß und dem Zeitpunkt des Ausscheidens des Arbeitnehmers aus dem Unternehmen ab.

Je niedriger der Zinssatz, umso höher ist c. p. der Barwert der Rentenverpflichtung. Steuerrechtlich war bis zum 31. 12. 1981 für die Abzinsung im Regelfall ein Rechnungszinsfuß von 5,5 vH festgelegt (§ 6a Abs. 3 EStG); ausnahmsweise war nach § 13a Abs. 1 BFG zur Berechnung von Pensionsansprüchen von Arbeitnehmern in Berliner Betriebsstätten ein Rechnungszinsfuß von 3,5 vH anzusetzen[195]. Handelsrechtlich liegt die Untergrenze bei 3 vH; in der anderen Richtung wird als vertretbare Grenze der Zinssatz für langfristiges Kapital angesehen[196].

Als Zeitpunkt des Ausscheidens eines Arbeitnehmers aus dem Unternehmen wird im Regelfall das vertraglich vereinbarte Pensionsalter zugrundegelegt. Ausnahmsweise kann bei Arbeitnehmern, die Mitglied der gesetzlichen Rentenversicherung sind, der frühestmögliche gesetzliche Termin des Ausscheidens aus Altersgründen gewählt werden (flexible Altersgrenze)[197].

Die jährlichen Zuführungen zur Pensionsrückstellung eines Arbeitnehmers ergeben sich durch Verteilung des Barwertes der künftigen Rentenzahlungen bei Eintritt des Versorgungsfalles auf den Zeitraum, in dem das Deckungskapital angesammelt werden soll. Hierbei lassen sich das Gegenwartswertverfahren und das Teilwertverfahren unterscheiden.

Beim Gegenwartswertverfahren wird das Deckungskapital auf die Zeit zwischen Pensionszusage und Ausscheiden des Arbeitnehmers, beim Teilwertverfahren dagegen auf die Zeit zwischen Dienstantritt bzw. dem 30. Lebensjahr und Ausscheiden des Arbeitnehmers verteilt. Abgesehen von dem Fall, daß der Zeitpunkt der Pensionszusage mit dem des Dienstantritts übereinstimmt, ist die Zuführung zur Pensionsrückstellung im Jahr der Zusage beim Teilwertverfahren größer als bei

---

[193] So erreichten die Pensionsrückstellungen der deutschen Aktiengesellschaften 1980 bereits 41 % des Eigenkapitals gegenüber 20 % vor zehn Jahren (vgl. *Langmann*).

[194] Vgl. dazu u.a. ADS, Tz. 55 ff. zu § 156; *Biergans*, S. 290 ff.

[195] Inzwischen ist durch das 2. HStruktG der Rechnungszinsfuß auf 6 vH bzw. 4 vH erhöht worden. Vgl. dazu u.a. Krawitz.

[196] Vgl. ADS, Tz. 23 und 58 zu § 156; WPH, S. 677.

[197] Vgl. § 6 BetrAVG.

der Gegenwartswertmethode. Infolge der geringeren jährlichen Zuführungen beim Teilwertverfahren nimmt die Differenz zwischen der Rückstellungshöhe beim Teilwertverfahren und der beim Gegenwartswertverfahren laufend ab, so daß bei Eintritt des Versorgungsfalles die Pensionsrückstellung bei beiden Methoden übereinstimmt.

Während handelsrechtlich sowohl die Gegenwartswert- als auch die Teilwertmethode als zulässig angesehen werden[198], ist aufgrund der Neufassung des § 6a EStG durch das Gesetz zur Verbesserung der betrieblichen Altersversorgung (BetrAVG) vom 19. 12. 1974 nunmehr für die Berechnung in der Steuerbilanz das Teilwertverfahren vorgeschrieben[199]. „Eine Pensionsrückstellung darf in einem Wirtschaftsjahr höchstens um den Unterschied zwischen dem Teilwert der Pensionsverpflichtung am Schluß des Wirtschaftsjahres und am Schluß des vorangegangenen Wirtschaftsjahres erhöht werden" (§ 6a Abs. 4 Satz 1 EStG); danach ist es steuerlich also nicht zulässig, unterlassene Rückstellungszuführungen in späteren Jahren nachzuholen. Von dieser Regelung sind die fünf Möglichkeiten, sog. „Einmalrückstellungen" zu bilden, zu unterscheiden[200]. Hierbei ist wegen der meist hohen Rückstellungszuführungen wahlweise die sofortige Rückstellungsbildung oder eine gleichmäßige Aufteilung der Einmalrückstellung auf drei Geschäftsjahre möglich.

Aufgrund des Maßgeblichkeitsprinzips darf der Betrag jeder Pensionsrückstellung in der Steuerbilanz nicht höher sein als in der Handelsbilanz. Allerdings können die steuerlichen Zuführungen „in einem Wirtschaftsjahr die in der Handelsbilanz vorgenommenen Zuführungen überschreiten, soweit in der Steuerbilanz keine höhere Rückstellung ausgewiesen wird als die in der Handelsbilanz berücksichtigte Rückstellung" (Abschn. 41 Abs. 23 Satz 2 EStR 1981).

Bezüglich der Auflösung von Pensionsrückstellungen besteht zwischen der handels- und steuerrechtlichen Vorgehensweise Übereinstimmung.

Hinsichtlich der Berichterstattung nach § 160 Abs. 2 Satz 2 haben sich in der Literatur folgende Anforderungen als herrschende Meinung herauskristallisiert:

1. Es muß eine Angabe erfolgen, ob die Pensionszusagen durch die ausgewiesenen Rückstellungen voll gedeckt sind[201]. Wenn dies nicht der Fall ist, muß das Deckungsverhältnis bzw. die Deckungslücke beziffert werden[202].

---

198) Vgl. ADS, Tz. 71 zu § 156.

199) Vgl. zur Berichterstattung über den Verfahrenswechsel *Damm/Halbinger/Kellinghusen* sowie *Heubeck* (1974).

200) Vgl. dazu *Bieg*, S. 45 f.

201) Vgl. ADS, Tz. 41 zu § 160; *Castan*, 1969, S. 316; *Kupsch*, S. 82; WPH, S. 544.

202) Vgl. IdW-Stellungnahme NA 1/1967, Nr. 14; *Castan*, 1969, S. 316; *Joa*, S. 616; *Kupsch*, S. 82; *von Wysocki* et al., S. 330; *Zimmerer*, S. 110. Die Angabe, daß ein Fehlbetrag vorliegt, ist also nicht ausreichend.

2. Der Rechnungszinsfuß braucht nur explizit genannt zu werden, wenn er von dem jeweils steuerlich zulässigen Satz wesentlich abweicht[203].
3. Die Bewertungsmethode (Gegenwartswert- oder Teilwertverfahren) braucht nicht genannt zu werden[204].
4. Der Hinweis, daß die Pensionsrückstellungen aufgrund einer versicherungsmathematischen Berechnung oder eines versicherungsmathematischen Gutachtens zustande gekommen ist, braucht nicht zu erfolgen[205].
5. Bestehen Pensionsverpflichtungen, ohne daß eine Rückstellung gebildet wurde, so ist die Nicht-Passivierung anzugeben[206].

Für den Fall, daß ein expliziter Hinweis auf volle Deckung der Pensionsverpflichtungen durch Rückstellungen fehlt, ist zu fragen, ob und gegebenenfalls welche anderweitigen Angaben darauf schließen lassen, daß die Pensionsrückstellungen mit dem erforderlichen Betrag angesetzt sind.

Der Hinweis darauf, daß die Pensionsrückstellungen oder die Zuführungen des Geschäftsjahrs dem steuerlich Zulässigen entsprechen, stellt keine ausreichende Erläuterung des Deckungsgrades dar, da wegen des steuerlichen Nachholverbots ein Fehlbetrag nicht auszuschließen ist[207]. Aus dem gleichen Grunde genügt auch die Anmerkung, daß der steuerlich höchstens zulässige Betrag zugeführt worden ist, nicht den Anforderungen[208]. Die bloße Angabe des Rechnungszinsfußes reicht ebenfalls nicht aus, weil daraus allein der Deckungsgrad nicht abzuleiten ist[209]. Ob aus dem Hinweis auf eine versicherungsmathematische Berechnung der Pensionsrückstellungen auf eine Deckung der Pensionszusagen geschlossen werden kann, ist in der Literatur umstritten. Nach *Kropff* muß eine solche Bemerkung „dahin verstanden werden, daß der Rückstellung auch in der Vergangenheit jeweils der steuerlich zulässige Höchstbetrag (§ 6a EStG) zugeführt wurde; sie genügt"[210].

---

203) Vgl. ADS, Tz. 41 zu § 160; IdW-Stellungnahme NA 1/1967, Nr. 14; WPH, S. 544. *Seemann* (S. 155) verlangt dagegen stets die Nennung des Rechnungszinsfußes.

204) Vgl. *Kropff*, Anm. 24 zu § 160; WPH, S. 544. Eine solche Angabe wird von *Damm/Halbinger/Kellinghusen* (S. 368) - fälschlicherweise unter Berufung auf Kropff (s.o.) - gefordert. Auch im *Wirtschaftsprüfer-Handbuch* 1981, das für die hier untersuchten Geschäftsberichte noch nicht relevant sein konnte, findet sich - im Gegensatz zu der 1977er Ausgabe - die Forderung, „die Methode der Errechnung zu nennen" (S. 621). Offenbar zeichnet sich hier ine Auffassungswandel in der Literatur ab.

205) Dieser Hinweis wird in der Literatur - soweit ersichtlich - nur von *Seemann* (S. 156) verlangt.

206) Vgl. *Kropff*, Anm. 38 zu § 160.

207) Vgl. *Castan*, 1969, S. 316; *von Wysocki* et al., S. 330.

208) Vgl. *Kropff*, Anm. 38 zu § 160; *Castan*, 1969, S. 316.

209) Vgl. *von Wysocki* et al., S. 330.

210) Anm. 38 zu § 160. Kropff beruft sich auf *Heubeck*: „Bemerkenswert sind die Kommentare, die in den Geschäftsberichten zu den Pensionsrückstellungen gegeben werden. Meist wird darauf hingewiesen, daß die Rückstellungen nach versicherungsmathematischen Grundsätzen ermittelt werden, womit fast stets die Errechnung in der steuerlich zulässigen Höhe (gem. § 6a EStG) gemeint ist" (1970, S. 790). Unklar bleibt jedoch, wie *Heubeck* festgestellt hat, was „gemeint ist". Die gleiche Ansicht wie *Kropff* vertreten *von Wysocki* et al. (S. 330) und *Jäger* (S. 152, die bei ihren empirischen Untersuchungen einen alleinigen Hinweis auf eine versicherungsmathematische Berechnung als ausreichende Berichterstattung einstufen, ohne dies allerdings zu begründen.

Demgegenüber wird von *Seemann*[211] argumentiert, der Hinweis auf eine versicherungsmathematische Berechnung deute lediglich auf das Vorliegen einer Wahrscheinlichkeitsrechnung und die Einbeziehung quantifizierbarer Unsicherheitsfaktoren hin.
Eine Erörterung nach § 160 Abs. 2 Satz 4 ist erforderlich[212], wenn

1. Zuführungen völlig oder teilweise unterbleiben,
2. erstmalig Zuführungen erfolgen oder unterbliebene Zuführungen nachgeholt werden,
3. Pensionsrückstellungen ohne Wegfall der Verpflichtung völlig oder teilweise aufgelöst werden,
4. der Rechnungszinsfuß geändert wird,
5. eine neue Sterblichkeitstabelle verwandt wird,
6. ein Übergang auf das Teilwertverfahren erfolgt;

hier dürfte es sich stets um wesentliche Beeinträchtigungen der Vergleichbarkeit handeln.

Diese Änderungen gehen auch in den Unterschiedsbetrag gemäß § 160 Abs. 2 Satz 5 ein[213].

Die Berichtspflicht zum Deckungsgrad gemäß § 160 Abs. 2 Satz 2, 4 und 5 ist für Aktienbanken durch die Befreiung nach § 26 a Abs. 2 KWG aufgehoben[214], dennoch sind diese Gesellschaften nach Satz 1 dieser Vorschrift zu bestimmten Ausführungen verpflichtet. So verlangt das *Wirtschaftsprüfer-Handbuch* Angaben über die „Behandlung der Pensionsverpflichtungen im Jahresabschluß"[215] und führt weiter aus: „Sofern bei Bestehen von Pensionsverpflichtungen keine Rückstellungen gebildet worden sind, werden idR Angaben über den Umfang dieser Verpflichtungen erforderlich sein"[216]. Außerdem ist der Bilanzvermerk zu erläutern[217].

Die empirische Untersuchung über den Ausweis von Pensionsrückstellungen und den Vermerk von Pensionszahlungen im Jahresabschluß zeigt ein erfreuliches Bild.

---

211) Vgl. S. 156. Die gleiche Ansicht vertreten auch *Havermann* (S. 987) und *Kupsch* (S. 82 f.).

212) Vgl. ADS, Tz. 78 zu § 160 sowie Tz. 58 zu § 156; ähnlich *Knoche*, S. 30, *Kropff*, Anm. 53 zu § 160, und *Seemann*, S. 163.

213) Vgl. ADS, Tz. 78 zu § 160 sowie Tz. 58 zu § 156; ähnlich *Knoche*, S. 30, *Kropff*, Anm. 53 zu § 160, und *Seemann*, S. 163.

214) Vgl. dazu *Jäger*, S. 151.

215) S. 542; ebenso *Kropff*, Anm. 31 zu § 160, und *Mellerowicz*, Anm. 10 zu § 160.

216) S. 542; IdW-Stellungnahme NA 2/1968, Nr. 10.

217) Vgl. *Kropff*, Anm. 31 zu § 160.

Tab. 59: Ausweis von Pensionsrückstellungen im Jahresabschluß

Erhebungsmerkmale	Merkmalshäufigkeit abs.	%
1. Ausweis von Pensionsrückstellungen im Berichtsjahr	89	94,7
a) Pensionsrückstellungen im Vorjahr nicht vorhanden	-	
b) Pensionsrückstellungen im Vorjahr vorhanden	89	
(1) Pensionsrückstellungen im Berichtsjahr > Pensionsrückstellungen im Vorjahr: 80		
(2) Pensionsrückstellungen im Berichtsjahr < Pensionsrückstellungen im Vorjahr: 6		
(3) Pensionsrückstellungen im Berichtsjahr = Pensionsrückstellungen im Vorjahr: 2		
(4) Pensionsrückstellungen im Berichtsjahr mit denen im Vorjahr nicht vergleichbar: 1		
2. kein Ausweis von Pensionsrückstellungen im Berichtsjahr	5	5,3
Insgesamt	94	100,0

Tab. 60: Vermerk von Pensionszahlungen im Jahresabschluß

Erhebungsmerkmale	Merkmalshäufigkeit abs.	%
1. Passivierung mit Vermerk der Pensionszahlungen	87	92,5
2. Passivierung ohne Vermerk der Pensionszahlungen	2	2,1
3. Vermerk der Pensionszahlungen ohne Passivierung (hier als Fehlanzeige)	1	1,1
4. weder Passivierung noch Vermerk der Pensionszahlungen	4	4,3
Insgesamt	94	100,0

89 Gesellschaften (94,7 %), darunter alle zehn Banken, weisen Pensionsrückstellungen gesondert aus[218]; bei nur zwei Gesellschaften aus diesem Kreis fehlt der Vermerk der Pensionszahlungen. Fünf Gesellschaften (5,3 %) haben keine Pensionsrückstellungen gebildet, wobei sich bei vier Unternehmen auch kein Vermerk der Pensionszahlungen findet, so daß anscheinend keine derartigen Verpflichtungen vorliegen[219]; bei einer Gesellschaft ist der Vermerk anzutreffen:

„Im Geschäftsjahr wurden weder Pensionszahlungen noch Zahlungen an rechtlich selbständige Versorgungskassen geleistet; in jedem der folgenden fünf Geschäftsjahre werden auch keine Zahlungen zu leisten sein".
(HOESCH 1980, S. 10)

Tab. 61: Umfang der Berichterstattung über Pensionsrückstellungen

	Merkmalshäufigkeit	
Erhebungsmerkmale	abs.	%
1. Angaben zur Bemessung von Pensionsrückstellungen	87	92,6
davon Banken: 8		
2. keine Angaben zur Bemessung von Pensionsrückstellungen	7	7,4
davon Banken: 2		
Insgesamt	94	100,0
3. Erörterung von Änderungen im Zusammenhang mit Pensionsrückstellungen	6	6,4
4. keine Erörterung von Änderungen im Zusammenhang mit Pensionsrückstellungen	88	93,6
Insgesamt	94	100,0
5. Angabe eines Unterschiedsbetrages aufgrund von Änderungen im Zusammenhang mit Pensionsrückstellungen	-	-
6. keine Angabe eines Unterschiedsbetrages aufgrund von Änderungen im Zusammenhang mit Pensionsrückstellungen	94	100,0
Insgesamt	94	100,0

218) Dieser Befund bestätigt die Ergebnisse von *Geiss* und *Castan* (1969, S. 316), daß vor allem größere Unternehmen betriebliche Altersversorgung betreiben. Vgl. dazu auch *Ahrend/Dorow*.

219) Bei diesen Gesellschaften fehlt auch die Position „Aufwendungen für Altersversorgung und Unterstützung" in der GuV.

Offenbar haben alle Gesellschaften mit Pensionsverpflichtungen auch Rückstellungen für diesen Zweck gebildet; diese Feststellung wird allerdings durch die empirischen Befunde zum Deckungsgrad stark relativiert.

Zu Angaben über die Bemessung von Pensionsrückstellungen sind 79 Gesellschaften verpflichtet; diese berichten auch ohne Ausnahme. Acht Banken geben freiwillig Informationen zur Dotierung der Pensionsrückstellungen. Damit liegen insgesamt 87 Angaben hierüber vor.

Tab. 62: Angaben zur Bemessung von Pensionsrückstellungen

Erhebungsmerkmale		Merkmalshäufigkeit abs.	%
1. Hinweis auf versicherungsmathematische Berechnung davon Banken: 8		74	85,0
2. Hinweis auf Teilwertmethode davon Banken: 5		64	73,6
3. Hinweis auf Gegenwartsmethode		1	1,2
4. Hinweis auf Übereinstimmung mit steuerlichen Vorschriften		39	44,8
5. Hinweis auf den Rechnungszinsfuß		26	29,9
a) 5,5 %	17		
b) 3,5 %	9		
c) anderer Zinssatz	-		
6. Hinweis auf volle Deckung der Pensionsverpflichtungen davon Banken: 2		17	19,5
7. Hinweis auf Unterdeckung der Pensionsverpflichtungen		11	12,6
a) mit Angabe des Fehlbetrages	5		
b) ohne Angabe des Fehlbetrages	6		
8. Sonstige Hinweise		1	1,2
./. Mehrfachzählungen (davon Banken: 7)		146	167,8
Insgesamt		87	100,0

17 Gesellschaften (19,6% der berichtenden Unternehmen), darunter zwei Banken, geben im Erläuterungsbericht einen Hinweis auf volle Deckung der Pensionsverpflichtungen[220].

Beispiel: „Die Pensionsrückstellungen sind nach dem Teilwertverfahren gemäß § 19 Betriebsrentengesetz bewertet (Rechnungszinsfuß 5,5%). Alle durch die Pensionszusagen eingegangenen Ruhegeldverpflichtungen sind weiterhin voll gedeckt". (DEGUSSA 1979/80, S. 54)

Elf Gesellschaften (12,6% der berichtenden Unternehmen) weisen dagegen ausdrücklich eine Unterdeckung hin; davon nennen fünf Gesellschaften den Fehlbetrag bzw. den Prozentsatz.

Beispiel: „AEG-TELEFUNKEN AG weist die Pensionsrückstellungen zum 31. Dezember 1980 gegenüber dem Vorjahr in unveränderter Höhe aus. Dadurch hat sich das Deckungsverhältnis auf 61% des Barwertes verringert; eine Aufrechterhaltung des vorjährigen Deckungsverhältnisses von 69% hätte eine zusätzliche Zuführung von 87 Mio DM erfordert".
(1980, S. 41)

Sechs Gesellschaften verzichten auf eine Quantifizierung, was als unzulässig anzusehen ist.

Beispiel: „Bei den ausgewiesenen Pensionsrückstellungen bestehen ... Unterdekkungen zum versicherungsmathematischen Teilwert".
(PAPIERWERKE WALDHOF-ASCHAFFENBURG 1980, S. 35)

Bei 59 Gesellschaften (67,8% der berichtenden Unternehmen) fehlt der erforderliche explizite Hinweis auf eine Voll- bzw. Unterdeckung; daher erschien eine nähere Aufschlüsselung der Berichtsmerkmale geboten. (siehe Tab. 63)

Obwohl immerhin 27 dieser 59 Unternehmen mindestens drei Bewertungsmerkmale angeben, läßt sich daraus – genau so wenig wie bei den anderen 32 Gesellschaften – zwingend auf eine volle Deckung der Pensionsverpflichtungen schließen. Die umgekehrte Folgerung, daß in allen Fällen von einer Unterdeckung auszugehen ist, erscheint ebenfalls gewagt, denn möglicherweise liegt bei einigen dieser Unternehmen eine volle Deckung vor, nur geht dies aus der Formulierung im Geschäftsbericht nicht klar hervor.

---

[220] In einigen Geschäftsberichten wird der Terminus „volle Deckung" nicht verwendet; Angaben, daß die Pensionsrückstellungen zum „höchstzulässigen Teilwert" bewertet sind (so z.B. bei BUDERUS und LÖWENBRÄU), wurden jedoch als äquivalent angesehen.

Tab. 63: Spezifizierung der Angaben zur Bemessung von Pensionsrückstellungen

Erhebungsmerkmale		Merkmalshäufigkeit abs.	%
1. Angabe nur eines Merkmals		10	16,9
a) nur Hinweis auf versicherungsmathematische Berechnung	7		
b) nur Hinweis auf Teilwertmethode	1		
c) nur Hinweis auf Übereinstimmung mit steuerlichen Vorschriften	1		
c) nur Sonstiges	1		
2. Angabe von zwei Merkmalen		22	37,3
a) Hinweis auf versicherungsmathetische Berechnung und auf Teilwertmethode	13		
b) Hinweis auf versicherungsmathematische Berechnung und auf Übereinstimmung mit steuerlichen Vorschriften	5		
c) Hinweis auf versicherungsmathematische Berechnung und auf Rechnungszinsfuß	2		
d) Hinweis auf Teilwertmethode und Übereinstimmung mit steuerlichen Vorschriften	1		
e) Hinweis auf Teilwertmethode und Rechnungszinsfuß	1		
3. Angabe von drei Merkmalen		24	40,7
a) Hinweis auf versicherungsmathematische Berechnung, auf Teilwertmethode und auf Übereinstimmung mit steuerlichen Vorschriften	14		
b) Hinweis auf versicherungsmathematische Berechnung, auf Teilwertmethode und auf den Rechnungszinsfuß	8		
c) Hinweis auf versicherungsmathematische Berechnung, auf Teilwertmethode und auf Übereinstimmung mit steuerlichen Vorschriften	2		
4. Angabe von 4 Merkmalen		3	5,1
Insgesamt		59	100,0

Beispiel: „Die Pensionsrückstellungen sind nach versicherungsmathematischen Grundsätzen auf Basis der Teilwerte gemäß § 6a (3) EStG unter Zugrundelegung eines Rechnungszinsfußes von 5,5 % ermittelt".
(VDM 1979/80, S. 21)

Die Angaben von 59 Gesellschaften zur Bemessung von Pensionsrückstellungen sind daher als unzureichend einzustufen.

Bei der empirischen Untersuchung zeigte sich im übrigen, daß aus dem Hinweis auf eine versicherungsmathematische Berechnung nicht auf eine volle Dekkung der Pensionsverpflichtungen geschlossen werden kann; ein Beispiel dafür liefert die Berichterstattung der BEWAG (1980). Hier heißt es zunächst:

„Die Pensionsrückstellungen werden nach versicherungsmathematischen Berechnungen in steuerlich zulässiger Höhe gemäß § 6a Einkommensteuergesetz gebildet. Dabei legen wir nach § 13a Berlinförderungsgesetz den Zinssatz von 3,5 vH zugrunde" (S. 32).

Einige Seiten weiter folgt der Hinweis:

„Die Soll-Verpflichtungen sind durch den passivierten Bilanzbetrag ... zu 93 vH gedeckt. Gegenüber dem in Berlin zulässigen Zinssatz von 3,5 vH ergäbe sich bei einem Rechnungszinsfuß von 5,5 vH, wie er im übrigen Bundesgebiet gültig ist, wiederum eine rechnerische Überdeckung" (S. 35).

Einige Gesellschaften erwecken den Anschein, als seien die Pensionsrückstellungen mit dem Maximalbetrag angesetzt. So berichtet KRUPP STAHL (1980):

„Den Pensionsrückstellungen werden aufgrund versicherungsmathematischer Berechnungen zu Lasten des Ergebnisses die steuerlich zulässigen Höchstbeträge ... zugeführt" (S. 38).

Von dieser Gesellschaft ist jedoch aus der Presse[221] bekannt, daß eine Unterdekkung vorliegt.

Das Gesamturteil über die Qualität der Berichterstattung gemäß § 160 Abs. 2 Satz 2 geht aus Tab. 64 hervor.

Danach verstoßen immerhin 59 Gesellschaften (74,7 % der angabepflichtigen Unternehmen) gegen die Erläuterungspflichten[222].

Explizite Hinweise auf Änderungen des Deckungsgrades, die nach § 160 Abs. 2 Satz 4 zu erörtern sind, finden sich bei insgesamt sechs Gesellschaften; drei Unternehmen haben die Zuführung zu Pensionsrückstellungen reduziert oder unterlassen (z.B. AEG-TELEFUNKEN), während ebenfalls drei Gesellschaften Nachholungen vorgenommen haben. Die von den Gesellschaften gegebenen Informationen sind als ausreichend anzusehen.

---

221) Vgl. *Kemmer*.

222) Dieses Ergebnis kommt dem von *Seemann* (S. 161) sehr nahe. Ein Vergleich mit den Beurteilungen von *Castan*, *Jäger* und *von Wysocki* et al. ist aufgrund der unterschiedlichen Kriterien nicht sinnvoll.

Tab. 64: Qualität der Berichterstattung über die Bemessung von Pensionsrückstellungen

Angaben gemäß § 160 Abs. 2 Satz 2		abs.	%
A. Ausreichende Angaben		20	21,3
1. Hinweis auf volle Deckung	15		
2. Hinweis auf Unterdeckung mit Angabe des Fehlbetrags	5		
B. Unzureichende Angaben		59	62,8
1. Hinweis auf Unterdeckung ohne Angabe des Fehlbetrags	6		
2. kein expliziter Hinweis auf Unterdeckung bzw. volle Deckung	53		
Gesamtheit der Angaben bei angabepflichtigen Gesellschaften		79	
C. Freiwillige Angaben		8	8,5
Gesamtheit der Angaben		87	
D. Zulässig fehlende Angaben		7	7,4
E. Unzulässig fehlende Angaben		-	-
Gesamtheit der einbezogenen Gesellschaften		94	100,0

Ob und inwieweit auch bei anderen Unternehmen Veränderungen des Dekkungsgrades aufgetreten sind, läßt sich aus der Sicht eines externen Berichtslesers kaum feststellen. Vom Vorjahr abweichende Formulierungen im Geschäftsbericht, die als Indiz dafür in Frage kommen, wurden in drei Fällen vorgefunden. Außerdem haben nur wenige der Gesellschaften, bei denen eine ungewöhnliche Zunahme der Pensionsrückstellungen zu verzeichnen ist, darüber berichtet[223].

Keine einzige Gesellschaft gibt aufgrund von Änderungen im Zusammenhang mit Pensionsrückstellungen einen Unterschiedsbetrag gemäß § 160 Abs. 2 Satz 5 an - selbst AEG-TELEFUNKEN nicht, bei der die unterlassene Zuführung 27,2 % des Jahresfehlbetrages und 14 % des Grundkapitals ausmacht.

223) Anders dagegen z.B. DAIMLER-BENZ 1980, S. 71.

5.7 Berichterstattung über „andere Rückstellungen"

Zu den „anderen Rückstellungen" zählen sämtliche passivierungsfähigen Rückstellungen – außer den Pensionsrückstellungen; im einzelnen gehören dazu die folgenden in § 152 Abs. 7 genannten Arten:[224]
- alle anderen Rückstellungen für ungewisse Verbindlichkeiten (Passivierungspflicht)
- Rückstellungen für drohende Verluste aus schwebenden Geschäften (Passivierungspflicht)
- Rückstellungen für im Geschäftsjahr unterlassene Instandhaltung oder Abraumbeseitigung, die im folgenden Geschäftsjahr nachgeholt werden (Passivierungswahlrecht)
- Rückstellungen für Gewährleistungen, die ohne rechtliche Verpflichtung erbracht werden (Passivierungswahlrecht).

Für eine Gesellschaft, die alle zulässigen Rückstellungen gebildet hat, ist nach *Adler/Düring/Schmaltz* folgende Mindestgliederung erforderlich:[225]

IV. Rückstellungen		
1. Pensionsrückstellungen		.....
2. andere Rückstellungen		
a) Rückstellungen für unterlassene Instandhaltung oder Abraumbeseitigung	....	
b) Rückstellungen für sonstige Gewährleistungen	....	
c) sonstige Rückstellungen	....	.....

Rückstellungen sind vollständig oder teilweise aufzulösen, wenn der Rückstellungsgrund entfallen ist oder wenn der Grund noch besteht, die Höhe jedoch nicht mehr berechtigt ist[226]. Für den Ausweis der Auflösung von Rückstellungen sieht die Gliederungsvorschrift des § 157 Abs. 1 die Position Nr. 13 „Erträge aus der Auflösung von Rückstellungen" vor, während für die Einstellung in Rückstellungen keine gesonderte Position existiert; die Bildung erfolgt zu Lasten der Aufwandsarten, „unter die der Aufwand fallen würde, wenn er bereits im laufenden Geschäftsjahr abgerechnet werden könnte"[227].

Die Bewertung der „anderen Rückstellungen" wird durch § 156 Abs. 4 geregelt: „Rückstellungen sind nur in Höhe des Betrags anzusetzen, der nach vernünftiger kaufmännischer Beurteilung notwendig ist". Ebenso wenig konkret wie das Gesetz ist die Kommentierung; so beschränken sich *Adler/Düring/Schmaltz* zunächst auf die Anmerkungen, daß

[224] Die bilanzielle Behandlung ist in Klammern angegeben. Vgl. dazu ADS, Tz. 158 ff. zu § 152.

[225] Vgl. ADS, Tz. 219 zu § 151. Möglich wäre auch noch eine andere Gliederung, die ebenda aufgeführt ist.

[226] Vgl. ADS, Tz. 163 zu § 152.

[227] ADS, Tz. 42 zu § 157. Nicht unter Nr. 13 fällt der bestimmungsgemäße Verbrauch von Rückstellungen. Vgl. ADS, Tz. 131 zu § 157.

- bei passivierungspflichtigen Rückstellungsarten „der Betrag zurückzustellen [ist], der nach vernünftiger kaufmännischer Beurteilung das Risiko der Inanspruchnahme deckt"[228],
- bei Rückstellungsarten, für die ein Passivierungswahlrecht besteht, „auch die Dotierung der Rückstellung mit einem Betrag zulässig [ist], der zwischen Null und dem nach vernünftiger kaufmännischer Beurteilung gebotenen Wert liegt"[229],

und äußern sich anschließend nur vage zur Bemessung des nach vernünftiger kaufmännischer Beurteilung notwendigen Betrags[230]. Daraus folgt, daß gerade bei den „anderen Rückstellungen" ein erheblicher bilanzpolitischer Spielraum besteht.

Im Rahmen der allgemeinen Abschlußerläuterungen nach § 160 Abs. 2 Satz 1 ist nach herrschender Ansicht die Zusammensetzung der „anderen Rückstellungen" darzulegen[231], wobei an die Stelle der Berichterstattung im Geschäftsbericht eine Spezifizierung in der Bilanz treten kann.

Zu den Erläuterungspflichten nach § 160 Abs. 2 Satz 2 könnten zunächst Angaben über die Ausnutzung des Passivierungswahlrechtes bei Rückstellungen für unterlassene Instandhaltung und Abraumbeseitigung sowie für Kulanz zählen; dies wird jedoch - soweit ersichtlich - nur von *Litfin* gefordert[232]. Ferner wäre über die Bemessung von „anderen Rückstellungsarten" zu berichten, falls der Dotierung eine „Methode" zugrundeliegt. Dies scheint der überwiegende Teil der Literatur zu bejahen[233]. Umso mehr muß verwundern, daß im Schrifttum keine[234] oder nur knappe Äußerungen zu den Erläuterungspflichten in bezug auf „andere Rückstellungen" zu finden sind[235]. So fordert *Gördeler*[236] bei Garantierückstellungen Angaben, „nach welchen Grundsätzen vorgegangen ist". *Kropff*[237] verlangt Informationen darüber, „wie die Rückstellungen für Risiken im Auftragsbestand bemessen werden (unter Ansatz von Vollkosten oder nur von leistungsabhängigen Kosten)". Bemerkenswert ist, daß in keinem Kommentar Angaben über die Bandbreite von Schätzungen etc. gefordert werden[238].

---

228) ADS, Tz. 40 zu § 156.

229) ADS, Tz. 40 zu § 156.

230) Vgl. ADS, Tz. 43 ff. zu § 156.

231) Vgl. ADS, Tz. 28 zu § 160; Kupsch, S. 79; WPH, S. 541 f. Nach *Mellerowicz* (Anm. 10 zu § 160) ist darüber hinaus auch über die Veränderung zu berichten.

232) Vgl. S. 64.

233) Vgl. ADS, Tz. 41 und 78 zu § 160; *Baumbach/Hueck*, Anm. 8 zu § 160; *Gördeler*, S. 117; *Kropff*, Anm. 38 zu § 160; *Kupsch*, S. 83 f.; WPH, S. 544.

234) So bei *Claussen* und *Scherpf*.

235) So findet sich bei ADS nur der Hinweis: „Auch für Passivposten kommt - neben den allgemeinen Erläuterungen nach § 160 Abs. 2 Satz 1 ... - die Erläuterung von Bewertungsmethoden in Betracht. Dies gilt im wesentlichen für die Sonderposten mit Rücklageanteil und die Rückstellungen" (Tz. 41 zu § 160); ähnlich WPH, S. 544.

236) Vgl. S. 117; gleicher Ansicht *Baumbach/Hueck*, Anm. 8 zu § 160, sowie *Litfin*, S. 64.

237) Vgl. Anm. 38 zu § 160.

238) Vgl. jedoch u.a. *Drukarczyk*, S. 130 FN 37.

Als konkrete Tatbestände, an die eine Erörterungspflicht nach § 160 Abs. 2 Satz 4 geknüpft ist, werden in der Literatur genannt:

1. Wechsel von der Passivierung zur Nichtpassivierung und umgekehrt bei Rückstellungen, für die ein Wahlrecht besteht[239], z.B. bei Kulanzrückstellungen,
2. Änderung bei Bewertungsmethoden, z.B. hinsichtlich der Berechnung von Garantierückstellungen und Rückstellungen für drohende Verluste aus schwebenden Geschäften[240],
3. vergleichbarkeitsbeeinträchtigende Strukturveränderungen, z.B. vom Vorjahr wesentlich abweichende Garantieansprüche oder vergleichsweise umfangreiche Verluste aus schwebenden Geschäften[241].

In den Unterschiedsbetrag nach § 160 Abs. 2 Satz 5 sind – unabhängig von ihrer Wesentlichkeit – die betragsmäßigen Auswirkungen sämtlicher freiwilligen Abweichungen einzubeziehen. Ermessensbedingte und zwingende Änderungen bei „anderen Rückstellungen" lassen sich jedoch kaum trennen, so daß sich dem Bilanzierenden auch hier erhebliche Gestaltungsspielräume eröffnen.

Die empirische Untersuchung zeigt zunächst, daß alle 94 einbezogenen Unternehmen in der Bilanz Rückstellungen ausweisen, die zur Kategorie der „anderen Rückstellungen" zählen.

63 Gesellschaften (67%) teilen beim Bilanzausweis die Rückstellungen in „Pensionsrückstellungen" und „andere Rückstellungen" ein. 31 Unternehmen (33%) nehmen eine Spezifizierung vor; 27 Gesellschaften nennen zwei, zwei Unternehmen drei und zwei Gesellschaften vier zur Gruppe der „anderen Rückstellungen" gehörige Arten.

Die Unternehmen, die keine Untergliederung der „anderen Rückstellungen" vornehmen, führen Rückstellungen zumeist wie folgt auf:

Rückstellungen	
1. Pensionsrückstellungen	.....
2. Andere Rückstellungen	.....

Dieser Ausweiskategorie wurden auch die wenigen Fälle (z.B. DLW) zugerechnet, in denen ein Bestandteil der „anderen Rückstellungen" durch die Formulierung „davon ..." herausgestellt wird, ohne daß dadurch jedoch bei dieser Rückstellungsart ein direkter Vergleich mit der Vorjahreszahl möglich ist.

---

[239] Vgl. ADS, Tz. 78 zu § 160; *Kropff*, Anm. 53 zu § 160; *Litfin*, S. 64; WPH, S. 551.

[240] Vgl. ADS, Tz. 78 zu § 160; *Kropff*, Anm. 53 zu § 160; *Litfin*, S. 64; WPH, S. 551 sowie *Knoche*, S. 51, und *Kupsch*, S. 83 f.

[241] Vgl. *Kupsch*, S. 83; a.A. ADS, Tz. 78 zu § 160, sowie WPH, S. 551.

Tab. 65: Ausweis von „anderen Rückstellungen" im Jahresabschluß

Erhebungsmerkmale	Merkmalshäufigkeit abs.	%		
1. Ausweis von "anderen Rückstellungen" im Berichtsjahr			94	100,0
a) keine Untergliederung der "anderen Rückstellungen"	63	67,0		
(1) "andere Rückstellungen" im Vorjahr nicht vorhanden -				
(2) "andere Rückstellungen" im Vorjahr vorhanden 63				
aa) "andere Rückstellungen" im Berichtsjahr > "andere Rückstellungen" im Vorjahr: 37				
bb) "andere Rückstellungen" im Berichtsjahr < "andere Rückstellungen" im Vorjahr: 22				
cc) "andere Rückstellungen" im Berichtsjahr = "andere Rückstellungen" im Vorjahr: 1				
dd) "andere Rückstellungen" im Berichtsjahr mit denen im Vorjahr nicht vergleichbar: 3				
b) Spezifizierung der "anderen Rückstellungen"	31	33,0		
(1) Nennung von 2 dazu gehörigen Rückstellungsarten 27				
(2) Nennung von 3 dazu gehörigen Rückstellungsarten 2				
(3) Nennung von 4 dazu gehörigen Rückstellungsarten 2				
2. kein Ausweis von "anderen Rückstellungen" im Berichtsjahr			-	-
Insgesamt			**94**	**100,0**

Bei den Gesellschaften, die eine Spezifizierung der „anderen Rückstellungen" vornehmen, ist am häufigsten die folgende Aufteilung anzutreffen:

Rückstellungen	
1. Pensionsrückstellungen	.....
2. Rückstellungen für unterlassene Instandhaltung	.....
3. Andere Rückstellungen	.....

Nur wenige Unternehmen verwenden anstelle des in diesem Zusammenhang unglücklichen Ausdrucks[242] „andere Rückstellungen" den sinnvolleren Terminus „sonstige Rückstellungen" (z.B. VW).

Auffallend ausführlich ist die Spezifizierung bei HARPENER und VW mit jeweils drei Nennungen „anderer Rückstellungsarten" sowie bei MANNESMANN und MANNESMANN-DEMAG, bei denen noch eine zeitliche Differenzierung erfolgt:

Langfristige Rückstellungen	
1. für Pensionen	.....
2. für Sonstiges	.....
Andere Rückstellungen	.....
1. für Steuern	.....
2. für Instandhaltung	.....
3. für Sonstiges	.....

91 Gesellschaften (96,4 %), darunter neun Banken, machen Angaben über „andere Rückstellungen" im Geschäftsbericht.

83 Gesellschaften (88,3 %) nennen Zwecke, für die die Rückstellungsbildung erfolgt. Die durchschnittliche Zahl der Nennungen beträgt 3,8.

Betragsangaben für einzelne Zwecke von „anderen Rückstellungen" finden sich in den Geschäftsberichten von 16 Gesellschaften (17 %); darunter sind immerhin sieben Gesellschaften, die die „anderen Rückstellungen" bereits in der Bilanz spezifiziert haben und sie nun im Erläuterungsbericht weiter aufschlüsseln.

Was Nennung und Betragsangabe im Zusammenhang mit „anderen Rückstellungen" anbelangt, ist also ein großer Unterschied im Berichtsumfang festzustellen[243].

---

242) Denn die Rückstellungen für unterlassene Instandhaltung zählen bekanntlich zu den „anderen Rückstellungen".

243) Die Ergebnisse dieser Untersuchung sind nahezu identisch mit denen von *Kupsch* (S. 80 f.) und *Seemann* (S. 138); beide ermittelten durchschnittlich 3,6 Nennungen, *Kupsch* fand bei 16,9 % der einbezogenen Gesellschaften Betragsangaben vor.

Angaben über die Fristigkeit und die dazu gehörigen Beträge waren nur bei vier Gesellschaften (4,3%) im Geschäftsbericht zu finden.

Tab. 66: Umfang der Berichterstattung über „andere Rückstellungen"

Erhebungsmerkmale	Merkmalshäufigkeit abs.	%
1. Angaben über "andere Rückstellungen" davon Banken: 9	91	96,4
2. keine Angaben über "andere Rückstellungen" davon Banken: 1	3	3,2
Insgesamt	94	100,0
3. Erörterung von Änderungen im Zusammenhang mit "anderen Rückstellungen"	33	35,1
4. keine Erörterung von Änderungen im Zusammenhang mit "anderen Rückstellungen"	61	64,9
Insgesamt	94	100,0
5. Angabe eines Unterschiedsbetrages aufgrund von Änderungen im Zusammenhang mit "anderen Rückstellungen"	-	-
6. keine Angabe eines Unterschiedsbetrages aufgrund von Änderungen im Zusammenhang mit "anderen Rückstellungen"	94	100,0
Insgesamt	94	100,0

Insgesamt 43 Gesellschaften (45,7%) machen Angaben zur Bemessung der „anderen Rückstellungen", wovon sich allerdings 42 Unternehmen etwa wie folgt äußern:

„Die anderen Rückstellungen decken alle ungewissen Verbindlichkeiten und alle bei der Bilanzerstellung erkennbaren Risiken".
(DT. BABCOCK 1979/80, S. 38)

Tab. 67: Häufigkeit der Nennung von Zwecken für die Bildung „anderer Rückstellungen"

Erhebungsmerkmale	Merkmalshäufigkeit abs.	%
1. keine Nennung davon Banken: 1	11	11,7
2. 1 bis 3 Nennungen davon Banken: 6	30	31,9
3. 4 bis 6 Nennungen davon Banken: 3	44	46,8
4. 7 bis 9 Nennungen	7	7,5
5. mehr als 9 Nennungen	2	2,1
Insgesamt	94	100,0

Tab. 68: Häufigkeit der Betragsangaben für einzelne Zwecke von „anderen Rückstellungen"

Erhebungsmerkmale	Merkmalshäufigkeit abs.	%
1. keine Betragsangabe davon Banken: 9	78	83,0
2. eine Betragsangabe	6	6,4
3. zwei Betragsangaben davon Banken: 1	2	2,1
4. drei Betragsangaben	2	2,1
5. vier Betragsangaben	2	2,1
6. fünf Betragsangaben	3	3,2
7. mehr als fünf Betragsangaben	1	1,1
Insgesamt	94	100,0

Nur eine Gesellschaft (DAIMLER-BENZ 1980, S. 72) stellt die Bemessung einer einzelnen Rückstellungsart konkret dar.

Angesichts der geringen Anforderungen der Literatur an die Angaben gemäß § 160 Abs. 2 Satz 2 kann dieses Ergebnis nicht überraschen.

Als Indiz für mögliche Berichtspflichten nach § 160 Abs. 2 Satz 4 könnten beträchtliche Schwankungen der Höhe der „anderen Rückstellungen" dienen. Die Veränderung ist unter Einbeziehung des spezifizierten Bilanzausweises[244] in Tab. 69 wiedergegeben.

Tab. 69: Veränderung der Höhe „anderer Rückstellungen" gegenüber dem Vorjahr

Erhebungsmerkmale	Merkmalshäufigkeit abs.	%
1. Erhöhung um		
a) bis zu 10 %	28	22,8
b) 10 bis 20 % davon Banken: 2	23	18,7
c) 20 bis 30 % davon Banken: 2	10	8,1
d) 30 bis 40 % davon Banken: 1	3	2,4
e) 40 bis 50 %	-	-
f) 50 bis 100 %	8	6,5
g) mehr als 100 %	7	5,7
2. Verringerung um		
a) bis zu 10 %	15	12,2
b) 10 bis 20 % davon Banken: 4	12	9,8
c) 20 bis 30 % davon Banken: 1	11	9,0
d) 30 bis 40 %	3	2,4
e) 40 bis 50 %	3	2,4
Insgesamt	123	100,0

244) Dadurch ist zu erklären, daß die Summe (123) die Zahl der einbezogenen Gesellschaften (94) übersteigt.

Betrachtet man in Tab. 70 die Prozentzahlen, die für die einzelnen Größenkategorien der Rückstellungsveränderung den relativen Anteil der Erläuterungen angeben, so zeigt sich, daß die Häufigkeit von Erörterungen keineswegs mit der Höhe der Rückstellungsveränderung steigt, sondern bei geringen Rückstellungserhöhungen von bis zu 10% etwa gleich häufig Erläuterungen erfolgen wie bei Zunahmen von 50 bis 100%; gerade bei extremen Steigerungen ist die Erläuterungshäufigkeit auffallend schlecht.

Tab. 70: Erörterung von Veränderungen der Höhe „anderer Rückstellungen"

Erhebungsmerkmale	Merkmalshäufigkeit abs.	%
1. Häufigkeit von Erläuterungen bei Zunahme um		
a) bis zu 10 %	10	35,7
b) 10 bis 20 %	7	30,4
c) 20 bis 30 %	3	30,0
d) 30 bis 40 %	2	66,7
e) 40 bis 50 %	-	-
f) 50 bis 100 %	3	37,5
g) mehr als 100 %	2	28,6
2. Häufigkeit von Erläuterungen bei Abnahme um		
a) bis zu 10 %	4	26,7
b) 10 bis 20 %	2	16,7
c) 20 bis 30 %	7	63,6
d) 30 bis 40 %	-	-
e) 40 bis 50 %	2	66,7
./. Doppelzählungen	9	
Insgesamt	33	

Erörterungen gemäß § 160 Abs. 2 Satz 4 über eine geänderte Ausnutzung des Passivierungswahlrechtes oder über einen Wechsel der Bewertungsmethoden wurden in den Geschäftsberichten nicht angetroffen.

Änderungen im Zusammenhang mit „anderen Rückstellungen" wurden von keiner Gesellschaft als Ursache für einen Unterschiedsbetrag nach § 160 Abs. 2 Satz 5 genannt.

Die Abgabe eines begründeten Urteils hinsichtlich der Qualität der Berichterstattung über „andere Rückstellungen" ist dem externen Berichtsleser aufgrund fehlender Informationen über erläuterungspflichtige Tatbestände kaum möglich. Es besteht jedoch Anlaß zu vermuten, daß sich gerade in den Bereich der „anderen Rückstellungen" bilanzpolitische Aktivitäten verlagert haben, die sich vor dem Außenstehenden hier besonders gut verstecken lassen.

5.8 Berichterstattung über ein Verbindlichkeitsdisagio

Nach § 156 Abs. 3 besteht hinsichtlich der Behandlung des Disagios bei Verbindlichkeiten ein Aktivierungswahlrecht; im Falle der Aktivierung ist der Betrag unter den Rechnungsabgrenzungsposten der Aktivseite gesondert auszuweisen und durch jährliche Abschreibungen, die auf die gesamte Laufzeit verteilt werden dürfen, zu tilgen.

Soweit die Literatur diesbezüglich überhaupt auf die Berichtspflichten nach § 160 Abs. 2 Satz 2 eingeht, werden Angaben über die Ausnutzung des Aktivierungswahlrechtes sowie über die Abschreibungen analog zu den immateriellen Anlagewerten gefordert[245]. Ähnliches gilt[246] auch in bezug auf die Erörterung nach Satz 4 und den Unterschiedsbetrag nach Satz 5 des § 160 Abs. 2.

Bei 59 Gesellschaften (62,8 %), darunter vier Banken, ist kein Verbindlichkeitsdisagio unter den aktiven Rechnungsabgrenzungsposten anzutreffen. Von den verbleibenden 35 Gesellschaften, darunter sechs Banken, weisen 30 Unternehmen ein niedrigeres und fünf Unternehmen ein höheres Verbindlichkeitsdisagio als im Vorjahr aus.

Elf Gesellschaften (11,7 %), darunter eine Bank[247], berichten über die Ausnutzung des Aktivierungswahlrechts[248]; ausnahmslos wird angegeben, daß das Verbindlichkeitsdisagio in die aktiven Rechnungsabgrenzungsposten einbezogen wurde. Demnach fehlen jegliche Angaben bei 83 Gesellschaften (88,3 %); dies kann auf zwei Gründe zurückzuführen sein:

- ein Disagio ist im Geschäftsjahr nicht aufgetreten, so daß keine Angaben erforderlich waren;
- ein Disagio ist im Geschäftsjahr aufgetreten und als aktiver Rechnungsabgrenzungsposten oder sofort als Aufwand verbucht worden, ohne daß die erforderlichen Angaben gemacht wurden.

245) Vgl. IdW-Stellungnahme 1/1967, Nr. 12; *Kropff*, Anm. 38 zu § 160; *Litfin*, S. 63.

246) Vgl. ADS, Tz. 77 zu § 160; WPH, S. 551. Nach *Kropff* (Anm. 53 zu § 160) liegt eine berichtspflichtige Änderung vor, wenn ein Disagio entgegen der bisherigen Übung aktiviert bzw. nicht aktiviert wird. Im Falle einer Aktivierung ist auch eine Änderung des Abschreibungsplans zu erörtern (vgl. *Knoche*, S. 30).

247) Hierbei handelt es sich um die BAYERISCHE VEREINSBANK (1980, S. 40).

248) Davon zählen zehn Unternehmen zu jenen Gesellschaften, bei denen sich das Verbindlichkeitsdisagio verringert hat.

Tab. 71: Ausweis eines Verbindlichkeitsdisagios im Jahresabschluß

Erhebungsmerkmale		Merkmalshäufigkeit abs.	%
1. gesonderter Ausweis unter den aktiven Rechnungsabgrenzungsposten im Berichtsjahr		35	37,2
a) Disagio im Vorjahr nicht vorhanden	-		
b) Disagio im Vorjahr vorhanden	35		
(1) Disagio im Berichtsjahr > Disagio im Vorjahr: 5			
(2) Disagio im Berichtsjahr < Disagio im Vorjahr: 30			
2. kein gesonderter Ausweis unter den aktiven Rechnungsabgrenzungsposten im Berichtsjahr		59	62,8
Insgesamt		94	100,0

Nun kann ein externer Berichtsleser – da Fehlanzeigen nicht vorgesehen sind – die Gesamtzahl der angabepflichtigen Gesellschaften nicht ermitteln. Das Anfallen eines Verbindlichkeitsdisagios im Geschäftsjahr kann nur dann als sicher unterstellt werden, wenn ein solcher Posten unter den aktiven Rechnungsabgrenzungsposten erstmals oder mit einem höheren Betrag als im Vorjahr aufgeführt ist; dies läßt sich für eine Gesellschaft (KALI UND SALZ) konstatieren. Da die verbleibenden neun Banken zu Angaben über ein Verbindlichkeitsdisagio wohl nicht verpflichtet sind, läßt sich bei 73 Gesellschaften (77,7 %) die Berichtsqualität in diesem Punkt nicht beurteilen. (siehe Tab. 73)

Nun sei auf den Abschreibungsplan im Falle der Aktivierung eines Verbindlichkeitsdisagios eingegangen. Zu diesbezüglichen Angaben sind – von Banken abgesehen – jene Unternehmen verpflichtet, die ein Verbindlichkeitsdisagio unter den aktiven Rechnungsabgrenzungsposten gesondert ausweisen. Hierbei handelt es sich um 29 Gesellschaften; aber nur sechs Unternehmen (20,7 % der angabepflichtigen Gesellschaften) machen die erforderlichen Angaben über die planmäßigen Abschreibungen, wovon allerdings nur eine als ausreichend angesehen werden kann:

„Das aktivierte Disagio wird während der ursprünglich vereinbarten Laufzeit der aufgenommenen Kredite degressiv abgeschrieben".
(AEG-TELEFUNKEN 1980, S. 40)

Bei den anderen fünf Gesellschaften erfolgten keine Angaben über das gewählte Abschreibungsverfahren.

Beispiel: „Die im Rahmen von Kreditaufnahmen anfallenden Disagiobeträge werden als Rechnungsabgrenzungsposten aktiviert und über die Laufzeit der Kredite verteilt im Aufwand verrechnet".
(ENKA 1979/80, S. 30)

Tab. 72: Umfang der Berichterstattung über ein Verbindlichkeitsdisagio

Erhebungsmerkmale	Merkmalshäufigkeit abs.	%
1. Angaben über ein Verbindlichkeitsdisagio	11	11,7
davon Banken: 1		
2. keine Angaben über ein Verbindlichkeitsdisagio	83	88,3
davon Banken: 9		
Insgesamt	94	100,0
3. Erörterung von Änderungen im Zusammenhang mit einem Verbindlichkeitsdisagio	1	1,1
4. keine Erörterung von Änderungen im Zusammenhang mit einem Verbindlichkeitsdisagio	93	98,9
Insgesamt	94	100,0
5. Angabe eines Unterschiedsbetrages aufgrund von Änderungen im Zusammenhang mit einem Verbindlichkeitsdisagio	-	-
6. keine Angabe eines Unterschiedsbetrages aufgrund von Änderungen im Zusammenhang mit einem Verbindlichkeitsdisagio	94	100,0
Insgesamt	94	100,0

Tab. 73: Qualität der Berichterstattung über die Ausnutzung des Aktivierungswahlrechtes bei einem Verbindlichkeitsdisagio

Erhebungsmerkmale		Merkmalshäufigkeit abs.	%
A. Ausreichende Angaben		11	11,7
B. Unzureichende Angaben		-	-
C. Fehlende Angaben		83	88,3
davon eindeutig unzulässig:	1		
davon eindeutig zulässig:	9		
Insgesamt		94	100,0

Bei 23 Gesellschaften (79,3 % der angabepflichtigen Unternehmen) fehlen Angaben über planmäßige Abschreibungen völlig.

Damit entsprechen bei 28 Gesellschaften (96,6 % der angabepflichtigen Unternehmen) die Angaben über planmäßige Abschreibungen auf ein Verbindlichkeitsdisagio nicht den Anforderungen gemäß § 160 Abs. 2 Satz 2.

Tab. 74: Qualität der Berichterstattung über die planmäßigen Abschreibungen bei einem Verbindlichkeitsdisagio

Erhebungsmerkmale		Merkmalshäufigkeit abs.	%
A. Ausreichende Angaben		1	1,1
B. Unzureichende Angaben		5	5,3
C. Fehlende Angaben		88	93,6
davon eindeutig unzulässig:	23		
davon eindeutig zulässig:	65		
Insgesamt		94	100,0

Abschließend sollen die Urteile hinsichtlich der Qualität der Berichterstattung über die Ausnutzung des Aktivierungswahlrechtes und über den Abschreibungsplan zusammengefaßt werden.

Tab. 75: Qualität der Berichterstattung über ein Verbindlichkeitsdisagio

Angaben gemäß § 160 Abs. 2 Satz 2		abs.	%
A. Ausreichende Angaben		1	1,1
1. Eindeutiger Hinweis auf Nicht-Aktivierung	-		
2. Eindeutiger Hinweis auf Aktivierung und ausreichende Angaben zum Abschreibungsplan	1		
B. Unzureichende Angaben		10	10,6
1. Eindeutiger Hinweis auf Aktivierung und unzureichende Angaben zum Abschreibungsplan	5		
2. Eindeutiger Hinweis auf Aktivierung und fehlende Angaben zum Abschreibungsplan	5		
C. Fehlende Angaben		83	88,3
Insgesamt		94	100,0

Damit entspricht die Berichterstattung über ein Verbindlichkeitsdisagio nur in einem Fall[249] den Anforderungen gemäß § 160 Abs. 2 Satz 2.

In bezug auf die Erörterungspflichten gemäß § 160 Abs. 2 Satz 4 wurde nur bei einer Gesellschaft (BEWAG 1979/80, S. 31) eine Änderung im Zusammenhang mit einem Verbindlichkeitsdisagio angetroffen, wobei die bisherige Vorgehensweise und die Gründe für die Abweichung im Unklaren bleiben. Versteckte Hinweise auf Änderungen ergaben sich in diesem Zusammenhang nicht. Ein Unterschiedsbetrag gemäß § 160 Abs. 2 Satz 5 wurde in keinem Fall mit einem Verbindlichkeitsdisagio in Verbindung gebracht.

249) In früheren empirischen Untersuchungen wurden die Angaben über ein Verbindlichkeitsdisagio nicht analysiert; ein Ergebnisvergleich ist daher nicht möglich.

6. Die Rechtsfolgen fehlender oder unzureichender Berichterstattung

6.1 Auskunftsrecht der Aktionäre gegenüber dem Vorstand (gemäß § 131)

„Jedem Aktionär ist auf Verlangen in der Hauptversammlung vom Vorstand Auskunft über Angelegenheiten der Gesellschaft zu geben, soweit sie zur sachgemäßen Beurteilung des Gegenstands der Tagesordnung erforderlich ist" (Absatz 1 Satz 1). Dabei hat die Auskunft „den Grundsätzen einer gewissenhaften und getreuen Rechenschaft zu entsprechen" (Absatz 2). Der Vorstand darf allerdings die Auskunft u.a. über die Bewertungs- und Abschreibungsmethoden verweigern, „soweit die Angabe dieser Methoden im Geschäftsbericht zur Vermittlung eines sicheren Einblick in die Vermögens- und Ertragslage der Gesellschaft ausreicht" (Abs. 3 Nr. 4)[1]. Im Falle einer Auskunftsverweigerung kann der Aktionär „verlangen, daß seine Frage und der Grund, aus dem die Auskunft verweigert worden ist, in die Niederschrift über die Verhandlung aufgenommen werden" (Abs. 5).

6.2 Antragsrecht der Aktionäre zum ordentlichen Gericht

6.2.1 auf gerichtliche Entscheidung über Auskunftsverweigerung (gemäß § 132)

Hat der Vorstand die Auskunft verweigert, entscheidet auf Antrag das für den Sitz der Gesellschaft zuständige Landgericht darüber, ob der Vorstand die Auskunft zu geben hat (Abs. 1 Satz 1). Gegen eine ablehnende Entscheidung kann der Aktionär Beschwerde einlegen, wenn das Landgericht sie in der Entscheidung für zulässig erklärt; „es soll sie nur zulassen, wenn dadurch die Klärung einer Rechtsfrage von grundsätzlicher Bedeutung zu erwarten ist" (Abs. 3). „Wird dem Antrag stattgegeben, so ist die Auskunft auch außerhalb der Hauptversammlung zu geben" (Abs. 4 Satz 1). Tendenziell dürften die Vorschriften der §§ 131 und 132 zum Auskunftsrecht sich dahingehend auswirken, daß der Vorstand im Zweifel die gewünschte Auskunft erteilt.

6.2.2 auf Bestellung von Sonderprüfern (gemäß §§ 258 f.)

Besteht Anlaß für die Annahme[2], daß u.a. „der Geschäftsbericht die Angaben nach § 160 Abs. 2 oder 3 nicht oder nicht vollständig enthält und der Vorstand in der Hauptversammlung die fehlenden Angaben, obwohl nach ihnen gefragt worden ist, nicht gemacht hat und die Aufnahme der Frage in die Niederschrift verlangt worden ist, so hat das Gericht auf Antrag Sonderprüfer zu bestellen" (§ 258 Abs. 1 Satz 1).

---

[1] Dies gilt jedoch nicht, wenn die Hauptversammlung den Jahresabschluß feststellt.

[2] *Möhring* (S. 91) sieht in der Sonderprüfung zu Recht ein gewisses Mißtrauen gegenüber der normalen Abschlußprüfung. Zum Zusammenhang von Sonderprüfungsverfahren und Verfahren zur gerichtlichen Entscheidung über das Auskunftsrecht vgl. *Pohle*, S. 124 ff.

„Vor der Bestellung hat das Gericht den Vorstand, den Aufsichtsrat und die Abschlußprüfer zu hören", wobei gegen die Entscheidung die sofortige Beschwerde zulässig ist (§ 258 Abs. 3). Der Antrag, der innerhalb eines Monats nach der Hauptversammlung zu stellen ist, kann nur von einer qualifizierten Minderheit von Aktionären, die zusammen mindestens 5 % oder eine Million DM des Grundkapitals vertreten, eingereicht werden.

Die Sonderprüfer, die nur Wirtschaftsprüfer und Wirtschaftsprüfungsgesellschaften sein können (§ 258 Abs. 4), haben in ihrem schriftlichen Bericht über das Ergebnis der Prüfung (§ 259 Abs. 1) „in einer abschließenden Feststellung die fehlenden Angaben zu machen" (§ 259 Abs. 4 Satz 1), soweit sie bisher unterblieben waren. „Ist die Angabe von Änderungen von Bewertungs- und Abschreibungsmethoden einschließlich der Vornahme außerplanmäßiger Abschreibungen oder Wertberichtigungen unterlassen worden, so ist in der abschließenden Feststellung auch der Betrag anzugeben, um den der Jahresüberschuß oder Jahresfehlbetrag ohne die Änderung, deren Angabe unterlassen wurde, höher oder niedriger gewesen wäre" (§ 259 Abs. 4 Satz 2). Zu beachten ist, daß hier die in § 160 Abs. 2 Satz 5 gesetzten Grenzen entfallen sind, so daß die Höhe des Betrages unerheblich ist.

Im umgekehrten Fall haben die Sonderprüfer „in einer abschließenden Feststellung zu erklären, daß nach ihrer pflichtmäßigen Prüfung und Beurteilung im Geschäftsbericht keine Angaben nach § 160 Abs. 2 oder 3 unterlassen worden sind" (§ 259 Abs. 4 Satz 3). Der Vorstand hat die abschließenden Feststellungen der Sonderprüfer unverzüglich in den Gesellschaftsblättern bekanntzumachen.

Diesen strengen Gesetzesfolgen dürfte vor allem eine präventive Wirkung zukommen; der Vorstand soll seinen Erläuterungspflichten im Geschäftsbericht bereits in einem Maße nachkommen, daß sich spätere Zwangsmaßnahmen erübrigen[3].

6.3 Klagerecht der Aktionäre auf Anfechtung eines Hauptversammlungs-Beschlusses (gemäß § 243)

Sofern im Geschäftsbericht die Erläuterung nach § 160 Abs. 2 nicht vollständig oder unrichtig erfolgt ist, so kann ein Beschluß der Hauptversammlung, der von der unzureichenden Berichterstattung beeinflußt wurde, durch Klage angefochten werden (§ 243 Abs. 1). Darüber hinaus läßt sich die Anfechtungsklage auch auf die Verweigerung einer Auskunft durch den Vorstand stützen (§ 243 Abs. 4)[4]. Die Klage muß innerhalb eines Monats nach der Beschlußfassung erhoben werden (§ 246 Abs. 1) und ist gegen die Gesellschaft zu richten (§ 246 Abs. 2). Zuständig für die Klage ist ausschließlich das Landgericht, in dessen Bezirk die Gesellschaft ihren Sitz hat (§ 246 Abs. 3). „Der Vorstand hat die Erhebung der Klage und den Termin zur mündlichen

---

[3] Vgl. *Litfin*, S. 26; *Knoche*, S. 59.
[4] Vgl. dazu auch *Godin/Wilhelmi*, Anm. 5 zu § 243.

Verhandlung unverzüglich in den Gesellschaftsblättern bekanntzumachen" (§ 246 Abs. 4). Die Anfechtungsbefugnis steht grundsätzlich jedem Aktionär zu (§ 245), wobei § 247 Abs. 2 auf Antrag die Anpassung der Prozeßkosten an die wirtschaftliche Lage des Aktionärs vorsieht. Soweit der Beschluß der Hauptversammlung durch rechtskräftiges Urteil für nichtig erklärt ist (§ 241 Nr. 5, § 248 Abs. 1 Satz 1), hat der Vorstand das Urteil zum Handelsregister einzureichen und, sofern der Beschluß eingetragen war, eintragen zu lassen und bekanntzumachen (§ 248 Abs. 1 Satz 2 bis 4).

6.4 Einschränkung oder Verweigerung des Bestätigungsvermerks durch den Abschlußprüfer (gemäß § 167)

„Der Jahresabschluß ist unter Einbeziehung der Buchführung und des Geschäftsberichtes durch einen oder mehrere sachverständige Prüfer (Abschlußprüfer) zu prüfen" (§ 162 Abs. 1 Satz 1). „Der Geschäftsbericht ist darauf zu prüfen, ob § 160 Abs. 2, enthält das *Wirtschaftsprüfer-Handbuch* kaum konkrete Ausführungen[5]. Zunächst wird Selbstverständliches empfohlen, nämlich den Geschäftsbe-Satz 2).

Zur Prüfung des Geschäftsberichtes, vor allem zum Erläuterungsbericht nach § 160 Abs. 2, enthält das Wirtschaftsprüfer-Handbuch kaum konkrete Ausführungen[5]. Zunächst wird Selbstverständliches empfohlen, nämlich den Geschäftsbericht nach Abschluß der Prüfung der Bilanz und der GuV zu prüfen; „dabei erfordert insbesondere die Prüfung der Angaben nach § 160 Abs. 2 vom Prüfer erhöhte Sorgsamkeit und Gewissenhaftigkeit"[6]. Neben einer Wiederholung des Gesetzeswortlauts findet sich der Hinweis: „Der Leser muß sich aufgrund der Angaben im GB über die Grundsätze der Bilanzierung ein zutreffendes eigenes Urteil bilden können"[7]. Dem Abschlußprüfer wird empfohlen, schon bei der Prüfung der Bilanz und der GuV im Hinblick auf die Erläuterung im Geschäftsbericht Antworten auf die folgenden Fragen zu suchen:[8]

„- Liegt ein Vorgang (Methode, Änderung, außerordentliche Abschreibung oder Wertberichtigung) vor, die berichtspflichtig sein kann?
- Ist dieser Vorgang für die Vermittlung eines möglichst sicheren Einblicks in die Vermögens- und Ertragslage bedeutsam bzw. beeinträchtigt er die Vergleichbarkeit mit dem letzten Jahresabschluß?
- Wie ausführlich ist zu berichten (Verweis auf früheren GB)?"

---

[5] Dabei bildet die Überprüfung des Geschäftsberichtes einen „Schwerpunkt der beruflichen Tätigkeit des Abschlußprüfers" (*Gördeler*, S. 119); diese Ansicht vertreten auch *Kropff* (1964, S. 575) und *Forster* (1965, S. 598). Vgl. zur Prüfung des Erläuterungsberichts auch *Selchert*, S. 431 ff.

[6] S. 1128.

[7] WPH, S. 1128.

[8] WPH, S. 1129.

Ansonsten findet sich nur noch der Hinweis, daß es zur Prüfung der zahlenmäßigen Angaben nach § 160 Abs. 2 Satz 5 zusätzlich einer eingehenden Überprüfung der Berechnungen bedarf, insbesondere der Berücksichtigung von indirekten Auswirkungen (Steuern, Tantiemen u.ä.) bei der Ermittlung des Unterschiedsbetrages[9]. Eine ausdrückliche Empfehlung, auf eine klare und unmißverständliche Darstellung im Geschäftsbericht zu achten[10], fehlt im *Wirtschaftsprüfer-Handbuch*[11].

Bei Meinungsverschiedenheiten zwischen den Abschlußprüfern und der Gesellschaft über die Auslegung der Bestimmungen über den Jahresabschluß und den Geschäftsbericht entscheidet auf Antrag eines Abschlußprüfers oder des Vorstands das nach § 132 Abs. 1 zuständige Gericht (§ 169 Abs. 1). Die materielle Rechtskraft der ergangenen Entscheidung zwingt den Abschlußprüfer, dieser Entscheidung bei der Erteilung des Bestätigungsvermerks Rechnung zu tragen[12].

Nach dem IdW-Fachgutachten 3/1977 stellt der Bestätigungsvermerk ein „Gesamturteil pflichtmäßiger, nach den geltenden Berufsgrundsätzen durchgeführter Prüfung" dar. Der uneingeschränkte Bestätigungsvermerk ist zu erteilen, wenn „nach dem abschließenden Ergebnis der Prüfung keine Einwendungen zu erheben [sind]" (§ 167 Abs. 1); andernfalls ist der Bestätigungsvermerk einzuschränken oder zu versagen (§ 167 Abs. 2). Einwendungen können sich u.a. „wegen Mängeln des Geschäftsberichts"[13] ergeben, wobei unwesentliche Beanstandungen nicht zu einer Einschränkung oder Versagung führen[14]. Hierzu heißt es im *Wirtschaftsprüfer-Handbuch* weiter:

„Ein unvollständiger oder unrichtiger Inhalt des Geschäftsberichts rechtfertigt im allgemeinen nur eine Einschränkung des Bestätigungsvermerks ... Fraglich kann sein, ob es auch beim Fehlen der Abschlußerläuterungen nach § 160 Abs. 2 AktG sowie der Einzelangaben nach § 160 Abs. 3 AktG möglich ist, einen eingeschränkten Bestätigungsvermerk zu erteilen; denn diese Mängel können so schwerwiegend sein, daß ein positives Urteil über die Rechnungslegung des Vorstandes im ganzen nicht mehr möglich und die Versagung des Bestätigungsvermerks daher angezeigt

---

[9] Vgl. WPH, S. 1129.

[10] Dies zählt *Leffson* zu den Prüfungspflichten. Vgl. 1980b, S. 325, sowie *Marker*, S. 128.

[11] Es kann daher nicht verwundern, wenn der Wirtschaftprüfer *Klein* den Standpunkt vertritt: „Ich kann nicht meine Aufgabe darin sehen, in die Formuliertechnik und Formulierungskunst des Vorstandssekretariates und dann des Vorstandes einzugreifen" (S. 78).

[12] Vgl. WPH, S. 909; *Baumbach/Hueck*, Anm. 6 zu § 169; ADS, Tz. 32 zu § 169; *Claussen*, Tz. 12 zu § 169; *Godin/Wilhelmi*, Anm. 3 zu § 169; *Kropff*, Anm. 18 zu § 169.

[13] IdW-Fachgutachten 3/1977 sowie WPH, S. 910.

[14] Hierzu führt das IdW-Fachgutachten 3/1977 allgemein aus:
„Wesentlich sind Beanstandungen immer dann, wenn damit zu rechnen ist, daß der Fehler wegen seiner relativen Bedeutung zu einer unzutreffenden Beurteilung der Vermögens-und Ertragslage der Gesellschaft führen kann. Mehrere, für sich allein unwesentliche Beanstandungen können in ihrer Gesamtheit wesentlich sein. Ein Verstoß gegen Einzelvorschriften ist immer dann als Grund für eine wesentliche Beanstandung anzusehen, wenn die Einzelbestimmung nach ihrem Sinn und Zweck für die Rechnungslegung besonders bedeutsam ist". Solange insgesamt ein Positivbefund möglich ist „und die Beanstandungen sich auf abgrenzbare Sachverhalte beziehen, führen sie zu einer Einschränkung des Bestätigungsvermerks".

ist"[15]. Dies gilt umso mehr bei weiteren gravierenden Mängeln der Rechnungslegung. Nach Ansicht von *Leffson* „sind bislang für die Einschränkung von Bestätigungsvermerken keine operationalen, ins Detail gehenden Grundsätze erarbeitet worden", so daß dem einzelnen Abschlußprüfer eine „weite Toleranzgrenze"[16] verbleibt.

Dennoch dürfte die Möglichkeit der Einschränkung oder Versagung des Bestätigungsvermerks durch den Abschlußprüfer wohl den stärksten Druck auf die Gesellschaften ausüben, den Berichtspflichten gemäß § 160 nachzukommen, nachdem sich der Gesetzgeber nicht dazu durchringen konnte, Verstöße gegen die Erläuterungspflichten nach § 160 Abs. 2 in den Katalog jener Sachverhalte aufzunehmen, die nach § 256 zur Nichtigkeit des Jahresabschlusses führen[17].

Feststellungen zum Geschäftsbericht gehen auch in den Prüfungsbericht des Abschlußprüfers ein[18]; hierin ist besonders zu vermerken, „ob die Buchführung, der Jahresabschluß und der Geschäftsbericht, soweit er den Jahresabschluß erläutert, den gesetzlichen Vorschriften entsprechen, und ob der Vorstand die verlangten Aufklärungen und Nachweise erbracht hat" (§ 166 Abs. 1 Satz 2). Nach dem IdW-Fachgutachten 2/1977 „empfiehlt es sich, im Prüfungsbericht in einem gesonderten Abschnitt über die Prüfung des Geschäftsberichts zu berichten. Im allgemeinen genügt es festzustellen, ob der Geschäftsbericht die nach § 160 Abs. 2 bis 5 AktG erforderlichen Erläuterungen und Angaben (einschließlich Unterschiedsbetrag bei Bewertungsänderungen ...) enthält und ob darüber hinaus auch gegen seinen sonstigen Inhalt (insbesondere im Lagebericht) keine Einwendungen zu erheben sind". Da sich der Prüfungsbericht an den Vorstand und Aufsichtsrat der Gesellschaft richtet (§ 166 Abs. 3 i.V.m. § 170 Abs. 1), erlangen die Aktionäre von seinem Inhalt keine Kenntnis[19]. Hinsichtlich der Feststellungen zum Geschäftsbericht dürften den Anteilseignern jedoch dadurch kaum wichtige Informationen vorenthalten werden.

6.5 Widerruf des Bestätigungsvermerks durch den Abschlußprüfer

„Erkennt der Abschlußprüfer, daß die Voraussetzungen für die Erteilung des Bestätigungsvermerks nicht vorgelegen haben, so hat er unter Würdigung aller Umstände, insbesondere unter Berücksichtigung des in den Bestätigungsvermerk gesetzten Vertrauens zu entscheiden, ob es geboten ist, den Bestätigungsvermerk zu

---

[15] S. 915 f; a.A. ADS, Tz. 21 zu § 167, sowie *Nauss*, S. 906.

[16] 1980b, S. 352.

[17] Lediglich bei einer Feststellung des Jahresabschlusses durch die Hauptversammlung ist der festgestellte Jahresabschluß nichtig, wenn die Feststellung auf Anfechtungsklage durch Urteil rechtskräftig für nichtig erklärt worden ist (§ 256 Abs. 3 Nr. 3).

[18] Vgl. dazu auch *Leffson*, 1980b, S. 347.

[19] In der Literatur wird vorgeschlagen, den Prüfungsbericht oder eine Kurzfassung den Aktionären und damit der Öffentlichkeit zugänglich zu machen. Vgl. dazu u.a. *Emmerich*, S. 229, und die Diskussion darüber ebenda, S. 233 ff.

widerrufen"[20]. Nach dem *Wirtschaftsprüfer-Handbuch*[21] ist ein Widerruf nicht nur zulässig, wenn der Abschlußprüfer diese Erkenntnis aufgrund neuer Tatsachen gewinnt[22], oder gar nur, wenn er getäuscht worden ist[23]; der Abschlußprüfer ist vielmehr auch zum Widerruf berechtigt, wenn er Tatsachen übersehen hat, die er bei gewissenhafter Prüfung nicht hätte übersehen dürfen, oder wenn er bestimmte Sachverhalte falsch gewürdigt hat[24]. Ausdrücklich spricht sich das *Wirtschaftsprüfer-Handbuch* gegen die Ansicht von *Adler/Düring/Schmaltz*[25] aus, ein Widerruf sei nur möglich, wenn der Abschlußprüfer – hätte er den wahren Sachverhalt erkannt – den Bestätigungsvermerk versagt hätte; der Widerruf sei vielmehr auch im Falle einer unterlassenen Einschränkung möglich[26]. In diesem Falle „kann nach erfolgtem Widerruf ein eingeschränkter Bestätigungsvermerk erteilt werden"[27]. Ein zu Unrecht erteilter Bestätigungsvermerk „muß so deutlich und so schnell wie möglich widerrufen werden. Sonst besteht die Gefahr, daß Aktionäre und Gläubiger Schaden nehmen"[28]. Der Widerruf hat die Wirkung, daß die Gesellschaft den Bestätigungsvermerk nicht mehr verwenden[29] und von dem Prüfungsbericht nur noch Gebrauch machen darf, wenn sie auf den Widerruf hinweist[30]. Die Feststellung des Jahresabschlusses wird durch den Widerruf nicht unwirksam[31].

Über den Widerruf und seine Gründe hat der Abschlußprüfer die Gesellschaft, zweckmäßigerweise den Vorstand und den Vorsitzenden des Aufsichtsrates, schriftlich zu unterrichten[32]. Ferner kann eine gleichzeitige Unterrichtung des Registergerichtes und anderer Personen, „die vom Bestätigungsvermerk Kenntnis haben dürften, .. geboten sein"[33]. Da eine zeitliche Begrenzung der Widerrufsmöglichkeit offenbar nicht existiert, kommt der Frage, wie ein Widerruf im Falle eines (nach § 177) zum Handelsregister eingereichten und (nach § 178) bekanntgemachten Jahresabschlusses und Geschäftsberichts zu behandeln ist, Bedeutung zu. Hier müßte der Abschlußprüfer verpflichtet sein, die Aktionäre und Gläubiger von dem Widerruf des zu Unrecht erteilten Bestätigungsvermerks und der vorgenommenen

---

20) IdW-Fachgutachten 3/1977; weitergehend (Pflicht zum Widerruf) *Kropff* (Anm. 33 zu § 167) sowie grundsätzlich auch *Claussen* (Tz. 16 zu § 167).

21) Vgl. S. 923.

22) So ADS, Tz. 42 zu § 167; *Claussen*, Tz. 16 zu § 167.

23) So *Baumbach/Hueck*, Anm. 12 zu § 167; *Brönner*, Anm. 12 zu § 167.

24) Vgl. *Kropff*, Anm. 33 zu § 167; a. A. *Brönner*, Anm. 12 zu § 167; *Baumbach/Hueck*, Anm. 12 zu § 167; *Claussen*, Tz. 16 zu § 167. Nach *Leffson* (1980b, S. 365) ist die Widerrufmöglichkeit fraglich.

25) Vgl. Tz. 42 zu § 167.

26) Vgl. WPH, S. 923.

27) Anm. 2 zu Abschn. I des IdW-Fachgutachtens 3/1977.

28) *Kropff*, Anm. 33 zu § 167.

29) *Leffson* (1980b, S. 365) weist darauf hin, daß dies praktisch nur Bedeutung hat, sofern der Jahresabschluß noch nicht veröffentlicht worden ist.

30) Vgl. *Kropff*, Anm. 36 zu § 167; WPH, S. 924.

31) Vgl. ADS, Tz. 43 zu § 167; *Brönner*, Anm. 12 zu § 167; *Kropff*, Anm. 37 zu § 167; WPH, S. 924.

32) Vgl. *Kropff*, Anm. 35 zu § 167; ähnlich ADS, Tz. 43 zu / 167, und *Brönner*, Anm. 12 zu § 167.

33) Anm. 1 zu Abschn. I des IdW-Fachgutachtens 3/1977; ähnlich ADS, Tz. 43 und 44; *Brönner*, Anm. 12 zu § 167; *Kropff*, Anm. 35 zu § 167.

Änderung (Einschränkung oder Versagung) zu unterrichten. Die Literatur äußert sich zu dieser Frage - soweit ersichtlich - nicht; die praktische Relevanz scheint auch gering zu sein.

6.6 Zivil- und strafrechtliche Haftung von Vorstands- und Aufsichtsratsmitgliedern

Liegt überhaupt kein Geschäftsbericht vor, hat das Registergericht seine Aufstellung (§ 407 i.V.m. § 148) und seine Einreichung zum Handelsregister (§ 14 HGB i.V.m. § 177 AktG) notfalls durch Ordnungsstrafen für Vorstandsmitglieder zu erzwingen[34].

Darüber hinaus gelten für einen fehlenden, unvollständigen oder unrichtigen Geschäftsbericht folgende Rechtsfolgen für Vorstands- und Aufsichtsratsmitglieder:[35]

- Verstöße gegen eine ordnungsgemäße Berichterstattung können in bestimmten Fällen[36] auch mit Geld- oder Freiheitsstrafen geahndet werden, vor allem bei unrichtiger Wiedergabe oder Verschleierung der Verhältnisse der Gesellschaft oder des Konzerns (§ 400 Nr. 4).
- Mit Geldstrafe wird u.a. die vorsätzliche oder leichtfertige Nichteinhaltung der Bestimmungen über Form und Inhalt der Bekanntmachung des Geschäftsberichts bestraft (§ 405 Abs. 1 Nr. 4).
- Zivilrechtlich haften Vorstandsmitglieder nach § 93, Aufsichtsratsmitglieder nach § 116.

6.7 Sonstige Rechtsfolgen

Ein fehlender oder mangelhafter Geschäftsbericht kann dem Aufsichtsrat Anlaß geben, die Billigung des Jahresabschlusses zu versagen (§ 172), die Bestellung zum Vorstandsmitglied „aus wichtigem Grund" zu widerrufen und den Anstellungsvertrag zu kündigen; als wichtigen Grund nennt das Aktiengesetz „namentlich grobe Pflichtverletzung, Unfähigkeit zur ordnungsmäßigen Geschäftsführung oder Vertrauensentzug durch die Hauptversammlung, es sei denn, daß das Vertrauen aus offenbar unsachlichen Gründen entzogen worden ist" (§ 84 Abs. 3).

Aus dem gleichen Grunde kann die Hauptversammlung dem Vorstand und bei einer Verletzung der Prüfungs- und Berichtspflicht nach § 171 auch dem Aufsichtsrat die Entlastung versagen[37].

---

[34] Vgl. dazu ADS, Exkurs zu den §§ 400, 405, 407.

[35] Vgl. ADS, Exkurs zu den §§ 400, 405, 407.

[36] Und zwar, wenn es sich „nach Schwere und Bedeutung der in Betracht kommenden Fälle um kriminelles Unrecht handelt" (*Dt. Bundestag*, Drucksache IV/3296, S. 54).

[37] Vgl. *Kropff*, Anm. 125 zu § 160.

7. Die zivil-, straf- und berufsrechtliche Verantwortlichkeit des Abschlußprüfers

Sämtliche untersuchten Geschäftsberichte waren – trotz zum Teil eklatanter Mängel – mit dem uneingeschränkten Bestätigungsvermerk versehen. Dieses Ergebnis wirft die Frage nach der Verantwortlichkeit des Abschlußprüfers, insbesondere in bezug auf die Gewissenhaftigkeit der Prüfung auf[1].

Aus einer pflichtwidrigen Verhaltensweise des Abschlußprüfers während des Urteilsprozesses können zivil-, straf- und berufsrechtliche Konsequenzen resultieren.

Die zivilrechtliche Verantwortlichkeit des Abschlußprüfers erstreckt sich insbesondere auf die Pflicht „zur gewissenhaften und unparteiischen Prüfung" (§ 168 Abs. 1 Satz 1). Die gleichen Pflichten legt auch das Berufsrecht dem Wirtschaftsprüfer auf; so heißt es in § 43 Abs. 1 Satz 1 WPO: „Der Wirtschaftsprüfer hat seinen Beruf unabhängig, gewissenhaft, verschwiegen und eigenverantwortlich auszuüben". Bei schuldhafter Pflichtverletzung haften Abschlußprüfer, Prüfungsgehilfen und gesetzliche Vertreter einer Prüfungsgesellschaft für den daraus entstandenen Schaden, i.d.R. allerdings nur gegenüber der Gesellschaft oder einem Konzernunternehmen, nicht jedoch gegenüber Aktionären und anderen Dritten[2].

Für die strafrechtliche Verantwortlichkeit des Abschlußprüfers ist in diesem Zusammenhang die Verletzung der Berichtspflicht von besonderer Bedeutung; danach wird „mit einer Freiheitsstrafe bis zu drei Jahren oder mit Geldstrafe ... bestraft, wer als Prüfer oder als Gehilfe eines Prüfers über das Ergebnis der Prüfung falsch berichtet oder erhebliche Umstände im Bericht verschweigt" (§ 403 Abs. 1).

Die Berufsaufsicht wird durch die Wirtschaftsprüferkammer, die als Körperschaft des öffentlichen Rechts gemäß § 4 WPO gebildet ist, ausgeübt[3]. Da die Normen der WPO zur Berufsausübung weitgehend unbestimmte Rechtsbegriffe aufführen[4], hat die Wirtschaftsprüferkammer Richtlinien erlassen, so etwa zur Unabhängigkeit, Gewissenhaftigkeit, Verschwiegenheit und Eigenverantwortlichkeit. Zur Gewissenhaftigkeit heißt es in Abschnitt II: „Der Wirtschaftsprüfer muß bei Erfüllung seiner Aufgaben Gesetze und fachliche Regeln beachten sowie nach seinem Gewissen handeln. Er hat sich hierbei von dem Grundsatz der getreuen und sorgfältigen Rechenschaft leiten zu lassen". Dazu wird im *Wirtschaftsprüfer-Handbuch* wei-

---

[1] Daß auch Zweifel an der Unabhängigkeit der Abschlußprüfer berechtigt sein können, hat die Arbeit von *Schruff* (1972) deutlich gezeigt. Vgl. dazu auch *Schulze-Osterloh.*

[2] Vgl. u.a. *Emmerich*, S. 223 ff.; *Kropff*, Anm. 32 zu § 168; WPH, S. 83 f., sowie vor allem die Arbeit von *Ebke*, die hier nicht mehr ausgewertet werden konnte.

[3] Der Berufsstand der Wirtschaftsprüfer ist in Deutschland organisiert einmal durch die freiwillige Mitgliedschaft im Institut der Wirtschaftsprüfer (IdW), das insbesondere die Interessenvertretung gegenüber der Öffentlichkeit sowie die Erarbeitung von Rechnungslegungs- und -prüfungsgrundsätzen übernimmt, und zum andern durch die Zwangsmitgliedschaft bei der Wirtschaftsprüferkammer. Vgl. dazu auch *Leffson*, 1980b, S. 37 f.

[4] Vgl. *Leffson*, 1980b, S. 98.

ter ausgeführt: „Im Mittelpunkt einer gewissenhaften Berufsausübung steht die Pflicht, die 'Fachgutachten' und 'Fachlichen Stellungnahmen' des Instituts der Wirtschaftsprüfer e.V. zu beachten. Diese 'Fachgutachten' und 'Fachlichen Stellungnahmen' stellen die Fachmeinung zu Prüfungs- und Bilanzierungsfragen von dem Vertrauen des Berufs getragener besonders erfahrener und sachverständiger Berufsangehöriger dar. Sie werden vor ihrer Verabschiedung in den Fachnachrichten des Instituts und in der Fachzeitschrift 'Die Wirtschaftsprüfung' veröffentlicht, um Gelegenheit zu Anregungen aus dem Mitgliederkreis zu geben. Infolgedessen sollte es ohne wichtige, objektiv beachtliche Gründe kein Berufsangehöriger auf sich nehmen, von einem Fachgutachten abzuweichen"[5].

„Richtungsweisende Bedeutung"[6] wird vor allem

- dem Fachgutachten 1/77: Grundsätze ordnungsmäßiger Durchführung von Abschlußprüfungen
- dem Fachgutachten 2/77: Grundsätze ordnungsmäßiger Berichterstattung bei Abschlußprüfungen
- dem Fachgutachten 3/77: Grundsätze für die Erteilung von Bestätigungsvermerken bei Abschlußprüfungen

zugemessen.

Die Wirtschaftprüferkammer hat ausdrücklich festgestellt, „daß die Unkenntnis oder Nichtbeachtung von Fachgutachten oder die mangelnde Auseinandersetzung mit diesen eine vorwerfbare und im Wege der Berufsaufsicht zu verfolgende Pflichtverletzung darstellen kann"[7].

Die Wirtschaftsprüferkammer hat über die Einhaltung der Berufspflichten und der von ihr für die Berufsausübung erlassenen Richtlinien zu wachen[8]. Stellt der Vorstand fest, daß ein Mitglied ihm obliegende Pflichten verletzt, so kann er dieses Verhalten nach vorheriger Anhörung des Mitgliedes rügen, wenn die Schuld gering ist und ein Antrag auf Einleitung eines berufsgerichtlichen Verfahrens nicht erforderlich erscheint (§ 63 WPO). Der Rügebescheid wird entsprechend der Schwere der Pflichtverletzung und der Schuld des Berufsangehörigen in der Form der Mißbilligung, scharfen Mißbilligung und schärfsten Mißbilligung graduiert. Die Rüge stellt keine berufsgerichtliche Bestrafung dar.

Mit Ausnahme von Selbstanzeigen obliegt der Staatsanwaltschaft die Einleitung des berufsgerichtlichen Verfahrens, deren Beantragung in der Regel auf eine schriftliche Anzeige des Vorstands der Wirtschaftsprüferkammer als Ausfluß der Berufsaufsicht zurückgeht[9]. Leistet die Staatsanwaltschaft einem solchen Antrag

[5] S. 55. Nach *Leffson* haben die Stellungnahmen der Institutsausschüsse den „Charakter von Fachgutachten" (1980b, S. 102).

[6] WPH, S. 55.

[7] WPH, S. 55.

[8] Vgl. WPH, S. 40 f.

[9] Vgl. WPH, S. 41 ff.

des Vorstandes nicht Folge, so kann der Vorstand im Rechtsmittelweg eine gerichtliche Entscheidung herbeiführen (§ 86 Abs. 2 WPO); dieses Recht steht Dritten nicht zu.

Die berufsgerichtlichen Maßnahmen sind:

1. Warnung
2. Verweis
3. Geldbuße bis zu 20.000 DM
4. Ausschließung aus dem Beruf.

Soweit ersichtlich, haben Mängel des Erläuterungsberichts bislang noch nicht zur Einleitung eines berufsgerichtlichen Verfahrens gegen einen Abschlußprüfer geführt, obwohl auch schon in früheren empirischen Untersuchungen festgestellt worden ist, daß Abschlußprüfer Fachgutachten des Instituts der Wirtschaftsprüfer keine Beachtung schenkten[10]. Daher verwundert nicht, daß zunehmend Zweifel an dem Wert des Testats[11] und der Wirksamkeit der Berufsaufsicht laut werden[12].

---

[10] Vgl. u.a. *Damm/Halbinger/Kellinghusen*, S. 370 und 375.
[11] Vgl. u.a. *o.V.*, 1983, S. 48.
[12] Vgl. u.a. *Emmerich*, *Leffson* (1980b, S. 94 f.) und *Richter*.

8. Die Berichterstattung im künftigen Recht

Mit der Vorlage des Gesetzentwurfs eines Bilanzrichtlinie-Gesetzes[1] durch die Bundesregierung steht das Verfahren, die Vorschriften der 4. EG-Richtlinie[2] in das Deutsche Recht umzusetzen, kurz vor dem Abschluß. Der Entwurf beschränkt sich nicht darauf, die entsprechenden Bestimmungen des Aktiengesetzes und des GmbH-Gesetzes zu ergänzen, sondern sieht eine umfassende Neuregelung des gesamten Handelsbilanzrechts vor. So werden die Vorschriften über den Jahresabschluß, die Prüfung und Veröffentlichung in das neue Dritte Buch des Handelsgesetzbuches übernommen, um damit eine einheitliche, wenn auch nach verschiedenen Merkmalen (Unternehmensgröße, Rechtsform und dgl.) differenzierte Rechtsgrundlage zu schaffen. Der Entwurf vom 3. 6. 1983 wird voraussichtlich ohne große Änderungen im Jahre 1984 von Bundestag und Bundesrat verabschiedet werden. den.

Im folgenden wird die Gesetzesvorlage nur insoweit behandelt, als sich die Vorschriften auf die Berichterstattung von Aktiengesellschaften und deren Prüfung beziehen[3].

Während der Jahresabschluß nach § 148 AktG aus dem Jahresabschluß und der Gewinn- und Verlustrechnung gebildet wird, besteht er nach § 237 Abs. 1 EHGB „aus der Bilanz, der Gewinn- und Verlustrechnung und dem Anhang, die eine Einheit bilden"; neben den Jahresabschluß tritt nach neuem Recht der „Lagebericht" (§ 273 EHGB).

Für den Anhang als Bestandteil des Jahresabschlusses gilt somit auch die Generalnorm des § 237 Abs. 2 EHGB:

„Der Jahresabschluß ist klar und übersichtlich aufzustellen. Er hat unter Beachtung der Grundsätze ordnungsmäßiger Buchführung ein den tatsächlichen Verhältnissen entsprechendes Bild der Vermögens-, Finanz- und Ertragslage des Unternehmens zu vermitteln. Führen besondere Umstände dazu, daß der Jahresabschluß trotz Anwendung der Grundsätze ordnungsmäßiger Buchführung ein den tatsächlichen Verhältnissen entsprechendes Bild im Sinne des Satzes 2 nicht vermittelt, so haben Unternehmen, die ihren Jahresabschluß offenzulegen haben, im Anhang zusätzliche Angaben zu machen."

Der Anhang enthält – bis auf den ausgegliederten Lagebericht – die gleichen Grundelemente wie der Geschäftsbericht, allerdings gehen die Regelungen des neuen Rechts im Detail weit über die entsprechenden Bestimmungen im Aktiengesetz 1965 hinaus.

---

[1] Vgl. Bundesrat-Drucksache 257/83 vom 3. 6. 1983.

[2] Vgl. Amtsblatt der Europäischen Gemeinschaften vom 14. 8. 1978, Nr. L 222/11. Siehe dazu vor allem *Schruff* (1978).

[3] Die Paragraphenangaben werden bei Vorschriften des Aktiengesetzes 1965 mit dem Zusatz „AktG" und bei Vorschriften des Gesetzentwurfs eines Bilanzrichtliniegesetzes (RegEBilRiG), soweit sie das Handelsgesetzbuch bzw. das Aktiengesetz betreffen, mit dem Zusatz „EHGB" bzw. „EAktG" versehen.

Im einzelnen unterscheidet der Gesetzentwurf folgende Berichtsmerkmale[4]:
- Erläuterungen
- Angaben zu und über
- Darstellungen
- Aufgliederungen
- Begründungen.

Die Berichtspflichten variieren mit der Unternehmensgröße und der Rechtsform; danach lassen sich unterscheiden:
- alle Unternehmen
- offenlegungspflichtige Unternehmen
- (kleine) prüfungspflichtige Unternehmen
- große prüfungspflichtige Unternehmen
- Unternehmen bestimmter Rechtsform.

Im Regelfall bringt jede Stufe zusätzliche Berichtspflichten[5].

Tab. 76: Unternehmensdefinitionen nach § 236 Abs 2 EHGB

1. Offenlegungspflichtige Unternehmen:

   Unternehmen, die ihren Jahresabschluß aufgrund gesetzlicher Vorschriften vollständig oder teilweise zu einem Register einzureichen oder im Bundesanzeiger bekanntzumachen haben.

2. Prüfungspflichtige Unternehmen:

   Unternehmen, die ihren Jahresabschluß aufgrund gesetzlicher Vorschriften jährlich prüfen lassen müssen.

3. Große prüfungspflichtige Unternehmen:

   Unternehmen, auf die am Abschlußstichtag und am vorhergehenden Abschlußstichtag mindestens zwei der folgenden Merkmale zutreffen

- Bilanzsumme	11,4	Mio DM
- Umsatzerlöse	24,8	Mio DM
- Arbeitnehmer	250	im Durchschnitt.

---

4) *Forster* (1982, S. 1578) weist zu Recht darauf hin, daß die Abgrenzung im Einzelfall Schwierigkeiten bereiten wird.

5) Vgl. *Forster* (1982, S. 1578).

Aktiengesellschaften sind stets offenlegungspflichtig (§ 177 EAktG) und prüfungspflichtig (§ 162 EAktG).

Während der Inhalt des Geschäftsberichts im alten Recht in einer Vorschrift (§ 160 AktG) beschrieben wird, sind die Regelungen zum Anhang im Gesetzentwurf zum Teil konzentriert in einigen Vorschriften (§§ 270 bis 272 EHGB), ansonsten jedoch über den ersten bis zum sechsten Titel des ersten Abschnitts des Dritten Buches des Handelsgesetzbuches verstreut sowie in rechtsformspezifischen Vorschriften anzutreffen.

Tab. 77: Für Aktiengesellschaften relevante Bestimmungen zum Anhang

1. Erläuterung der Bilanz und der Gewinn- und Verlustrechnung (§ 270 EHGB)	zwingend
2. Zusätzliche Angaben offenlegungspflichtiger Unternehmen (§ 271 EHGB)	zwingend
3. Zusätzliche Angaben prüfungspflichtiger Unternehmen (§ 272 EHGB)	
a) Angaben nach Abs. 1 Nr. 1 - 3	zwingend
b) Angaben nach Abs. 1 Nr. 5 und 6	zwingend nur für Großunternehmen, für kleine Unternehmen freiwillig
c) Angaben nach Abs. 1 Nr. 7 und 8	freiwillig
4. Zusätzliche Angaben für Aktiengesellschaften (§ 154 EAktG)	zwingend
5. Zusätzliche Angaben nach diversen Einzelvorschriften	zwingend

Der Sache nach läßt sich der Inhalt des Anhangs in

1. Berichtspflichten zu Posten der Bilanz und der Gewinn- und Verlustrechnung,
2. Berichtspflichten zu Bewertungsmethoden,
3. Sonstige Berichtspflichten,
4. Berichtspflichten, denen alternativ in der Bilanz und der Gewinn- und Verlustrechnung oder im Anhang entsprochen werden kann,

einteilen[6].

[6] Hier wird die Systematik von *Forster* (1982, S. 1580 ff.) übernommen, der allerdings von „Erläuterungs- und Angabepflichten" spricht. Da im Anhang jedoch auch Darstellungen, Aufgliederungen und Begründungen verlangt werden, sollte besser der Oberbegriff „Berichtspflichten" gewählt werden.

Tab. 78: Berichtspflichten zu Posten der Bilanz und der Gewinn- und Verlustrechnung

1.	Allgemeine Erläuterungspflicht zur Vermittlung eines den tatsächlichen Verhältnissen entsprechenden Bildes im Sinne des § 237 Abs. 2 EHGB	§ 270 Satz 2 Nr. 1 EHGB
2.	Angabe und Begründung von Unterbrechungen der Darstellungsstetigkeit	§ 238 Abs. 1 Satz 2 EHGB
3.	Angabe und Erläuterung nicht mit dem Vorjahr vergleichbarer Beträge einzelner Abschlußposten	§ 238 Abs. 2 Nr. 1 Satz 2 EHGB
4.	Angabe und Erläuterung von Anpassungen der Vergleichszahlen des Vorjahres	§ 238 Abs. 2 Nr. 1 Satz 3 EHGB
5.	Angabe und Begründung, wenn mehrere Formblätter zu beachten waren	§ 238 Abs. 2 Nr. 3 Satz 2 EHGB
6.	Gesonderter Ausweis von Abschlußposten, die in der Bilanz zulässigerweise zusammengefaßt worden sind	§ 238 Abs. 3 Nr. 3 b EHGB
7.	Erläuterung von Beträgen größeren Umfangs, die für Wirtschaftsgüter ausgewiesen werden, welche rechtlich noch nicht entstanden waren	§ 239 Abs. 4 Nr. 3 Satz 2 EHGB
8.	Erläuterung des Postens "Aufwendungen für die Ingangsetzung und Erweiterung des Geschäftsbetriebs"	§ 241 Abs. 3 Satz 1 zweiter Halbsatz EHGB
9.	Erläuterung von Rückstellungen, die gemäß § 250 Abs. 2 EHGB gebildet worden sind	§ 250 Abs. 2 Satz 2 EHGB
10.	Angabe des Betrages nicht passivierter Pensionsverpflichtungen	§ 250 Abs. 3 Satz 2 erster Halbsatz EHGB
11.	Angabe und Erläuterung von Rückstellungen, die in der Bilanz nicht gesondert ausgewiesen sind und einen nicht unerheblichen Umfang haben	§ 271 Abs. 1 Nr. 7 EHGB
12.	Erläuterung von Beträgen größeren Umfangs, die für Verbindlichkeiten ausgewiesen werden, welche rechtlich noch nicht entstanden waren	§ 239 Abs. 4 Nr. 6 Satz 3 EHGB
13.	Angabe der nicht in oder unter der Bilanz ausgewiesenen Haftungsverhältnisse	§ 271 Abs. 1 Nr. 2 EHGB
14.	Erläuterungen der in der Gewinn- und Verlustrechnung ausgewiesenen a. o. Posten	§ 256 Abs. 2 EHGB
15.	Angabe des Betrages der Verbindlichkeiten mit einer Restlaufzeit von mehr als fünf Jahren für jeden Posten der Verbindlichkeiten, sofern nicht bereits aus der Bilanz ersichtlich	§ 272 Abs. 1 Nr. 4 i. V. m. Abs. 3 Satz 2 EHGB
16.	Angabe des Betrages der gesicherten Verbindlichkeiten unter Angabe von Art und Form der Sicherheiten für jeden Posten der Verbindlichkeiten, sofern nicht bereits aus der Bilanz ersichtlich	§ 272 Abs. 1 Nr. 4 i. V. m. Abs. 3 Satz 2 EHGB
17.	Aufgliederung der Umsatzerlöse nach Tätigkeitsbereichen sowie nach geographisch bestimmten Märkten	§ 272 Abs. 1 Nr. 5 i. V. m. Abs. 3 Satz 2 und 3 EHGB
18.	Angaben über das Ausmaß der Ergebnisbeeinflussung durch Inanspruchnahme steuerlicher Vergünstigungen (auch solcher in Vorjahren) und der künftig daraus folgenden steuerlichen Belastungen	§ 272 Abs. 1 Nr. 6 i. V. m. Abs. 3 Satz 2 EHGB
19.	Erläuterung der Verwendung der bei vereinfachter Kapitalherabsetzung gewonnenen Beträge	§ 240 Satz 3 EAktG
20.	Angabe, in welchem Umfang die Ertragsteuern das ordentliche und das außerordentliche Ergebnis belasten	§ 271 Abs. 5 EHGB

Anmerkung: Die Berichtspflichten Nr. 1 - 14 gelten allgemein für offenlegungspflichtige Unternehmen, soweit sie zur Aufstellung eines Anhangs verpflichtet sind, also für alle Aktiengesellschaften; die Berichtspflichten Nr. 15 - 18 betreffen nur große prüfungspflichtige Unternehmen, also nur jene Aktiengesellschaften, die die Merkmale des § 236 Abs. 2 EHGB erfüllen. Bei der Berichtspflicht Nr. 19 handelt es sich um eine spezielle Vorschrift für Aktiengesellschaften; Nr. 20 gilt auch für Gesellschaften mit beschränkter Haftung.

Tab. 79: Berichtspflichten zu Bewertungsmethoden

1.	Allgemeine Erläuterungspflicht zur Vermittlung eines den tatsächlichen Verhältnissen entsprechenden Bildes im Sinne des § 237 Abs. 2 EHGB	§ 270 Satz 2 Nr. 1 EHGB
2.	Angabe der Grundlagen für die Umrechnung von Fremdwährungsposten	§ 270 Satz 2 Nr. 2 EHGB
3.	Angabe und Begründung bei Abweichungen von den allgemeinen Bewertungsgrundsätzen des § 259 Abs. 1 Satz 2 EHGB sowie Erläuterung der angewandten abweichenden Bewertungsmethode	§ 259 Abs. 2 Satz 3 EHGB
4.	Angabe der Einbeziehung von Fremdkapitalzinsen in die Herstellungskosten	§§ 260 Abs. 4 Satz 3, 262 Abs. 2 Satz 1 EHGB
5.	Angabe der nicht aus der Bilanz ersichtlichen, aus steuerlichen Gründen vorgenommenen Abschreibungen, Wertminderungen, Wertberichtigungen und Rücklagen sowie der unterlassenen Zuschreibungen; Begründung der Maßnahmen	§ 265 Abs. 3 Satz 1 EHGB
6.	Ausweis eines erheblichen Unterschiedsbetrages bei Anwendung von Lifo, Fifo u. dgl. je Gruppe	§ 266 Abs. 3 EHGB
7.	Angabe und Erläuterung von Änderungen der Bilanzierungs- und Bewertungsmethoden sowie gesonderte Darstellung des Einflusses auf die Vermögens-, Finanz- und Ertragslage	§§ 270 Satz 2 Nr. 3 Satz 1; 259 Abs. 2 Satz 3 EHGB
8.	Angabe und Begründung des Betrags der Erträge und der Aufwendungen, die sich aus Änderungen der Bilanzierungs- und Bewertungsmethoden, aus außerplanmäßigen Abschreibungen und von Abschreibungen auf das Umlaufvermögen ergeben, soweit sie (vor Verrechnung) 10 % des Jahresergebnisses übersteigen und wesentlich sind	§ 270 Satz 2 Nr. 3 Satz 2 EHGB

Tab. 80: Sonstige Berichtspflichten

1. Zusätzliche Angaben, falls der Jahresabschluß trotz Anwendung der GoB kein den tatsächlichen Angaben entsprechendes Bild vermittelt	§ 237 Abs. 2 Satz 3 EHGB
2. Angabe des Gesamtbetrages der sonstigen, nicht in der Bilanz erscheinenden oder nach § 271 Abs. 1 Nr. 2 EHGB anzugebenden Verpflichtungen, sofern für die Beurteilung der Finanzlage von Bedeutung (unter Sonderangabe der Verpflichtungen gegenüber verbundenen Unternehmen)	§ 272 Abs. 1 Nr. 2 i. V. m. Abs. 3 Satz 1 EHGB
3. Angabe der Gründe und Beifügung einer Sonderrechnung, falls anläßlich einer Sonderprüfung i. S. der §§ 258 ff. EAktG festgestellte Unterbewertung nicht mehr zu einer entsprechenden Korrektur der Bilanzansätze führt	§ 261 Abs. 1 Satz 3 und 4 EAktG

Anmerkung: Die Angabepflicht Nr. 2 gilt nur für große Aktiengesellschaften im Sinne von § 236 Abs. 2 EHGB.

Da eine exakte und ausführliche Abgrenzung zwischen den Berichtspflichten im alten und neuen Recht den Rahmen sprengen würde, kann an dieser Stelle zunächst nur eine Systematisierung und Aufzählung der Neuregelungen, soweit sie sich dem Bereich der „Abschlußerläuterungen" zuordnen lassen, erfolgen; anschließend soll auf einige bedeutsame Änderungen näher eingegangen werden.

Aus der Fülle der Vorschriften zum Anhang soll nun § 270 EHGB wegen seiner grundsätzlichen Bedeutung herausgegriffen und mit der entsprechenden Regelung des § 160 Abs. 2 AktG[7] verglichen werden[8].

„In den Anhang sind diejenigen Angaben aufzunehmen, die zu einzelnen Posten der Bilanz oder der Gewinn- und Verlustrechnung vorgeschrieben oder die im Anhang zu machen sind, weil sie in Ausübung eines Wahlrechts nicht in die Bilanz oder in die Gewinn- und Verlustrechnung aufgenommen wurden. Unbeschadet weitergehender gesetzlicher Vorschriften müssen Unternehmen, die einen Anhang aufzustellen haben oder freiwillig aufstellen, im Anhang

1. die Posten der Bilanz und der Gewinn- und Verlustrechnung sowie die darauf angewandten Bilanzierungs- und Bewertungsmethoden so erläutern, daß ein den tatsächlichen Verhältnissen entsprechendes Bild im Sinne des § 237 Abs. 2 vermittelt wird;

---

7) Diese Vorschrift ist auf S. 21 dieser Arbeit wörtlich wiedergegeben.

8) § 270 EHGB verweist auf zwei Vorschriften. § 237 Abs. 2 EHGB ist auf S. 176 dieser Arbeit wörtlich wiedergegeben. § 259 Abs. 2 Satz 3 EHGB lautet wie folgt: „Unternehmen, die ihren Jahresabschluß offenzulegen haben, müssen Abweichungen im Anhang angeben und begründen; ihr Einfluß auf die Vermögens-, Finanz- und Ertragslage ist darzustellen; die angewandte abweichende Bewertungsmethode ist zu erläutern".

Tab. 81: Berichtspflichten, denen alternativ in der Bilanz und Gewinn- und Verlustrechnung oder im Anhang entsprochen werden kann

1.	Angabe der Mitzugehörigkeit zu anderen Posten der Bilanz	§ 238 Abs. 2 Nr. 2 EHGB
2.	Darstellung der Entwicklung der einzelnen Posten des Anlagevermögens und des Posten "Aufwendungen für die Ingangsetzung und Erweiterung des Geschäftsbetriebs"	§ 240 Abs. 1 Satz 1 und 2 EHGB
3.	Angabe der Abschreibungen des Geschäftsjahres auf die vorbezeichneten Posten	§ 240 Abs. 1 Satz 3 EHGB
4.	Angabe des Betrages einer wegen des allgemeinen Kreditrisikos bei Forderungen vorgenommenen Pauschalwertberichtigung	§ 240 Abs. 2 EHGB
5.	Angabe des Betrages der außerplanmäßigen Abschreibungen auf Wirtschaftsgüter des Anlagevermögens	§ 261 Abs. 2 Satz 3 EHGB
6.	Angabe des Betrages von Abschreibungen auf Gegenstände des Umlaufvermögens, die Wertschwankungen der nächsten Zukunft Rechnung tragen sollen	§ 263 Abs. 2 Satz 2 EHGB
7.	Angabe der Vorschriften, nach denen Wertberichtigungen vorgenommen werden, die in den Sonderposten mit Rücklageanteil einzustellen sind	§ 265 Abs. 2 Satz 1 zweiter Halbsatz EHGB
8.	Angabe des Betrages der im Geschäftsjahr aus steuerlichen Gründen vorgenommenen Abschreibungen, Wertminderungen, Wertberichtigungen und Rücklagen sowie der unterlassenen Rücklagen; Begründung der Maßnahmen	§ 265 Abs. 3 Satz 1 EHGB
9.	Darstellung der Veränderungen der einzelnen Posten des Eigenkapitals	§ 240 Abs. 3 EHGB
10.	Darstellung der Ergebnisverwendung (auch gesondert außerhalb des Jahresabschlusses möglich)	§ 258 Abs. 1 Satz 1 EHGB
11.	Angaben des Betrages der Einstellung in und der Entnahmen aus dem Posten "Kapitalrücklage"	§ 152 Abs. 2 EAktG
12.	Angaben der Beträge der Einstellung in und der Entnahmen aus den einzelnen Posten der Gewinnrücklagen mit Ausnahme von Einstellungen und Entnahmen nach § 248 Abs. 4 Satz 3 EHGB	§ 152 Abs. 3 EAktG

Anmerkung: Während die Berichtspflichten Nr. 1 – 10 allgemein für offenlegungspflichtige Unternehmen gelten, handelt es sich bei Nr. 11 und 12 um spezielle Vorschriften für Aktiengesellschaften.

2. die Grundlagen für die Umrechnung in Deutsche Mark angeben, sofern der Jahresabschluß Posten enthält, denen Beträge zugrunde liegen, die auf fremde Währung lauten oder ursprünglich auf fremde Währung lauteten;
3. Änderungen der Bilanzierungs- und Bewertungsmethoden angeben und erläutern; deren Einfluß auf die Vermögens-, Finanz- und Ertragslage ist gesondert darzustellen. Übersteigen die aus Änderungen der Bilanzierungs- und Bewertungsmethoden, aus der Vornahme von außerplanmäßigen Abschreibungen und von Abschreibungen auf das Umlaufvermögen sich ergebenden Erträge und Aufwendungen, die nicht miteinander verrechnet werden dürfen, zehn vom Hundert des ausgewiesenen Jahresüberschusses oder Jahresfehlbetrags des Unternehmens, so sind der Betrag dieser Erträge und der Betrag dieser Aufwendungen anzugeben und zu begründen, wenn sie wesentlich sind; § 259 Abs. 2 Satz 3 bleibt unberührt.

Wie aus der Begründung des Gesetzentwurfs[9] hervorgeht, wird in der Nr. 1 „der Grundsatz des § 160 Abs. 2 Satz 1 und 2 AktG übernommen, wonach die Posten der Bilanz und der Gewinn- und Verlustrechnung hinsichtlich der angewandten Bilanzierungs- und Bewertungsmethoden zu erläutern sind. Die Abschreibungsmethoden werden nicht mehr ausdrücklich erwähnt, weil sie Teil der im Sechsten Titel geregelten Bewertungsmethoden sind. Dabei wird berücksichtigt, daß nach § 237 Abs. 2 HGB ein den tatsächlichen Verhältnissen entsprechendes Bild der Vermögens-, Finanz- und Ertragslage des Unternehmens vermittelt werden muß".

Der nach § 160 Abs. 2 Satz 2 AktG zulässige Verweis auf eine frühere Berichterstattung entfällt; künftig sind also in jedem Jahr die erforderlichen Angaben zu machen.

Die in § 160 Abs. 2 Satz 3 AktG geforderte Angabe der Abschreibungen auf Anlagezugänge des Geschäftsjahres wird im Anhang künftig nicht mehr verlangt.

Mit der Nr. 2 wird Art. 43 Abs. 1 Nr. 1 Satz 2 der 4. EG-Richtlinie in das Deutsche Recht übernommen, wonach die bei der Fremdwährungsumrechnung angewandten Methoden anzugeben sind; eine entsprechende Regelung fehlt im Aktiengesetz 1965.

Nr. 3 Satz 1, wonach Änderungen der Bilanzierungs- und Bewertungsmethoden anzugeben und zu erläutern sind, entspricht weitgehend der Regelung des § 160 Abs. 2 Satz 4 AktG.

Nr. 3 Satz 2, wonach unter bestimmten Voraussetzungen ein Unterschiedsbetrag anzugeben und zu begründen ist, unterscheidet sich in wesentlichen Punkten von § 160 Abs. 2 Satz 5 AktG:

---

[9] S. 92

1. Steuerlich bedingte außerplanmäßige Abschreibungen sind künftig nicht mehr in den Unterschiedsbetrag einzubeziehen; diese sind bilanziell als Einstellungen in den Sonderposten mit Rücklageanteil zu behandeln (§ 265 Abs. 2 Satz 1 EHGB) und von offenlegungspflichtigen Unternehmen ohnehin anzugeben und zu begründen (§ 265 Abs. 3 Satz 1 EHGB).

2. Weiterhin wird der Unterschiedsbetrag nicht durch den Saldo der Änderungsbeträge gebildet, die sich aufgrund der in § 270 Nr. 3 Satz 2 aufgeführten bilanziellen Maßnahmen ergeben, sondern es ist jeweils getrennt die Summe der sich erfolgserhöhend und der erfolgsmindernd auswirkenden Änderungsbeträge anzugeben. Unklar ist[10], ob eine Angabepflicht ausgelöst wird, wenn
   - die Summe aus Plus- und Minusbeträgen (natürlich unter Auslassung der Vorzeichen) oder
   - beide Beträge für sich oder
   - einer der Beträge

   die Grenze von 10% des Jahresüberschusses oder Jahresfehlbetrages erreicht.

3. Die zweite in § 160 Abs. 2 Satz 5 AktG festgelegte Grenze, nämlich 0,5% des Grundkapitals, ist in § 270 Nr. 3 Satz 2 weggefallen[11] und durch das Kriterium der „Wesentlichkeit" ersetzt worden. *Forster* prophezeit, daß die vorgesehene Regelung ein „großes Rätselraten"[12] auslösen wird.

4. In der Neuregelung ist ferner eine Begründung des Unterschiedsbetrages vorgesehen. Da Änderungen von Bilanzierungs- und Bewertungsmethoden nach § 270 Nr. 3 EHGB ohnehin anzugeben und zu erläutern sind und ihr Einfluß auf die Vermögens-, Finanz- und Ertragslage darzustellen ist, kann die Begründungs-

---

10) Vgl. *Forster*, 1982, S. 1579.

11) In der Begründung (S. 92) heißt es dazu:
„Maßstab für die Veröffentlichungsverpflichtung soll auch nicht das Grundkapital oder eine andere bestimmte Bezugsgröße sein, weil dies auch dann zu einer Angabepflicht führen kann, wenn der Betrag nicht wesentlich ist. Die vorgeschlagene Regelung verlangt deshalb die Angabe dieser Beträge jeweils nur, wenn sie mindestens 10 vom Hundert des Jahresergebnisses betragen und wesentlich sind. Ob diese Voraussetzung vorliegt, ist im Einzelfall zu prüfen. Dabei ist auf sämtliche Umstände abzustellen, die für die Beurteilung von Bedeutung sind. Bei der Frage der Wesentlichkeit kommt es deshalb nicht nur auf die Größe des Betrages, sondern auch auf die sich ergebenden Auswirkungen an. Sie wird z.B. immer dann zu bejahen sein, wenn die vorgeschlagene Gewinnausschüttung vollständig oder teilweise nur wegen solcher Erträge möglich ist oder nur auf diese Weise ein Verlustausweis vermieden werden konnte. Umgekehrt sind auch Fälle denkbar, in denen wegen solcher Aufwendungen die Gewinnausschüttung im Vergleich zu früheren Jahren niedriger ausfallen muß oder nur aus diesem Grunde Verluste ausgewiesen werden. Die Regelung stellt nur auf handelsrechtliche Bilanzierungs- und Bewertungsmethoden ab, so daß Erträge und Aufwendungen, die sich aus der Anwendung steuerlich zulässiger Sonderregelungen nach § 269 HGB ergeben, nicht zu berücksichtigen sind. Die Auswirkungen dieser Regelung sind gesondert nach den dafür maßgeblichen Vorschriften dazustellen". Bei dem Hinweis auf § 269 handelt es sich wohl um einen Druckfehler, gemeint ist sicherlich § 265 EHGB.

12) *Forster*, 1982, S. 1579.

pflicht letztlich nur die Vornahme außerplanmäßiger Abschreibungen (auf das Anlagevermögen) und von Abschreibungen auf das Umlaufvermögen betreffen[13], soweit sie nicht auf steuerliche Vorschriften zurückgehen.

Hinsichtlich der allgemeinen Anforderungen an die Berichterstattung sind folgende Änderungen zu beachten[14].

1. Eine analoge Vorschrift zu § 160 Abs. 4 Satz 1 AktG, wonach der Bericht „den Grundsätzen einer gewissenhaften und getreuen Rechenschaft zu entsprechen" hat, fehlt im Entwurf, jedoch gilt für den Anhang als Bestandteil des Jahresabschlusses die Generalnorm des § 237 Abs. 2 EHGB.
2. Eine ins Auge fallende, begrüßenswerte Neuerung wird durch § 272 Abs. 2 EHGB bewirkt werden: „Graphische Darstellungen und Bilder dürfen nur aufgenommen werden, wenn diese der Erläuterung des Jahresabschlusses dienen".
3. Nach § 272 Abs. 1 EHGB ist es unzulässig, andere als die in den einzelnen Vorschriften aufgeführten Angaben zu machen. Nach der Begründung[15] verfolgt die Begrenzung den Zweck, für den Anhang zum einen den Prüfungsumfang und zum andern den Hinterlegungs- und Bekanntmachungsumfang eindeutig festzulegen. *Forster*[16] sieht in diesem Zusammenhang die Gefahr, daß die von einer Reihe von großen Unternehmen praktizierte Übung, Konzernabschluß und Einzelabschluß zusammen zu erläutern, künftig im Anhang nicht mehr zulässig sein könnte und stellt die Frage, ob diese Bestimmung geeignet sei, ein den tatsächlichen Verhältnissen entsprechendes Bild der Vermögens-, Finanz- und Ertragslage des Unternehmens zu vermitteln[17]. Nach den bei der empirischen Untersuchung gewonnenen Erkenntnissen, wonach die Klarheit von zusammengefaßten Abschlußerläuterungen doch häufig zu wünschen übrig läßt, wäre es im Gegenteil sehr zu begrüßen, wenn § 272 Abs. 1 EHGB zu einer Trennung der Berichterstattung über den Einzel- und Konzernabschluß führen würde. Diese Vorschrift hindert im übrigen die Unternehmen nicht, zusätzliche Angaben zum Jahresabschluß zu machen. Nach der Begründung[18] kann dies „im Lagebericht oder auch in einem besonderen Geschäftsbericht oder in anderer Form geschehen".

---

[13] Die Ansicht von *Forster* (1982, S. 1579 f.), diese würden bereits von der Bestimmung in § 270 Nr. 1 EHGB erfaßt, erscheint insoweit bedenklich, als dort eine Erläuterung der „Bilanzierungs- und Bewertungsmethoden" verlangt wird. In der Vornahme von außerplanmäßigen Abschreibungen auf das Anlagevermögen und von Abschreibungen auf das Umlaufvermögen kann jedoch kaum eine „Methode" erblickt werden, zumal wenn der niedrigere Wertansatz nicht steuerlich motiviert ist.

[14] Demgegenüber bleibt es bei der Schutzklausel. Die gleichlautenden Vorschriften des § 271 Abs. 2 EHGB und des § 154 Abs. 2 EAktG, wonach die Berichterstattung insoweit zu unterbleiben hat, „als es für das Wohl der Bundesrepublik Deutschland oder eines ihrer Länder erforderlich ist", entsprechen genau § 160 Abs. 4 Satz 2 AktG.

[15] Vgl. S. 93.

[16] Vgl. *Forster*, 1982, S. 1631.

[17] Nach seiner Ansicht „könnte dies u.U. ein Fall sein, in dem die Bestimmung des § 237 Abs. 2 Satz 3 EHGB zum Zuge käme" (*Forster*, 1982, S. 1631).

[18] S. 93.

Im Hinblick auf die Rechtsfolgen fehlender oder unzureichender Berichterstattung wird sich künftig nichts ändern. Auch die Vorschriften des Aktiengesetzes 1965 über die Abschlußprüfung (§ 275 EHGB), über Meinungsverschiedenheiten zwischen Unternehmen und Abschlußprüfer (§ 282 EHGB) und die Verantwortlichkeit des Abschlußprüfers (§ 281 EHGB) sind weitgehend in den Gesetzentwurf übernommen worden. Eine den Anhang betreffende Änderung stellt dagegen die Neufassung der Bestimmungen über den Bestätigungsvermerk dar. Hier ist insbesondere § 280 Abs. 2 letzter Satz EHGB von Bedeutung:

„Hat das Unternehmen handelsrechtliche Bilanzierungs- und Bewertungsmethoden gegenüber dem Vorjahr geändert, so ist ein Hinweis in den Bestätigungsvermerk aufzunehmen, sofern wegen dieser Änderungen ein Unterschiedsbetrag im Anhang anzugeben ist".

Künftig wird es also nicht mehr möglich sein, die Information über einen Unterschiedsbetrag in der Fülle der Erläuterungen zu „verstecken"; dies ist im Sinne der Klarheit der Berichterstattung zu begrüßen.

Die Abschlüsse frühestens des Jahres 1985 werden zeigen, inwieweit die in der Literatur geforderte und auch vom Gesetzgeber angestrebte Verbesserung der Berichterstattung Realität wird. Es liegt nicht zuletzt an den Wirtschaftsprüfern, für einen aussagefähigen Anhang zu sorgen. Daß demgegenüber Skepsis angebracht ist, dafür haben die empirischen Ergebnisse zur Berichterstattungspraxis nach dem Aktiengesetz 1965 einen deutlichen Beleg geliefert.

Literaturverzeichnis

Adler, H, W. Düring und *K. Schmaltz* [ADS]: Rechnungslegung und Prüfung der Aktiengesellschaft. Bd. 1: Rechnungslegung. 4. Aufl., Stuttgart 1968; Bd. 2: Prüfung, Feststellung/Rechtsbehelfe. 4. Aufl., Stuttgart 1971.

Adler, M.: Die Rechnungslegung der Kapitalgesellschaft und öffentlich-rechtlichen Unternehmen nach dem Publizitätsgesetz - Eine empirische Untersuchung. Diss. München 1976.

Ahrend, P. und *S. Dorow:* Betriebliche Altersversorgung in der Bundesrepublik Deutschland. DB, 1976, Beilage Nr. 17.

Albach, H.: Bewertungsprobleme des Jahresabschlusses nach dem Aktiengesetz 1965. BB, 1966, S. 377 ff.

-: Meinungsäußerung in: Der Jahresabschluß 1967 nach neuem Aktienrecht, Bericht über die BB/NB-Tagung vom 16. Januar 1968. Bearbeitet von E. Wehe. In: NB, 1968, H. 3, S. 1 ff.

-: Aktienrechtliche Publizität und Börsenkursentwicklung. Festschrift für E. Gessler. Hrsg. von K. Ballerstedt und W. Hefermehl. München 1971, S. 61 ff.

Arbeitskreis des Betriebswirtschaftlichen Ausschusses des Verbandes der Chemischen Industrie e. V.: Gliederungsvorschriften der Jahresbilanz und der Gewinn- und Verlustrechnung sowie Bewertungsvorschriften im Aktiengesetz 1965. ZfB, 1966, 2. Ergänzungsheft, S. 5 ff.

Baetge, J: Möglichkeiten der Objektivierung des Jahreserfolges. Düsseldorf 1970.

-: Rechnungslegungszwecke des aktienrechtlichen Jahresabschlusses. Bilanzfragen. Festschrift zum 65. Geb. von U. Leffson. Hrsg. von J. Baetge, A. Moxter und D. Schneider. Düsseldorf 1976, S. 11 ff.

Baetge, J. und *W. Ballwieser:* Zum bilanzpolitischen Spielraum der Unternehmensleitung. BFuP, 1977, S. 199 ff.

Barz, H: AktG Großkommentar. 3. Aufl., 4. Bd. (§§ 329 - 338). Berlin - New York 1975.

Bauchowitz, H.: Die Lageberichtspublizität der Deutschen Aktiengesellschaft. Frankfurt - Bern - Las Vegas 1979.

Baumbach, A. und *A. Hueck:* Aktiengesetz. 13. Aufl., München 1968.

Bechtel, W., H. Köster und *H. U. Steenken:* Die Veröffentlichung und Prüfung von Vorhersagen über die Entwicklung von Unternehmungen. Bilanzfragen. Festschrift zum 65. Geb. von U. Leffson. Hrsg. von J. Baetge, A. Moxter und D. Schneider. Düsseldorf 1976, S. 205 ff.

Beermann, K., F. Fülling und *A. Sperl:* Zusatzinformationen zum Jahresabschluß. Bilanzfragen. Festschrift zum 65. Geb. von U. Leffson. Hrsg. von J. Baetge, A. Moxter und D. Schneider. Düsseldorf 1976, S. 191 ff.

Berndsen, H.-P.: Unternehmenspublizität in Deutschland: Stand der empirischen Forschung. DBW, 1978, S. 121 ff.

Bernhardt, W.: Mitteilungs-, Bekanntmachungs- und Berichtspflichten über Beteiligungen nach neuem Aktienrecht. BB, 1966, S. 678 ff.

Bieg, H.: Möglichkeiten der betrieblichen Altersversorgung aus betriebswirtschaftlicher Sicht. StuW, 1983, S. 40 ff.

Biergans, E.: Einkommensteuer und Steuerbilanz. München, 1978.

Birck, H. und *H. Meyer:* Die Bankbilanz. 3. Teillieferung, 3. Aufl., Wiesbaden 1979.

Blohm, H.: Der Geschäftsbericht als Mittel der Betriebspolitik. Baden-Baden 1962.

-: Geschäftsbericht. Management Enzyklopädie, Bd. 3, München 1970.

Blohm, H. und *F. Müller:* Was sollte der Geschäftsbericht beinhalten? - Was fordert das neue Aktiengesetz? Zeitschrift für das gesamte Rechnungswesen, 1967, S. 2 ff.

Börner, D., und *N. Krawitz:* Steuerbilanzpolitik. Herne - Berlin 1977.

Brandi, E.: Informationswirkungen der Jahresabschlußveröffentlichungen auf Entscheidungen am Aktienmarkt. Diss. Augsburg 1977.

Brockhoff, K.: Zur externen gesellschaftsbezogenen Berichterstattung deutscher Unternehmen. Köln 1975.

Brönner, H.: AktG Großkommentar. 3. Aufl., 2. Bd. (§§ 161 - 178), Berlin 1970.

Bundesjustizministerium: Referentenentwurf eines Aktiengesetzes 1958.

Bundesrat: Regierungsentwurf eines Bilanzrichtlinien-Gesetzes. Drucksache 257/83 vom 3.6.1983.

Busse von Colbe, W: Prognosepublizität von Aktiengesellschaften. Beiträge zur Lehre von der Unternehmung. Festschrift für K. Käfer. Hrsg. von O. Angehrn und H.P. Künzi. Zürich 1968, S. 90 ff.

Castan, E.: Die Erläuterung der Bewertungs- und Abschreibungsmethoden der großen Börsengesellschaften in den Geschäftsberichten für 1967. DB, 1969, S. 269 ff., S. 315 ff.

-: Rechnungslegung der Unternehmung. München 1977.

-: Geschäftsbericht. Handwörterbuch des Rechnungswesens. 2. Aufl., Stuttgart 1981a, Sp. 606 ff.

-: Die Praxis der Jahresabschlußpublizität. WPg, 1981b, S. 337 ff.

Claussen, C.P.: Kölner Kommentar zum Aktiengesetz. Hrsg. von W. Zöllner. 1. Lieferung, Bd. 2 (§§ 148 - 178), Köln - Berlin - Bonn - München 1971.

Coenenberg, A.G.: Jahresabschlußinformation und Kapitalmarkt, Zur Diskussion empirischer Forschungsansätze und -ergebnisse zum Informationsgehalt von Jahresabschlüssen für Aktionäre. ZfbF, 1974, S. 647 ff.

Coenenberg, A.G., et al.: Empirische Bilanzforschung in Deutschland. Eine Bestandsaufnahme. DBW, 1978, S. 495 ff.

Conrad, A.: Die besondere Bedeutung des § 160 AktG für die Rechnungslegung der Versicherungsunternehmen. Versicherungs-Wirtschaft, 1967, S. 314 ff.

Damm, G.: Kommunikationsmedium Geschäftsbericht. Eine empirische Untersuchung über die Kommunikationsfunktion des Geschäftsberichtes deutscher Aktiengesellschaften. Frankfurt am Main - Bern - Chirenchester/U.K. 1980.

Damm, G., J. Halbinger und *G. Kellinghusen:* Die Berichterstattung über Methodenänderungen gemäß § 160 Abs. 2 AktG - Eine Erhebung anläßlich des Übergangs zur Teilwertberechnung der Pensionsverpflichtungen. ZfbF, 1977, S. 367 ff.

Deutscher Bundestag: Verhandlungen des Deutschen Bundestages, 4. Wahlperiode. Stenographische Berichte. 17. Sitzung, Bonn 1962, 184. Sitzung, Bonn 1965.

-: Drucksache IV/3296.

DIE ZEIT: Nr. 36 (28. 8. 1981).

Döllerer, G.: Rechnungslegung nach dem neuen Aktiengesetz und ihre Auswirkungen auf das Steuerrecht. BB, 1965, S. 1405 ff.

Drukarczyk, J.: Zur Interpretation des § 156 Abs. IV AktG. Bilanzfragen. Festschrift zum 65. Geb. von U. Leffson. Hrsg. von J. Baetge, A. Moxter und D. Schneider. Düsseldorf 1976, S. 119 ff.

Ebke, W.: Wirtschaftsprüfer und Dritthaftung. Bielefeld 1983.

Egner, H.: Der Ausweis steuerlicher Sonderabschreibungen in der Aktienbilanz. WPg, 1979, S. 37 ff.

Eick, J., (Hrsg.): So nutzt man den Wirtschaftsteil einer Tageszeitung. 8. Aufl., Darmstadt 1980.

Emmerich, V.: Die Kontrolle der Kontrolleure. Wirtschaftsprüfung heute: Entwicklung oder Reform. Hrsg. von W. Busse von Colbe und M. Lutter. Wiesbaden 1977, S. 215 ff.

Ertner, U.: Der Geschäftsbericht als Instrument erweiterter aktienrechtlicher Rechnungslegung. Berlin 1968.

Eßer, J.: Gliederungsvorschriften, Bewertung, Gewinnverwendung und Pflichtangaben nach dem Aktiengesetz 1965. AG, 1965, S. 310 ff., 1966, S. 24 ff.

Fettel, J.: Die Bedeutung des Geschäftsberichtes für die Rechnungslegung. Ein Beitrag zur Aktienrechtsreform. BFuP, 1958, S. 371 ff.

Flohr, G.: Bewegungsbilanzen in Geschäftsberichten deutscher Aktiengesellschaften. WPg, 1964, S. 313 ff.

Forster, K.-H.: Neue Pflichten des Abschlußprüfers nach dem Aktiengesetz von 1965. WPg, 1965, S. 585 ff.

-: Bewertungsstetigkeit und Rechnungslegung nach dem AktG 1965. WPg, 1966, S. 555 ff.

-: Meinungsäußerung in: Der Jahresabschluß 1967 nach neuem Aktienrecht. Bericht über die BB/NB-Tagung vom 16. Januar 1968. Bearbeitet von E. Wehe. NB, 1968, H. 3, S. 1 ff.
-: Bewertung in der Bilanz nach Aktienrecht. Management Enzyklopädie, Bd. 1, 1969, S. 1122 ff.
-: Anhang, Lagebericht, Prüfung und Publizität im Regierungsentwurf eines Bilanzrichtlinie-Gesetzes (Teil I und II). DB, 1982, S. 1577 ff., S. 1631 ff.
FAZ: Sonderdruck aus der Ausgabe vom 22. 7. 1970.
-: Nr. v. 21. 5. 1981.
-: Nr. v. 5. 1. 1982.
Freidank, C.-C.: Zielsetzungen und Instrumente der Bilanzpolitik bei Aktiengesellschaften. DB, 1982, S. 337 ff.
Frings, P.A.: Berichterstattung deutscher und amerikanischer Aktiengesellschaften im jährlichen Geschäftsbericht. Diss. Bonn 1975.
Fülling, F.: Grundsätze ordnungsmäßiger Bilanzierung für Vorräte. Düsseldorf 1976.
Geiss, B.: Ergebnisse der amtlichen statistischen Erhebung über die betriebliche Altersversorgung. DB, 1975, S. 1709 ff.
Geßler, E.: Meinungsäußerung in: Der Jahresabschluß 1967 nach neuem Aktienrecht. Bericht über die BB/NB-Tagung vom 16. Januar 1968. Bearbeitet von E. Wehe. NB, 1968, H. 3, S. 1 ff.
Geßler, J.H.: Aktiengesetz-Kommentar. WK-Reihe, Nr. 105, Frankfurt/Main 1980.
Godin, R. von und *H. Wilhelmi:* AktG-Kommentar. 3. Aufl., Bd. I (§ § 1 - 178), Berlin 1967.
Gördeler, R.: Geschäftsbericht, Konzerngeschäftsbericht und „Abhängigkeitsbericht" aus der Sicht des Wirtschaftsprüfers. WPg, 1966, S. 113 ff.
Gräfer, H.: Ziele, Instrumente und Grenzen der Bilanzpolitik. WiSt, 1981, S. 353 ff.
Haas, H.: Die Berichterstattung von Versicherungsgesellschaften über ihre Unternehmensverbindungen. Eine empirische Untersuchung. Diss. München 1975.
Haase, K.D.: Segment - Bilanzen. Wiesbaden 1974.
Halbinger, J.: Erfolgsausweispolitik. Berlin 1980.
Havermann, H.: Zur Passivierung von Pensionsverpflichtungen. DB, 1961, S. 985 ff.
Heigl, A.: Social Accounting in der Sozialen Marktwirtschaft. Bilanzfragen. Festschrift zum 65. Geb. von U. Leffson. Hrsg. von J. Baetge, A. Moxter und D. Schneider. Düsseldorf 1976, S. 295 ff.
Heilbrunn, O.: Die Beziehung zwischen Geschäftsbericht und Jahresabschluß. Zfhf, 1933, S. 428 ff.
Heubeck, G.: Die Pensionsverpflichtungen in den Bilanzen 1968 der Aktiengesellschaften. DB, 1970, S. 789 ff.
-: Pensionsrückstellungen: Übergang zum Teilwert und § 160 Abs. 2 AktG. DB, 1974, S. 1733 ff.
Hülbert, U.: Die Vergleichbarkeit von Jahresabschlüssen unter besonderer Berücksichtigung der Aktienbanken. Diss. Hamburg 1973.
Institut der Wirtschaftsprüfer in Deutschland e. V. [IdW] (Hrsg.): Vorschläge zur Aktienrechtsreform des Arbeitskreises Aktienrechtsreform im Institut der Wirtschaftsprüfer e.V. Düsseldorf 1956.
-: Achte und Neunte Arbeitstagung 1965/66. Als Manuskript gedruckt. Düsseldorf 1966.
-: Ergänzung 1967 der Sammlung. Die Fachgutachten und Stellungnahmen des Instituts der Wirtschaftsprüfer auf dem Gebiete der Rechnungslegung und Prüfung. Düsseldorf 1967.
-: Wirtschaftsprüfer-Handbuch 1977 [WPH]. Düsseldorf 1977.
Jäger, W.: Bankenpublizität in Deutschland. Die Rechnungslegung der Banken im Spiegel der Geschäftsberichte. Berlin 1976.
Jäger, W.: und *K. Vogelsang:* Konzernrechnungslegung von Aktienbanken. WPg, 1973, S. 389 ff., S. 421 ff.
Joa, W.F.: Die Pensionsrückstellungen in den Jahresabschlüssen von Aktiengesellschaften aus finanzwirtschaftlicher, bilanzpolitischer und liquiditätsmäßiger Sicht. DB, 1961, S. 613 ff.
Karsten, J.-F.: Die Deformierung der handelsrechtlichen Rechnungslegung durch steuerliche Maßnahmen der Wirtschaftsförderung. BB, 1967, S. 425 ff.
Katz, T.E.: Die Praxis der Geschäftsberichterstattung deutscher Aktiengesellschaften über wesentliche nichtkonsolidierte Beteiligungsgesellschaften. Beiträge zur Aktienanalyse. Hrsg. von der Deut-

schen Vereinigung für Finanzanalyse und Anlageberatung (DVFA), H. 10. Darmstadt 1971, S. 83 ff.
Kellinghusen, G., und *W. Irrgang:* Der optimale Geschäftsbericht. DB, 1978, S. 2277 ff.
Kemmer, H.-G.: Das Eineinhalb-Milliarden-Ärgernis. DIE ZEIT, Nr. 15 (8. 4. 1983), S. 23.
Klein, G.: Stellungnahme zu Sieben G.: Formaltestat oder materielle Prüfung. Wirtschaftsprüfung heute: Entwicklung oder Reform. Hrsg. von W. Busse von Colbe und M. Lutter. Wiesbaden 1977, S. 77 ff.
Kleine-Doepke, R.: Informationsökonomische Analyse der externen Rechnungslegung. Diss. Augsburg 1978.
Knoche, M.: Die Berichterstattung über Bewertungsänderungen im Geschäftsbericht nach neuem Aktienrecht. Düsseldorf 1967.
Kormann, B.: Die Bewertungsprobleme des neuen Aktienrechtes - Konvergenz von Handelsbilanz und Steuerbilanz? BB, 1966, S. 1277 ff.
Krawitz, N.: Steuerliche Folgen der Erhöhung des Rechnungszinsfußes für Pensionsrückstellungen. Die Information, 1983, S. 197 ff.
Kresse, W.: Die neue Handelsbilanz. Auswirkungen der Aktienrechtsreform. Stuttgart 1966.
Kronstein, H.: Kölner Kommentar zum Aktiengesetz. Hrsg. von W. Zöllner. 2. Lieferung, Bd. 3 (§§ 329 - 338). Köln - Berlin - Bonn - München 1971.
Kropff, B.: Leitgedanken der Bewertungsvorschriften des künftigen Aktienrechts. WPg, 1964, S. 565 ff.
-: Aktiengesetz. Textausgabe des Aktiengesetzes vom 6. 9. 1965 und des Einführungsgesetzes zum Aktiengesetz vom 6. 9. 1965 mit Begründung des Regierungsentwurfs, Bericht des Rechtsausschusses des Deutschen Bundestages, Verweisungen und Sachverzeichnis. Hrsg. von B. Kropff. Düsseldorf 1965.
-: Aktiengesetz-Kommentar. Hrsg. von E. Geßler et al. Bd. III (§§ 148 - 178), München 1973.
Kübler, B.M.: Grenzen der Beeinflussung des Gewinnausweises nach den Bewertungsvorschriften des AktG 1965. Diss. Köln 1969.
Küting, K.-H.: Konsolidierungspraxis. Berlin 1974.
Kupsch, P.: Bilanzierung von Rückstellungen und ihre Berichterstattung. Herne - Berlin 1975.
Langmann, H.J.: Mehr Investitionen - aber wie? FAZ vom 22. 5. 1982, Nr. 117, S. 15.
Le Coutre, W.: Geschäftsbericht. Lexikon des kaufm. Rechnungswesens. Bd. 2, 2. Aufl., Stuttgart 1955.
Leffson, U.: Der Beitrag der betrieblichen Rechnungslegung zur gesamtwirtschaftlichen Lenkung des Kapitals. Walter-Eucken-Institut, Vorträge und Aufsätze, H. 32, Tübingen 1971.
-: Bilanzanalyse. 2. Aufl., Stuttgart 1977.
-: Zur Bedeutung des § 149 AktG und Art. 2 Abs. 3 der 4. EG-Richtlinie. ZfbF, 1979, S. 213 ff.
-: Die Grundsätze ordnungsmäßiger Buchführung. 5. Aufl., Düsseldorf 1980a.
-: Wirtschaftsprüfung. 2. Aufl., Wiesbaden 1980b.
Leffson, U. und *F.J. Bönkhoff:* Zu Materiality-Entscheidungen bei Jahresabschlußprüfungen. Management und Kontrolle. Festgabe für E. Loitelsberger zum 60. Geburtstag. Hrsg. von G. Seicht. Berlin 1981, S. 61 ff.
Litfin, M.: Bewertungs- und Abschreibungsmethoden nach dem Aktiengesetz. Wiesbaden 1974.
Marettek, A.: Ermessensspielräume bei der Bestimmung wichtiger aktienrechtlicher Wertansätze. WiSt, 1976, S. 515 ff.
Marker, H.F.: Bilanzfälschung und Bilanzverschleierung. Düsseldorf 1970.
Mellerowicz, K.: AktG Großkommentar. 3. Aufl., 2. Bd. (§§ 148 - 160), Berlin 1970.
Meyer, H.M.: Pensionsrückstellungen beim Übergang auf das Teilwertverfahren. DB, 1981, S. 763 ff.
Meyerhans, E.: Der Geschäftsbericht der Aktiengesellschaft. Zürich und St. Gallen 1969.
Möhring, Ph.: Das neue Aktiengesetz. NJW, 1966, S. 1 ff., S. 87 ff.
Morgner, G.: Die Schutzklausel für den Geschäftsbericht nach neuem Aktienrecht. BB, 1965, S. 1173 ff.
Moxter, A.: Fundamentalgrundsätze ordnungsmäßiger Rechenschaft. Bilanzfragen. Festschrift zum 65. Geb. von U. Leffson. Hrsg. von J. Baetge, A. Moxter und D. Schneider. Düsseldorf 1976, S. 87 ff.
Müller, W.: Die Zwischenberichtspublizität der deutschen Aktiengesellschaften. Düsseldorf 1976.

Mutze, O.: Die Bewertung mit „steuerlich für zulässig gehaltenen Werten" in der Handelsbilanz. AG, 1972, S. 144 ff.
Nauss, F.: Zum Inhalt des Geschäftsberichts nach dem Aktiengesetz 1965. BB, 1967, S. 905 ff.
o. V.: Bericht über die 12. Arbeitstagung des Instituts der Wirtschaftsprüfer vom 26. bis zum 28. November 1969 in Baden-Baden. WPg, 1970, S. 85 ff.
o. V.: Einbeziehung von Absetzungen nach § 6 b EStG in den Unterschiedsbetrag nach § 160 Abs. 2 Satz 5 AktG. Fachnachrichten des IdW, 1971, S. 36.
o. V.: Geschäftsberichte: Mehr Pflicht als Kür. Wirtschaftswoche, Nr. 23 (3. 6. 1983), S. 42 ff.
o. V.: Wirtschaftsprüfer: Schweigende Mitwisser. Wirtschaftswoche, Nr. 4 (21. 1. 1983), S. 46 ff.
Pfeiffer, H.: Möglichkeiten und Grenzen der Prüfung von Prognosen im Geschäftsbericht. WPg, 1974, S. 159 ff., S. 186 ff.
Petersen, H.: Bewertungswahlrechte und Erläuterungspflichten nach dem neuen Aktienrecht. WPg, 1968, S. 249 ff.
Peupelmann, H. W.: Was sind „Sonderposten mit Rücklageanteil" i. S. § 152 Abs. 5 AktG 1965? DB, 1969, S. 2045 ff.
Piper, G.: Zum Umfang und Inhalt von Geschäftsberichten. DB, 1970, S. 1141 f.
Pohle, K.: Bewertungsrecht und Erläuterungspflichten im Aktienrecht. Diss. Frankfurt/Main 1966.
Pohlentz, H.: Ausweis von Rücklagen nach § 6 b EStG im aktienrechtlichen Jahresabschluß. DB, 1965, S. 861 ff.
Rätsch, C.P.: Untersuchungen zur Publizität der deutschen Aktiengesellschaft. Diss. Basel 1960.
Reichsgericht: Entscheidungen in Strafsachen (amtliche Sammlung). Bd. 49, Entscheidung vom 26. 2. 1915, S. 358 ff.
Reischauer, F. und *J. Kleinhans:* Kreditwesengesetz. 53. Ergänzungslieferung, Berlin 1982.
Richter, M.: Die Sicherung der aktienrechtlichen Publizität durch ein Aktienamt. Köln - Berlin - Bonn - München 1975.
Scherpf, P.: Die aktienrechtliche Rechnungslegung und Prüfung. Köln 1967.
Schmaltz, K.: Geschäftsbericht. Handwörterbuch der Betriebswirtschaft, Bd. 2, 3. Aufl., Stuttgart 1957/58.
Schmalz, R.: Die zukunftsorientierte Berichterstattung. Diessenhofen 1978.
Schmidt, F.: Bilanzpolitik deutscher Aktiengesellschaften. Empirische Analysen des Gewinnglättungsverhaltens. Wiesbaden 1979.
Schmitz, T.: Stille Reserven und externe Jahresabschluß-Analyse. Thun - Frankfurt/Main 1981.
Schneider, D.: Eine Reform der steuerlichen Gewinnermittlung? Anmerkungen zum Teil „Gewinnermittlung" des Gutachtens der Steuerreformkommission 1971. StuW, 1971, 326 - 341.
–: Abschreibungsverfahren und Grundsätze ordnungsmäßiger Buchführung. WPg, 1974, S. 365 ff.
Schork, L.: Gesetz über das Kreditwesen - Kommentar. 2. Aufl., Köln 1976.
Schruff, L.: Der Wirtschaftsprüfer und seine Pflichtprüfungsmandate. Eine Marktstrukturuntersuchung. Düsseldorf 1972.
–: Rechnungslegung und Prüfung der AG und GmbH nach neuem Recht (4. EG-Richtlinie). Düsseldorf 1978.
Schulte, E.B. und *R. Krüger:* Zur Problematik des Ausweises des Spartenerfolges (Segment of Business) im Jahresabschluß. Bilanzfragen. Festschrift zum 65. Geb. von U. Leffson. Hrsg. von J. Baetge, A. Moxter und D. Schneider. Düsseldorf 1976, S. 179 ff.
Schulze-Osterloh, J.: Stellung und Unabhängigkeit des Wirtschaftsprüfers. Wirtschaftsprüfung heute: Entwicklung oder Reform. Hrsg. von W. Busse von Colbe und M. Lutter. Wiesbaden 1977, S. 95 ff.
Seemann, H.-J.: Befolgung des neuen Aktiengesetzes - eine Chance für die externe Bilanzanalyse? Diss. Hamburg 1970.
Selchert, F. W.: Aktienrechtliche Jahresabschlußprüfung. Wiesbaden 1979.
Sielaff, A.: Bilanzpolitik aus der Sicht des Unternehmens - einige Gedanken über Theorie und Praxis (einschließlich Konzernbilanzpolitik). BFuP, 1977, S. 230 ff.
Sprenger, R.: Grundsätze gewissenhafter und getreuer Rechenschaft im Geschäftsbericht. Ein Beitrag zur Interpretation von § 160 IV 1 AktG. Wiesbaden 1976.

Sprißler, W.: Die Rechnungslegung von Einzelkaufleuten und Personenhandelsgesellschaften nach dem Publizitätsgesetz - Eine empirische Untersuchung. Diss. München 1976.

Statistisches Bundesamt (Hrsg.): Unternehmen und Arbeitsstätten. Fachserie 2, Reihe 2.1, Abschlüsse der Aktiengesellschaften 1978. Stuttgart - Mainz 1981.

Strumm, O.: Form, Ausgestaltung und Aussagefähigkeit von Geschäftsberichten deutscher Brauerei-Aktiengesellschaften in betriebswirtschaftlicher Sicht. Diss. Mannheim 1955.

Szagunn, V., W. Neumann und *K. Wohlschieß:* Gesetz über das Kreditwesen - Kommentar. 3. Aufl., Stuttgart - Berlin - Köln - Mainz 1976.

Tiefenbacher, E.: Die Schutzklausel für den Geschäftsbericht nach neuem Aktienrecht. BB, 1965, S. 1175.

Tubbesing, G.: Möglichkeiten der Einordnung erhöhter steuerlicher Absetzungen für Abnutzung und steuerlicher Sonderabschreibungen in die Systematik der Berichtspflichten gemäß Paragraph 160 Abs. 2 Satz 2, 4 und 5 AktG 1965. WPg, 1977, S. 576 ff.

Vodrazka, K.: Bilanzpolitik, Handwörterbuch der Betriebswirtschaft. 4. Aufl., Stuttgart 1977, Sp. 909 ff.

Walb, H.H.: Der Geschäftsbericht der Aktiengesellschaft. Halle / Saale 1938.

Wanik, O.: Darstellung der Bewertungs- und Abschreibungsmethoden im Geschäftsbericht. Wirtschaftsprüfung im neuen Aktienrecht. Düsseldorf 1966, S. 45 ff.

Wasser, G.: Bestimmungsfaktoren freiwilliger Prognosepublizität. Düsseldorf 1976.

Weste, J.: Der Geschäftsbericht der Aktiengesellschaft nach den Grundsätzen einer gewissenhaften und getreuen Rechenschaftslegung. Würzburg 1938.

Wicki, M.: Die Gestaltung der zu veröffentlichenden Geschäftsberichte als Bestandteil einer modernen Unternehmenspolitik. Diss. Freiburg (Schweiz) 1964.

Wirtschaftsprüferkammer: Richtlinien für die Berufsausübung der Wirtschaftsprüfer und vereidigten Buchprüfer. Fassung vom 1. 12. 1977.

Wirtz, H.-P.: Der Anhang zur Jahresbilanz nach dem Publizitätsgesetz. ZfB, 1973, S. 507 ff.

Wöhe, G.: Bilanzierung und Bilanzpolitik. 5. Aufl. München 1979.

Wolf, H.: Bilanzierungsmethoden bei der Übertragung stiller Reserven im Anlagevermögen gem. Aktiengesetz 1965. DB, 1967, S. 1141 ff.

Wysocki, K. von: Konzernrechnungslegung in Deutschland. Düsseldorf 1969.

-: Ergebnisse empirischer Untersuchungen über das Publizitätsverhalten deutscher Unternehmen. ZfbF, 1976, S. 745 ff.

Wysocki, K. von, et al.: Die Berichterstattung Deutscher Aktiengesellschaften über die Bewertungs- und Abschreibungsmethoden gem. § 160 Abs. 2 AktG. ZfbF, 1971, S. 308 ff.

Zimmerer, C.: Die Bilanzwahrheit und die Bilanzlüge. Wiesbaden 1979.

Stichwortverzeichnis

GPSR Compliance

The European Union's (EU) General Product Safety Regulation (GPSR) is a set of rules that requires consumer products to be safe and our obligations to ensure this.

If you have any concerns about our products, you can contact us on ProductSafety@springernature.com

In case Publisher is established outside the EU, the EU authorized representative is:

Springer Nature Customer Service Center GmbH
Europaplatz 3
69115 Heidelberg, Germany

Batch number: 10816188

Printed by Printforce, the Netherlands